船员培训系列教材

熟悉与基本安全
——基本急救

（第3版·按11规则编写）

主　编　吴小兰

主　审　林承志

武汉理工大学出版社

·武　汉·

内 容 提 要

本书是“船员培训系列教材”之一。

本书分为基本理论、实操训练和练习与测试三部分,以帮助广大海员在学习专业理论知识的同时,提高突发事件的应变能力。

本书可作为参加船员专业证书培训学员的培训教材,也可供相关教学人员作为教学和参考用书。

图书在版编目(CIP)数据

熟悉与基本安全——基本急救/吴小兰主编.—3版.—武汉:武汉理工大学出版社,2013.10(2024.1重印)

船员培训系列教材

ISBN 978-7-5629-4187-3

Ⅰ.熟… Ⅱ.①吴… Ⅲ.①海难救助-技术培训-教材 Ⅳ.①U698 ②U676.8

中国版本图书馆CIP数据核字(2013)第246116号

项目负责人:陈军东 陈 硕　　**责任编辑**:陈 硕

责任校对:王 毓　　**封面设计**:兴和设计

出版发行:武汉理工大学出版社

社　　址:武汉市洪山区珞狮路122号

邮　　编:430070

网　　址:http://www.wutp.com.cn

经　　销:各地新华书店

印　　刷:武汉市籍缘印刷厂

开　　本:787×1092 1/16

印　　张:13.25

字　　数:308千字

版　　次:2013年11月第3版

印　　次:2024年1月第7次印刷

定　　价:24.00元

凡购本书,如有缺页、倒页、脱页等印装质量问题,请向出版社发行部调换。

本社购书热线电话:027-87523148 87391631 87515798 87165708(传真)

出版说明

《1978年海员培训、发证和值班标准国际公约》(STCW公约)于1978年诞生后，对促进各国海员素质的提高，保障海上人命、财产安全，保护海洋环境，有效控制人为因素引起的海上事故起到了积极的预防作用。随着全球航运业朝着大型化、快速化、专业化、现代化的发展，国际海事组织随之对STCW公约和规则多次进行全面系统的修正。2010年对STCW公约进行了最近的一次修正，并通过了马尼拉修正案，本次修正所贯彻的一个重要原则就是航海战略的实施和海员培训、发证与值班国际标准必须适应新兴科技的发展。

我国要实现航运强国战略，必然要理解STCW公约的前瞻性及未来发展的方向，适时制定符合我国海员队伍现状及航运强国战略需求的海船船员适任培训、评估及发证体系，努力使我国航海教育的改革与创新符合现代航海技术发展的需求。

根据2012年3月1日起实施的《中华人民共和国海船船员适任考试和发证规则》(交通运输部2011年12号令，简称《11规则》)和《中华人民共和国海船船员培训合格证书签发管理办法》以及2012年7月1日颁布实施的《中华人民共和国海船船员培训合格证考试大纲》的要求，武汉理工大学出版社在华中、华东、西南地区众多航海类院校的大力支持下，组织了长江沿线10余所航海类院校、培训机构中长期从事船员培训工作的60余位专家、教师共同编写了本套“船员培训系列教材”。

自2008年6月本套教材正式出版发行以来，我们在编写内容上一直遵照《中华人民共和国船员专业培训纲要》的要求，适时地体现了马尼拉修正案的相关要求。在编写过程中我们得到了长江海事局、江苏海事局、浙江海事局的大力支持，有关海事局的领导及职能部门高度重视并结合船员培训及船员船上工作提出了许多指导性意见，从而保证了本套培训教材的权威性和先进性。在第3版修订之前，我们又进行了全面细致的调研工作，走访了长江流域的各主要航海类院校及培训机构，与参加船员培训的一线教师学员进行了深入的交流，从“教”与“学”两个方面都收集到比较有益的编写建议，我们也将这些意见和建议融汇到此次修编过程中。

经过多次重版修订本套船员培训教材已形成如下特色：

1. 体现行业最新进展

本套培训教材将STCW公约马尼拉修正案的相关内容以及最新的“船员专业培训纲要”的要求融入其中，是一套知识内容最新、实操内容科学系统、紧跟国际航运事业发展的船员培训教材。

2. 定位准确，针对性强

本套培训教材依据培养具有一定理论水平和较强实际操作技能的复合型专业人才的船员培训目标，改变过去重视知识的传授，强调学科体系的严密、完整的做法，精选船员能够实际应用的基础知识和基本技能，重在提高船员的实际操作能力和应对突发事件的能力，充分体现了行业需求、实际应用和船员身心发展三者有机的统一。

3. 可读性强，体例新颖

针对船员培训特点，结合船员考证，本套培训教材设置了基本理论、实操训练、练习与测试等内容，保证理论知识够用，练习与测试贴近船员考试。同时，使教材从内容到体例、从栏目到版式上耳目一新。

4. 应用性强，强调技能训练

将实操评估内容纳入课程体系是海员培训教学模式的特点。为此，本套教材将实操评估内容单独成书，实操评估内容的设置与理论知识以及海员的实际作业相吻合，并覆盖培训纲要；同时，考虑到航海设备的不断更新，实操内容及设备也进行了相应的更新，并考虑其应用性及可操作性。总之，本套培训教材力争做到：基本理论、实操训练、练习与测试相配套。

5. 配套练习力求全面丰富

本套教材结合《11 规则》，配备了大量的练习测试题，供学员练习和模拟考试。这些练习测试题是编者对近年来培训考试的考试规则、考试大纲及考点知识进行了全面深入的研究，结合历年考试的真题进行精心设计的。完成一定数量的练习测试题有利于参加学习的学员巩固所学知识、检测学习效果、提高考试成绩。

6. 与时俱进，实现教学手段现代化

为配合实操评估教材的使用，本套培训教材配备了"船员专业知识培训教学片"，实现了课堂教学与实训操作的同步，为提高船员培训质量奠定了良好的基础。

我们将依据学科发展观的现实要求，不断补充、完善；我们的编审者、出版者一定会高度重视，兢兢业业，按最高的质量标准满足广大读者的需求。

教材建设是我们共同的事业和追求，也是我们共同的责任和义务，我们诚恳地希望大家积极选用本套教材，并在使用过程中给我们多提意见和建议，以使我们不断修订、完善全套教材。

船员培训系列教材

编审委员会

2013 年 10 月

船员培训系列教材
编审委员会名单

前　言

本书是根据2012年3月1日起实施的《中华人民共和国海船船员适任考试和发证规则》(交通运输部2011年12号令,简称《11规则》)和《中华人民共和国海船船员培训合格证书签发管理办法》以及2012年7月1日颁布实施的《中华人民共和国海船船员培训合格证考试大纲》的要求,并适当参考本学科的最新发展而编写的。

本书内容符合《1974年国际海上人命安全公约》(简称"SOLAS 1974"公约)和"STCW公约马尼拉修正案"对各类海船船员在熟悉与基本安全——基本急救方面的基本要求。本书既可作为各类全日制学生和社会船员进行海员专业培训专用教材,也可作为航海教育工作者及其相关人员学习船舶消防知识的参考书。

为了满足船员专业培训的要求,我们根据最新的基本急救培训和考试大纲,在原来第一版的基础上做了重新编写,对部分教学内容也进行了知识更新,尤其是心肺复苏内容,我们根据最新的2010年心肺复苏(CPR)与心血管急救指南作了重要更新,此外根据马尼拉修正案及培训纲要的要求,增加了防止嗜酒和滥用药物的新内容。基本理论部分主要包括基础医学知识、海上急救的基本技能、急救箱的使用、常见意外伤病的急救以及救生艇筏上常见疾病的处理等内容。练习与测试部分不仅针对各章的内容给出了判断题与选择题,还依据基本急救培训纲要的要求及船员培训考试的实际情况给出了4套完整的基本测试题。本书采用了最新的医学知识,采取了图文并茂的形式,使内容更直观、更生动,具有很强的实际指导性,适合航海专业的学生、船员及公众场所工作人员作为急救培训的教材使用。

吴小兰担任本书主编,负责本书大纲的拟定、统稿。本书的具体编写人员为:武汉理工大学吴小兰、徐元,武汉海事中等职业技术学校徐江波,湖北交通职业技术学院刘乾英,武汉航海职业技术学院黎冬楼。

本书由长江海事局船员考试中心林承志担任主审,同时,本书在编写过程中还得到了深圳市第六人民医院骨外科马文松,武汉理工大学王当利、徐周华、熊锡龙等的支持与帮助,在此表示感谢。此外,本书在编写过程中也参考了国内一些优秀的相关教材,在此也一并表示感谢。

由于时间仓促,书中难免存在错误与疏漏,敬请广大专家和学员指正。

编　者

2013年5月

目　录

第1篇

基本理论

1 急救概述

能力要求

通过本章内容的学习，使学员掌握急救的目的和原则，熟悉急救前的思考和外来援助的方法。

进入21世纪，我国对全球经济增长的贡献以及对全球贸易和服务增长的贡献令世人瞩目，我国正从世界海运大国向世界海运强国转变。随着世界经济的繁荣和发展，作为我国和世界航运业人才资源的重要组成部分——船员队伍也日益壮大起来。由于海上的特殊环境，船员时刻面临着低温、曝晒、风浪、缺水、缺粮、海洋生物的袭击、外伤及各种自然因素等的影响，这些情况时刻威胁着海上人员的生命健康和安全；加上工作环境隔离，这就要求船员必须掌握自救和互救等医学知识。

根据STCW78/10公约和国际海事组织（IMO）的要求，船员必须掌握基本急救知识。只有这样，才能在紧急情况下头脑清醒、临危不乱，采取正确的急救措施，使伤者化险为夷、转危为安，甚至可以起死回生。因此，在患者获得有效医疗救助之前，船员必须采取一些正确的急救措施，以减轻患者的痛苦，防止病情恶化，为以后的治疗提供有利的条件。

1.1 海上急救的目的和原则

1.1.1 海上急救的目的

海上急救的目的是：

①挽救或延续伤病员的生命；

②改善病情，减少伤病员的痛苦；

③防止病情恶化，预防并发症和后遗症发生。

1.1.2 海上急救的原则

海上急救的原则是：

①恢复心跳、呼吸；

②停止出血，防止休克的发生；

③去除中毒物质，阻止危害因素的进一步作用。

正常的心跳和呼吸是一切生命活动的基础，也是采取急救措施的核心。因此必须保证血液循环，保持伤病员呼吸通畅，减少伤残并迅速安全转移伤病员。对于外伤等各种原因引起的出血，必须立即采取措施制止出血，维持血压，防止休克的发生。对于各种原因引起的中毒，应立即去除中毒物质，离开中毒环境，阻止危害因素的进一步作用。

1.2 急救前的思考

进行急救前，应在自身安全的情况下，迅速查明情况，查看伤势和病情，弄清发生伤患的原因，寻求救援。稳定患者的情绪，树立其必胜的信心，给予患者更多的帮助和鼓励。迅速、准确地进行急救。具体步骤为：

（1）现场安全

确定事发现场和周围环境是否安全。在确保自身安全的前提下方可展开施救，当患者身处不能进入的封闭场所时，应立即请专业人员打开封闭的场所，进入时应戴上呼吸器等，并尽快将患者转移到安全地区。

（2）评估伤情

快速而简捷地评估有无威胁生命的伤势或病情，判断轻重缓急，对伤病员进行分级处理。

（3）寻求救援

紧急呼救并先抢救有大出血、呼吸或心跳停止及昏迷者。

（4）就地抢救

对危及生命的危急重症患者，不可盲目等待救援或者贸然搬动转运，必须就地抢救。

（5）及时转送

按照重症优先、中度伤员和轻伤员的顺序及时救治和转送。

（6）途中监护

经过现场救治后，在转送伤病员途中，要继续给予生命体征的监护与基本救治。

1.3 外来援助的方法

船舶或工作平台在城镇岸边时，可以拨打当地急救电话。例如，120 是我国统一的医疗急救电话（免费服务）。120 医疗急救服务由急救中心和若干个急救站组成，辐射到城市的各个区域，具有反应迅速、抢救及时的特点，通常在接到呼救电话后，快则几分钟，慢则十几分钟，救护车就能赶到现场（有时因路途较远或交通不畅使等车时间延长）。

船舶或工作平台远离海岸、城镇，发生紧急伤病情况时，为了获得及时、正确的医疗指导，船长应毫不犹豫地用各种通信手段向岸上或向配有医生的过往船舶求救，以获得医疗援助或无线电医疗服务指导。

无线电医疗服务是由海岸电台与当地医疗机构组成的专门为海上船舶进行医疗服务的组织。当海岸电台接到海上船舶要求医疗援助的电讯后，会立即与医疗机构联系，对船舶上病人所需救援的内容作出迅速的回答。此项医疗指导业务已在许多国家建立，并且是24h免费服务，可以充分利用。

在进行医疗指导联系时，应将船舶上病人的病情、症状、生病时间、体温、脉搏、呼吸、血压、已采取的急救措施以及船上现有的药物设备等情况详尽地告诉对方。

国际信号规则中，由“M”字母开头的三字母信号是供船舶之间有关业务通信使用的，可查阅利用。

1.3.1 无线电医嘱

现代的通讯技术对救护船员生命起到了相当重要的作用。无线电医嘱通过无线电报、无线电话，直接由各港口的医生发出。在特殊情况下，也可以从邻近船上的医生处得到。为了迅速交换信息，最好采用双方均熟悉的语言；密码容易被误解，所以尽可能避免使用。

船上急救人员必须把所有相关资料全部传给医生，然后把医生的建议及指令清楚无误地全部记录下来，并传给船只及病人。如有可能最好用录音机记录下所有的信息资料。

为了保护个人隐私，在得到医疗建议时需注意不要透露病人的姓名，除非在医生的报告中需涉及病人的姓名和职务。

船上急救人员请求无线电医嘱前，要填写一些必要的表格、病史摘要，告诉无线电员相关资料，然后写下所获得的任何建议，要注意重复、核对，以避免出现差错。

1.3.2 直升机救援

如果病症轻微，而且不是危重的疾病，尽量不要请求直升机救援。不仅是因为费用昂贵，更因为飞行员和全体机组人员是在冒着生命危险进行救援。

当船上病人需要外来援助时，救助人员首先与海岸无线电中心取得联系，请求医疗帮助。在呼叫被传给医生后，救助人员把所有的资料告诉医生，由医生判断病情的危重程度。医生会马上提供一些处理方法，并建议海岸警卫队提供最佳救援措施，与船舶保持联系并作适当的安排，必要时派遣直升机。

由于运作需要一个过程，直升机不会马上到达。而且直升机飞行距离有限，机组人员会要求在靠近陆地的地方进行救援。

1.3.3 船舶接送医生和病人

用船舶接送医生和病人需要非常高的航海技术才能保证安全和有效。

大型油轮和其他一些船舶需要30min到一个小时才能使发动机准备就绪，所以应尽快发出信号。满载的大型油轮需要几英里才会减速，很难靠近一艘小船。

空载的船只和任何型号的客船在停下靠近时都会因风力发生偏航，所以一些船只在工作中仍保持螺旋桨低速旋转。

保持船头、船尾悬挂物清晰可见。一般由大船提供照明、登船设备，并指明最佳位置。结束以后，不要在大船旁边过多逗留，应开足马力尽快离开。

思考题

（1）海上急救的目的和原则是什么？

（2）急救前要进行哪些思考？

（3）外来援助有哪些方法？什么是无线电医疗服务？无线电医疗服务收费吗？

2 人体结构和功能

能力要求

通过本章内容的学习，使学员熟悉和掌握运动系统、循环系统、呼吸系统、消化系统、神经系统的构成和生理功能。

人体分为头、颈、躯干和四肢四大部分，各部分的名称如图 2-1 所示。

人体表面覆盖着皮肤，皮肤往里是肌肉和骨骼。由皮肤、肌肉和骨骼围成人体较大的两个腔，即头部的颅腔和躯干部的体腔。体腔又由膈分隔成胸腔和腹腔，腹腔的最下部叫盆腔。胸腔内主要有心、肺等器官；腹腔内有胃、肠、肝、脾、肾和膀胱等器官；盆腔内有卵巢和子宫等器官，如图 2-2 所示。

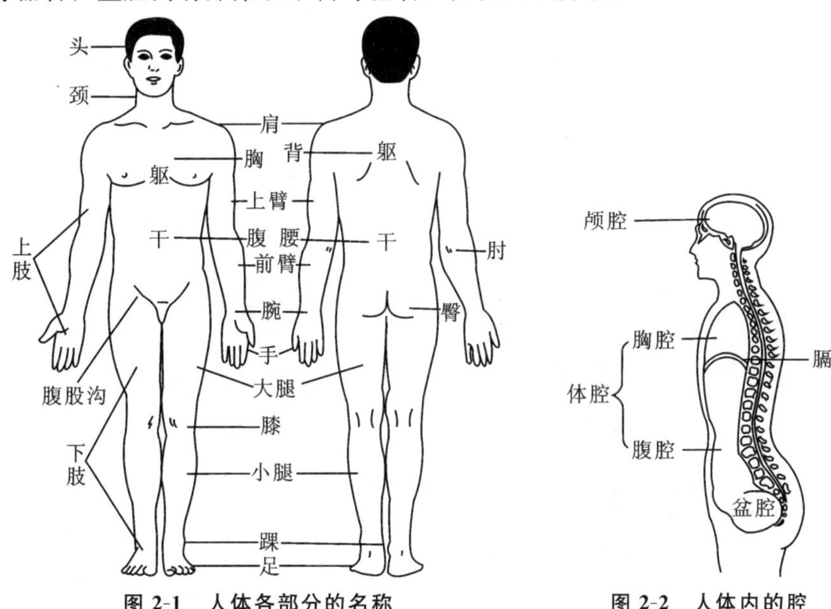

图 2-1　人体各部分的名称

图 2-2　人体内的腔

人体是由许多细胞组成的。一些形态和功能相似的细胞以及细胞间质构成了组织。人体有四种基本组织，即上皮组织、结缔组织、肌肉组织和神经组织。几种不同的组织按照一定的次序结合在一起，构成具有一定形态和功能的器官。人的脑、眼、耳、心脏、肺、肝、肾、甲状腺、唾液腺等都是器官。能够共同完成一种或几种生理功能的多个器官，按照一定的次序组合在一起构成系统。人体主要由八个系统构成，各个系统和它们的主要功能是：

运动系统：起运动、支持和保护的作用。

循环系统：运输体内物质。

呼吸系统：吸入氧气和呼出二氧化碳。

消化系统：消化食物和吸收营养。

泌尿系统：将人体代谢过程中产生的废物和毒物通过尿液的形式排出体外，以维持机体内环境的相对稳定。

神经系统：调节人体的生理活动。

内分泌系统：分泌激素，通过激素的作用来调节人体的生理活动。

生殖系统：生殖。

2.1 运动系统

人体的运动系统主要由骨、骨连接和骨骼肌三部分组成，具有运动、支持和保护等功能。人体的任何一个动作都是在神经系统的支配下，由骨骼肌收缩并且牵引所附着的骨绕着关节活动而完成的。在运动中，骨起杠杆作用，运动的枢纽在关节，而骨骼肌是动力器官。

2.1.1 骨

骨骼是人体的支架，由206块骨连接而成，可以分为颅骨、躯干骨和四肢骨三大部分（图2-3），约占体重的1/5。根据骨的形态，可以把骨分为长骨（如肱骨、股骨等）、短骨（如腕骨、跗骨等）、扁骨（如颅顶骨、肋骨等）和不规则骨（如椎骨等）。长骨呈长管状，可分为中间的骨干和两端的骨骺；短骨呈立方形，多位于

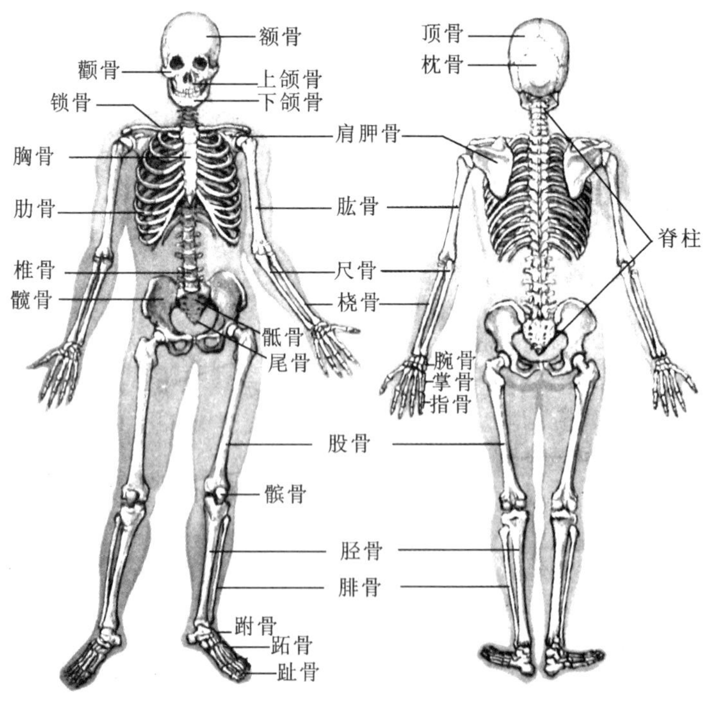

图2-3 全身骨骼

连接牢固并有一定灵活性的部位；扁骨呈板状，主要构成容纳重要器官的腔壁，起保护作用；不规则骨形状不规则，功能多样。

骨是一种器官，由骨组织构成，具有一定的形态和功能，有丰富的血管、神经和淋巴管分布，能不断进行新陈代谢和生长发育，具有修复、再生和重塑能力。成熟的骨质除细胞外，主要由有机质和无机质组成。有机质中含有大量规则排列的胶原纤维束和粘多糖蛋白等，无机质主要是钙盐（磷酸钙和碳酸钙，是人体钙磷储存库，参与人体钙磷代谢）。有机质是骨的支架，赋予骨弹性及韧性，无机质则使骨坚硬。成人骨有机质与无机质之比为 3∶7，幼儿骨有机质相对多些，较柔韧，易变形，遇到暴力可能折而不断，发生青枝状骨折。而老年人骨无机质相对多些，较脆，稍受暴力即易骨折。骨的基本结构包括骨膜、骨质、骨髓三部分，如图 2-4 所示。

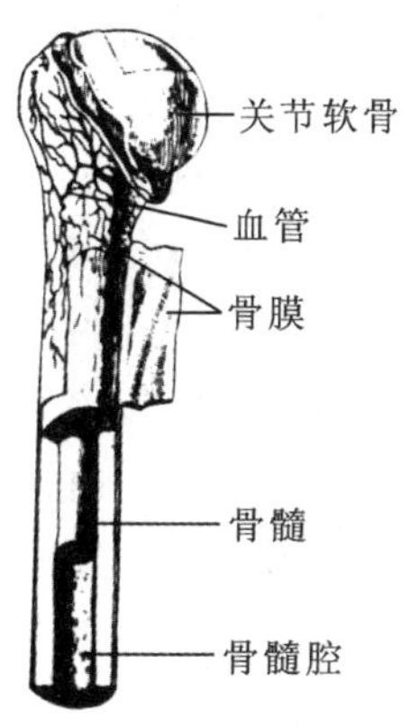

图 2-4　骨的基本结构

（1）骨膜

骨膜是一层坚固的结缔组织膜，覆盖在骨的表面。具有营养、生长、修复和感受痛觉等重要作用。骨膜内含有血管、神经、成骨细胞和破骨细胞等。血管中的血液对骨的营养有重要作用。成骨细胞和破骨细胞对骨的生长、再生、修复和改造（如骨折后骨的愈合）有重要作用。

（2）骨质

骨质有骨密质和骨松质两种。骨密质大部分集中在骨干，它致密而坚硬，抗压力强；骨松质主要在长骨两端的内部，它疏松而呈蜂窝状，可以承受一定的压力。

（3）骨髓

骨髓填充在骨髓腔和骨松质的空隙内。骨髓呈红色，有造血功能，骨髓造血功能低下，可导致再生障碍性贫血。随着年龄的增长，长骨骨髓腔中的红色骨髓逐渐变成含大量脂肪组织的黄色骨髓，失去造血功能。但是，当身体失血过多时，这些黄色骨髓能转变成红色骨髓，重新恢复造血功能。在骨松质内，始终存在着红色骨髓。临床上常在髂前上棘、髂后上棘和胸骨柄等处穿刺取样骨髓，以协助诊断。

2.1.2　骨连接

骨与骨之间的连接叫做骨连接。骨连接有直接连接和间接连接两种。直接连接是相邻两骨依靠结缔组织或软骨直接连接；间接连接就是通常所说的关节，如肩关节、肘关节、髋关节和膝关节等，它是人体骨连接的主要形式。关节一般由关节面、关节囊和关节腔三部分构成，如图2-5所示。

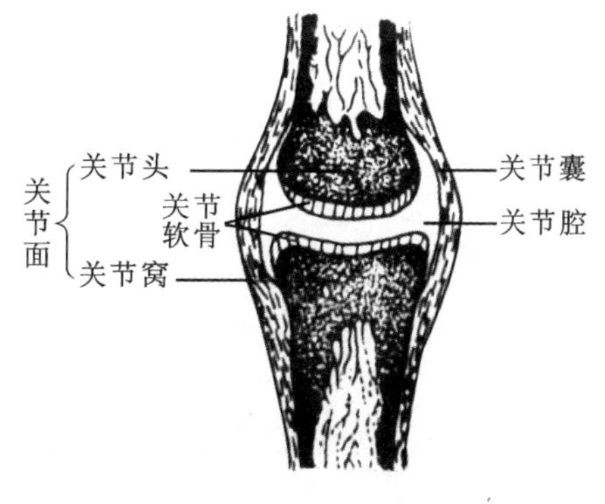

图 2-5　关节模式图

2.1.3 骨骼肌

肌肉组织由肌细胞和少量结缔组织组成，分随意肌和非随意肌。随意肌是指骨骼肌，它的活动由大脑控制，可随人们的意志而活动，又称横纹肌，分布在身体的表面，如头部、颈部、胸部、腹壁、后背、四肢。非随意肌不受大脑控制，也不受人的意愿影响，而是按照其自己的规律运动。非随意肌又分为平滑肌和心肌，平滑肌分布在血管和内脏（胃肠、膀胱、子宫等）上，心肌分布在心脏上。

骨骼肌的每一块肌肉都是由中间的肌腹和两端的肌腱构成。肌腹是一块肌肉中间膨大的部分，由许多相互平行的肌纤维和少量的结缔组织构成。肌腱是由肌腹向两端延伸变细的致密结缔组织组成，无收缩性。肌肉借肌腱固定于骨骼、皮肤、筋膜和关节囊上。当大脑发出冲动，经神经传递到肌肉，肌肉受到刺激后就会收缩，并牵动所附着的骨绕着关节活动，从而产生各种动作，如举手、抬脚、弯腰、转动等。当控制某些骨骼肌的神经受到损伤时，身体的这部分就可能瘫痪，并且可能导致骨骼肌的萎缩。骨骼肌按在人体的位置分为头颈肌、躯干肌和四肢肌（图 2-6）。人体包含的骨骼肌共 600 余块，约占体重的 40%。

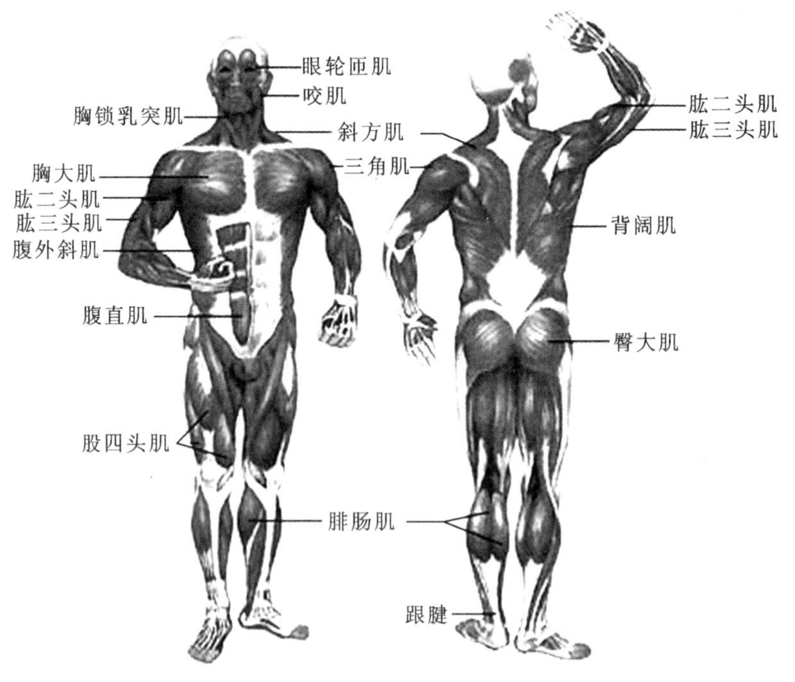

图 2-6 人体的主要肌肉

1. 头颈肌

头肌：头肌有表情肌，如额肌、口轮匝肌、眼轮匝肌等，还有咀嚼肌，如咬肌、颞肌等。

颈肌：颈肌有胸锁乳突肌、颈阔肌等。胸锁乳突肌能使头部转动和屈伸。

2. 躯干肌

胸肌：胸肌有胸大肌、胸小肌、肋间肌、膈肌等。胸大肌与上肢活动及呼吸有关。膈肌是向上膨隆的扁平薄肌，是胸腔的底和腹腔的顶，参与呼吸运动。

腹肌：腹肌有腹直肌、腹外斜肌、腹内斜肌、腹横肌、腰方肌。腹肌收缩可增加腹内压，完成咳嗽、呕吐、排便等功能。

背肌：背肌有斜方肌、背阔肌、骶棘肌等。斜方肌收缩可使肩胛骨向脊柱靠拢，背阔肌收缩可使肱骨内收、内旋及后伸。

3. 四肢肌

四肢肌分为上肢肌和下肢肌。

(1) 上肢肌

上肢肌包括肩肌、臂肌、前臂肌和手肌。

肩肌：肩肌包括三角肌、肩胛肌等。

臂肌：臂肌包括肱二头肌、肱三头肌等。肱二头肌收缩可屈前臂，肱三头肌收缩可伸前臂。

前臂肌：前臂肌包括前臂掌侧肌和前臂背侧肌。前者包括肱桡肌、桡侧腕屈肌、掌长肌、指浅屈肌、尺侧腕屈肌等，后者包括桡侧腕长伸肌、尺侧伸腕肌、指总伸肌等。

手肌：手肌包括外侧肌群、内侧肌群和中间肌群。手肌短小，全部集中在手的掌侧，与从前臂来的长肌腱共同支配手指的活动。

(2) 下肢肌

下肢肌包括髋肌、大腿肌、小腿肌和足肌。

髋肌：髋肌包括髂肌、腰大肌、臀大肌、臀中肌等。臀大肌有伸直大腿的作用。

大腿肌：大腿肌包括前面的股四头肌、缝匠肌，后面的股二头肌、半腱肌、半膜肌，以及内侧面的大收肌、长收肌、短收肌等。股四头肌能伸小腿。

小腿肌：小腿肌包括前面的胫骨前肌、长伸肌、趾长伸肌，后面的腓肠肌、比目鱼肌等，以及外侧面的腓骨长肌、腓骨短肌。腓肠肌收缩可使足跟离地。

足肌：足肌包括足背肌（如短伸肌、趾短伸肌）和足底肌等小肌肉，主要运动足趾。

2.2 循环系统

人体从外界摄取的养料和氧气必须通过循环系统运到各个组织细胞，细胞产生的二氧化碳、尿素等废物又必须通过循环系统才能运走，因此，人体内具有运输物质作用的系统称为循环系统，它包括血液循环系统和淋巴系统。通常说的循环系统主要是指血液循环系统，这里只讲述血液循环系统。

血液循环系统是一个由心脏和血管组成的、遍布全身的管道系统，血液在这个封闭的管道系统里循环流动。

2.2.1 血液

血液由血浆和血细胞两部分组成（图 2-7）。血细胞又包括红细胞、白细胞和血小板。人体内血液的总量称为血量，成年人血量约 4000～5000mL，为体重的 7%～8%。一次失血 10%以下对人体没有明显影响；失血 20%时，可能引起人体活动障碍；失血 30%时，如不急救可能危及生命。人类血型主要有 ABO、Rh 等血型系统。以 ABO 血型为例，除了同血型者之间可以相互输血外，AB 型血液的人可以接受其他各型的血液，O 型的血液可以输给其他各型的受血者，但输血应以输同型血为原则。

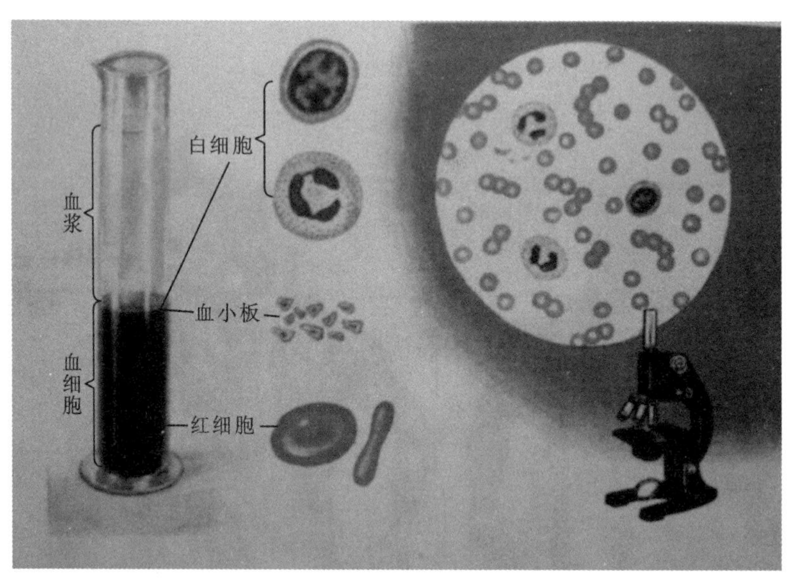

图 2-7 血液的组成

（1）血浆

血浆呈淡黄色，半透明，含水量达 91%～92%，含固体物 8%～9%。在固体物中，还含有血浆蛋白、葡萄糖、脂肪类物质、非蛋白氮类化合物和无机盐等。血浆蛋白又分为白蛋白、球蛋白和纤维蛋白原三种。其中，白蛋白含量最多，对维持血浆胶体渗透压起到很大作用；球蛋白特别是丙种球蛋白含有多种抗体，能与一些致病因素起反应，破坏致病因素，对人体有保护作用；纤维蛋白原相对分子质量最大，与血液凝固有关。此外，血浆蛋白还能与多种物质结合构成复合物，起到运输物质的作用。血浆中的葡萄糖又称为血糖，血糖过高称为高血糖，过低则称为低血糖，过高和过低都会导致机体功能障碍。血浆中脂肪类物质又称为血脂，高血脂是引起冠心病、高血压病、糖尿病等的重要因素。非蛋白氮类化合物主要是尿酸、肌酐、胆红素、氨基酸、多肽和氨等物质。无机盐主要以离子状态存在，如钾离子 K^+、钙离子 Ca^{2+}、钠离子 Na^+、镁离子 Mg^{2+}、氯离子 Cl^-、碳酸氢根离子 HCO_3^- 等，各种离子对维持人体的生命活动具有特殊的生理功能。

（2）血细胞

①红细胞

红细胞呈两面凹的圆饼状，正常成年人每立方毫米血液中含有红细胞的数量，男性为 400 万～550 万个，女性为 350 万～550 万个。红细胞的寿命最短为 40 天，最长可达 200 天，平均约 120 天。衰老的红细胞不断被破坏，同时不断地产生相应数量的新红细胞补充到血液里去。红细胞里有一种红色含铁的蛋白质，叫做血红蛋白。红细胞之所以呈现红色，就因为含有血红蛋白。血红蛋白的特性是：在氧含量高的地方，与氧容易结合；在氧含量低的地方，又与氧容易分离。血红蛋白的这一特性，使红细胞具有运输氧的功能。此外，红细胞还能运输一部分二氧化碳。

血液里红细胞的数量过少，或者红细胞中血红蛋白的含量过少，都叫作贫血。贫血患者的血液运输氧能力低，影响体内各器官的正常生理活动，因而常常表现出精神不振、疲劳、头晕、面色苍白等症状，一般的贫血患者应该多吃一些含蛋白质和铁质丰富的食物。

血红蛋白与氧结合后，使血液呈鲜红色，这种含氧丰富、颜色鲜红的血叫作动脉血。血红蛋白与氧分离后，使血液呈暗红色，这种含氧较少、颜色暗红的血叫作静脉血。

②白细胞

白细胞有五种，比红细胞大，它的寿命有的不到一天，有的可以长达几年。正常成年人每立方毫米血液中的白细胞数量为 4000～10000 个。当身体某处受伤，病菌侵入时，有些白细胞可以穿过毛细血管壁，聚集到受伤的部位吞噬病菌。例如，伤口周围出现红肿现象，这就是我们平时所说的“发炎”，当病菌被消灭后，炎症也就会消失。可见，有些白细胞对人体起着防御和保护的作用。

③血小板

血小板比红细胞和白细胞都小得多，形状不规则。正常人每立方毫米血液中含血小板 10 万～30 万个。血小板的寿命为 7～13 天，平均寿命为 10 天。当皮肤划破而流血时，血液中的血小板会在出血的伤口处聚集成团；同时，血小板与受损血管粗糙面接触而破裂并释放出一些物质，能够促使血液凝固。这两种情况都可以堵塞伤口而止血。因此，血小板有止血和加速凝血的作用。

2. 2. 2　心脏

心脏是血液循环的动力器官，它通过昼夜不停地收缩和舒张来推动血液在血管里循环流动。心脏的大小像自己的拳头，位于胸骨后、胸腔内及两肺之间，稍偏左一点。心脏被间隔分为左、右两半，即左心房、左心室和右心房、右心室共四个腔(图 2-8)。同侧心房、心室借房室口相通。心房接受静脉，心室发出动脉。在房室口和动脉口处有瓣膜，使血流只朝一个方向流动而不返流。心脏终生有节律地收缩与舒张，像泵一样不停地将血液由静脉吸入，由动脉射出，使血液在心血管系统内不停地循环流动。心脏每分钟搏动的次数称为心率。心率的正常变动范围为每分钟 60～100 次，低于每分钟 60 次的称为心动过缓，高于每分钟 100 次的叫做心动过速。

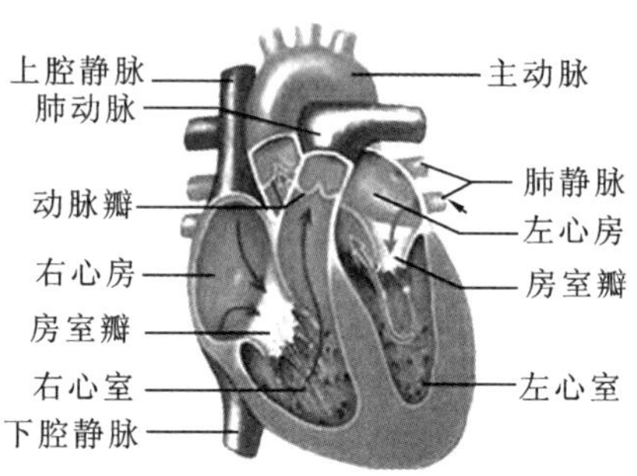

图 2-8　心脏的结构

2.2.3　血管

血管分为动脉、静脉和毛细血管三种（图 2-9）。动脉是把血液从心脏输送到身体各部分去的血管，动脉管壁厚，具有弹性和舒缩性，随心脏的舒缩而搏动，能维持和调节血压。静脉是把血液从身体各部分送回心脏的血管，静脉管壁薄，缺乏弹性和舒缩性。毛细血管是连通最小的动脉与静脉之间的血管，毛细血管壁非常薄，主要为一层内皮细胞，有一定的通透性，因而有利于血液与组织和细胞之间的物质交换。

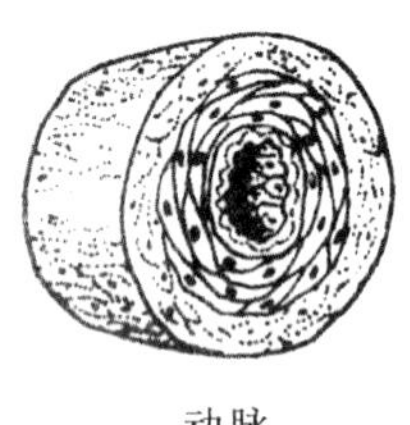
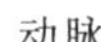

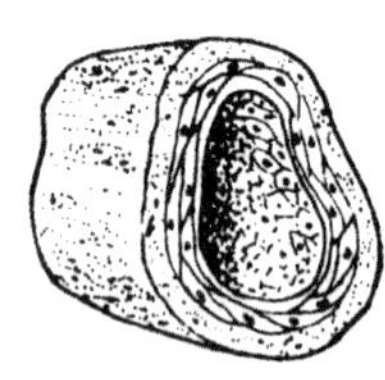

静脉　　毛细血管

图 2-9　人体三种血管模式图

血液由心脏射出，经动脉、毛细血管、静脉再回到心脏，如此循环不止。血液的循环途径可分为体循环和肺循环，两种循环是同时进行并且相通的。血液由左心室进入主动脉，再流经全身的动脉、毛细血管、静脉，最后汇集到上、下腔静脉，流回右心房，完成体循环。在这个过程中，血液中营养物质和氧气被细胞和组织吸收，细胞和组织的代谢产物和二氧化碳等则进入血液。血液由右心室进入肺动脉，流经整个肺部的毛细血管网，再由肺静脉流回左心房，完成肺循环。在此循环中，血液与肺泡里的空气进行气体交换，血液中的二氧化碳进入肺泡，肺泡里的氧气进入血液，暗红色的静脉血变为鲜红色的动脉血，从肺静脉回到左心房。在安静状态下，人体内每滴血在血管中完成上述循环约需 20s。血液循环模式如图 2-10所示。

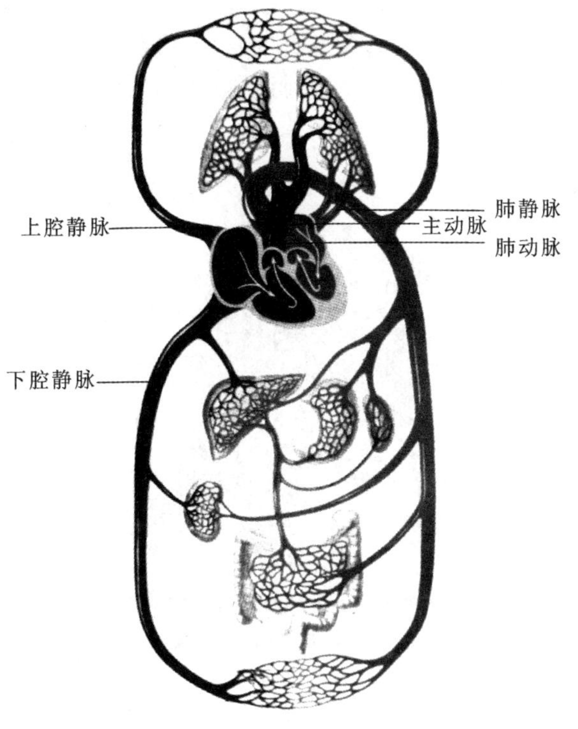

图 2-10　血液循环模式图

2.3 呼吸系统

人体内营养物质氧化所需的氧要从外界获得，氧化后所产生的二氧化碳必须排出体外，这个不停地从外界吸入氧气和排出二氧化碳的过程叫做呼吸。呼吸系统由呼吸道和肺两部分组成，如图 2-11 所示。

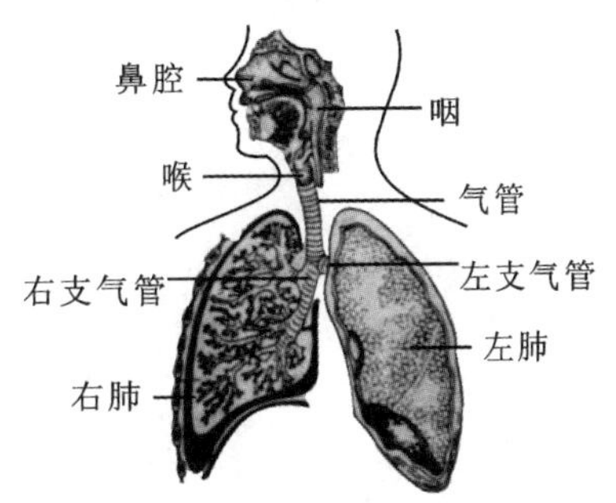

图 2-11　呼吸系统模式图

2.3.1　呼吸道

呼吸道包括鼻、咽、喉、气管、支气管等，它们的壁内有骨或软骨支持以保证气体的畅通。临床上通常把鼻、咽、喉称为上呼吸道（图 2-12），把气管、支气管及其在肺内的分支称为下呼吸道。

鼻：鼻是呼吸道的起始部位，同时又是嗅觉器官。鼻可分为外鼻、鼻腔和鼻旁窦。鼻腔里有鼻毛、丰富的血管及纤毛上皮黏膜，它的主要作用为过滤、湿化和加温吸入的空气。此外，鼻分泌物中尚含有溶菌酶，有灭菌作用。鼻旁窦是鼻腔周围颅骨中衬有黏膜的含气空腔，与鼻腔相通，开口于鼻道，鼻腔黏膜发炎时容易蔓延到鼻旁窦。

咽：咽是一个前后略扁的漏斗形肌性管道，上起颅底，下达第 6 颈椎移行于食管，位于第 1～6 颈椎前方。咽后壁和侧壁完整，前壁不完整，与鼻腔、口腔和喉腔相通，是呼吸和消化的共同通道。以软腭和会厌上缘为界，分为鼻咽、口咽和咽喉（图 2-12）。咽后部有丰富的淋巴组织聚集，称为咽扁桃体，起着保护作用。

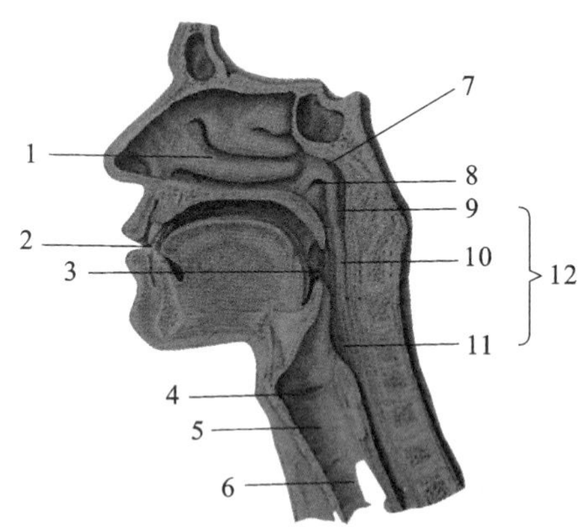

图 2-12　上呼吸道模式图

1—鼻腔；2—口腔；3—腭扁桃体；4—声襞；5—喉；6—气管；7—咽隐窝；
8—咽鼓管咽口；9—鼻咽；10—口咽；11—喉咽；12—咽

喉：喉是由数块软骨借关节和韧带连接而成的支架，周围附有喉肌，内面衬有黏膜。喉是呼吸通道，也是发音器官，位于颈前正中，喉咽部前方，正对齐第4～6颈椎高度。喉上通咽，下续气管。可随吞咽或发音上下移动，喉两侧与颈部大血管、神经核甲状腺相邻。喉软骨中甲状软骨最大，其前方突出部位叫喉结。吞咽时，喉上提，会厌软骨盖住喉入口，防止食物进入气管（图 2-13）。

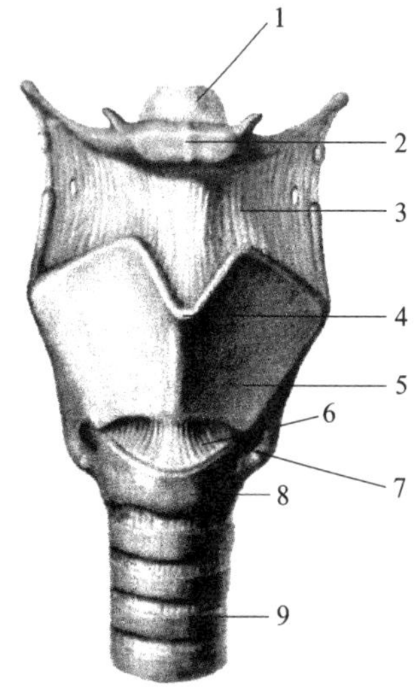

1—会厌软骨；2—舌骨；3—甲状舌骨膜；
4—喉结；5—甲状软骨；6—弹性圆锥；
7—环甲关节；8—环状软骨；9—气管

前面

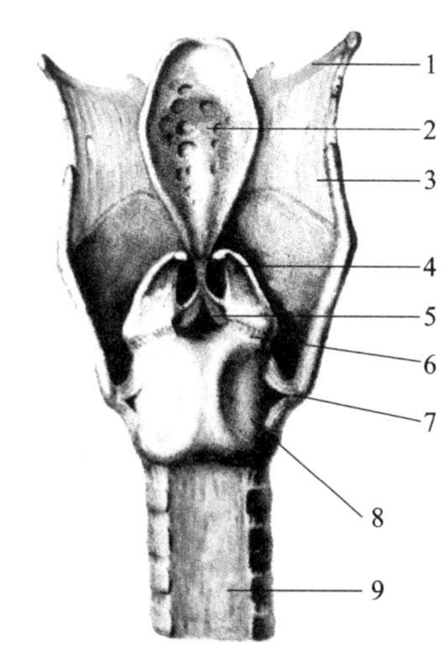

1—舌骨；2—会厌软骨；3—甲状舌骨膜；
4—杓状软骨；5—声韧带；6—环的关节；
7—环甲关节；8—环状软骨；9—气管

后面

图 2-13　喉结构模式图

气管、支气管：气管从喉起，达于其分叉处，长 11～13cm，位于纵膈内。气管分为左右两种支气管，左支气管细而长，较倾斜，右支气管短而粗，较垂直，因而异物容易落入右支气管内。气管、支气管像一棵大树一样分出很多小的“树枝”，6～25 代后成为终末细支气管。

2.3.1 肺

肺位于胸腔内，左右两肺分居纵膈两侧，模膈以上。肺质地柔软，有弹性。肺形似圆锥形，左肺稍狭长，右肺略宽短。肺上端钝圆，突入颈根部，称肺尖；肺下端凹陷，称肺底，又称膈面。肺外侧与肋和肋间肌相邻，称肋面；肺内侧面向纵膈，其近中央处有一凹陷，是主支气管、肺动脉、肺静脉、支气管血管、淋巴管和神经等出入肺的部位，称为肺门。出入肺门的结构被结缔组织包绕，构成肺根。肺前缘和下缘薄而锐利，左肺前缘有一明显凹陷，称为心切迹。左肺被斜裂分成两叶，右肺被斜裂和水平裂分为三叶。

肺可分为肺实质和肺间质，肺实质由支气管在内的各级分支和大量的肺泡构成，分为导气部和呼吸部（图 2-14、图 2-15）。肺间质由肺内结缔组织、血管、淋巴管和神经等组成。

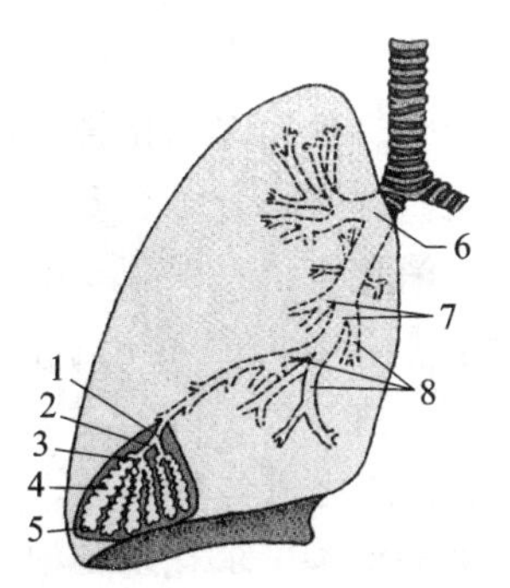

1—细支气管；2—终末细支气管；
3—呼吸性细支气管；4—肺泡管；
5—肺泡；6—主支气管；
7—肺叶支气管；8—肺段支气管

图 2-14 肺内部结构模式图

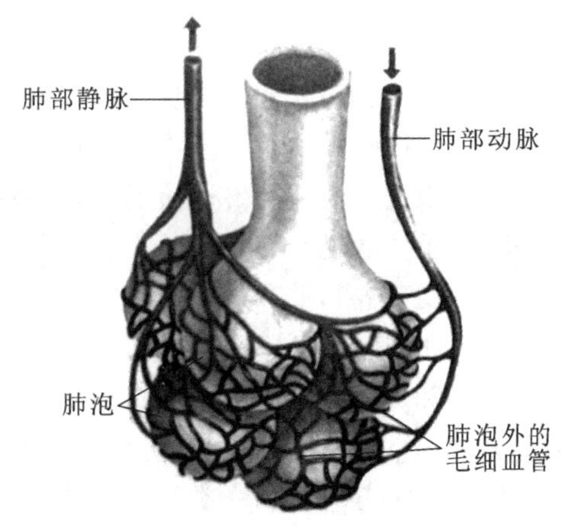

图 2-15 肺泡及其气体交换模式图

（1）导气部

导气部包括肺叶支气管、肺段支气管、小支气管、细支气管和终末细支气管等，只能传送气体。肺段支气管的反复分支统称为小支气管，当小支气管分支口径为 1mm 左右时，称为细支气管。每条细支气管及其各级分支和所属肺泡构成一个肺小叶。

（2）呼吸部

呼吸部包括呼吸性细支气管、肺泡管和肺泡等，是气体交换的部位（图2-15）。呼吸性细支气管管壁不完整，有少数肺泡的开口，是终末细支气管的分支。肺泡管是呼吸性细支气管的分支，管壁连接有许多肺泡。肺泡为多面形囊泡，每侧肺约有

3 亿～4 亿个，是气体交换的场所。肺泡壁很薄，由肺上皮构成，周围有丰富的肺毛细血管网和少量的结缔组织。相邻肺泡之间的薄层结缔组织称为肺泡膈，内含丰富的毛细血管网、较多的弹性纤维和肺泡巨噬细胞。

肺是进行气体交换的器官，肺与外界环境进行气体交换的过程称为肺通气。肺有两套血管：一套是肺循环血管系统，主要是进行气体交换，即血液与肺泡里的空气进行气体交换，血液中的二氧化碳进入肺泡，肺泡里的氧气进入血液（图2-15）；另一套血液循环是体循环中的支气管循环分支，其血液供给气管、支气管及肺。

肺的表面与胸腔内壁都有一层润滑膜覆盖，形成的空隙称为胸膜腔。胸膜腔内有少许浆液，在呼吸时可以减少两层胸膜的摩擦。胸膜腔内的压力一般低于大气压，称为胸腔负压，它可使两层胸膜紧密相连，且在正常情况下呈封闭状态，不与外界相通。

胸廓有节律地扩大和缩小称为呼吸运动。呼吸运动的频率因年龄和性别不同而有所差别，成人在平静时的呼吸频率为每分钟 16～20 次，呼吸与脉搏之比为 1∶4；儿童呼吸频率一般要比成年人快，女性的呼吸频率比男性多 1～2 次/min。

2. 4　消化系统

人体必需的六大营养物质（蛋白质、糖类、脂肪、维生素、水、无机盐等）来自各种食物，而食物必须通过消化系统才能被消化和吸收。食物在消化管内被分解成结构简单、可被吸收的小分子物质的过程，称为消化。这些小分子物质透过消化管黏膜上皮细胞进入血液和淋巴液的过程，称为吸收。消化系统是保证新陈代谢活动正常进行的重要功能系统，其基本功能是摄取食物，进行物理性和化学性消化，吸收其分解后的营养物质和排出消化吸收后剩余的食物残渣。

消化系统由消化道和消化腺组成，如图 2-16 所示。消化道包括口腔、咽、食道、胃、小肠和大肠。临床上通常把口腔到十二指肠部分称为上消化道，把空肠及以下的部分称为下消化道。消化腺分两大类：一类是位于消化道外的大消化腺，如唾液腺、肝脏和胰腺等；另一类是在消化道壁内的小腺体，如胃腺、肠腺等。消化

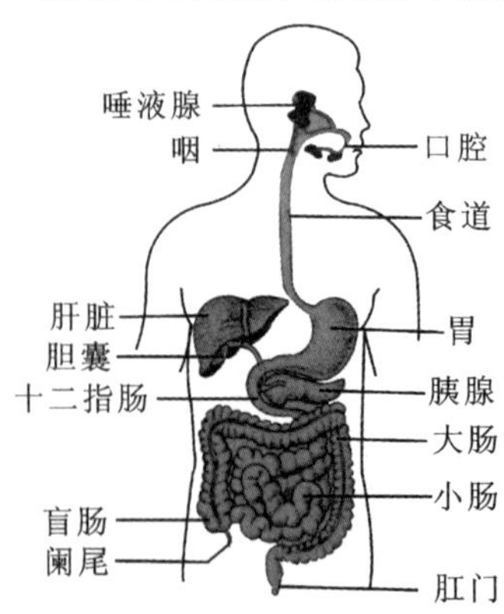

图 2-16　消化系统模式图

腺分泌消化液，在食物的消化过程中起着重要的作用。

(1) 口腔

口腔里有牙齿和舌，还有唾液腺导管的开口，是消化管的起始部分；在软腭的后部中央有一垂下的乳头状突起叫做悬雍垂，两旁有一凹陷，内有扁桃体。牙齿有咀嚼食物的功能，舌头能分辨食物的味道和辅助发音。唾液腺有三对，即腮腺、颌下腺和舌下腺，它们分泌的唾液由导管流入口腔，对食物进行化学性消化。

(2) 咽

咽是一垂直的肌性管道，呈漏斗形，位于鼻腔、口腔、喉的后方。

(3) 食管

食管是一扁狭肌性长管状器官，是消化管各段中最狭窄的部分。食管的上端在第 6 颈椎下缘平面续咽，下端经贲门与胃连接，全长约 25cm，分为颈段、胸段和腹段三部分。

(4) 胃

胃位于腹腔的上方，是消化道最膨大的部分，呈囊状。胃具有储存食物、分泌胃液、调和食糜的作用，还有内分泌功能。胃的入口叫贲门，胃下端移行于十二指肠的出口叫幽门。

(5) 小肠

小肠盘曲在腹腔里，长 5～7m，是消化管中最长的一段，也是进行消化吸收的最主要部位。小肠开始的一段叫十二指肠，其内侧壁有胆管和胰管的开口，中间为空肠与回肠，下端与盲肠相接。

(6) 大肠

大肠是消化管的末段，长约 1.5m，比小肠短而粗。大肠上接回肠末端，下止于肛门。大肠起始部连着一条蚯蚓似的突起，叫阑尾。大肠本身没有消化作用，主要功能是吸收水分形成粪便。大肠包括盲肠、结肠和直肠。

(7) 肝脏

肝脏是人体最大的消化腺，位于腹腔的右上方。肝脏分泌的主要消化液叫胆汁。在肝脏的表面有一个梨形的囊状袋，叫胆囊，能储存和浓缩胆汁。肝脏的主要功能是代谢、储存糖元、解毒、分泌胆汁、吞噬、防御等。

(8) 胰腺

胰腺是仅次于肝脏的大腺体，是在消化过程中起主要作用的消化腺，位置较深，在第一、二腰椎水平横位于腹腔后上部。胰腺分泌的胰液内含有分解蛋白质的胰蛋白酶和糜蛋白酶，分解淀粉的胰淀粉酶，以及分解脂肪的胰脂肪酶。

2.5 神经系统

神经系统由中枢神经系统和遍布全身各处的周围神经系统两部分组成(图 2-17)。中枢神经系统包括脑和脊髓，分别位于颅腔和椎管内，是神经组织最集中、构造最复杂的部位。周围神经系统包括与脑相连的 12 对脑神经、与脊髓相连的31对脊神经、分布于内脏的内脏神经（植物性神经）三部分，这些神经分布在全身各处，通过其末梢与其他器官系统相联系。神经系统具有重要的功能，是人体调节的主导系统。中枢神经系统通过周围神经系统与身体各部分联系，调节全身各部位的活动。一方面它控制与调节各器官、系统的活动，使人体成为一个统一的整体。另一方面通过神经系统的分析与综合，使机体对环境变化的刺激作出相应的反应，达到人体与环境的统一。

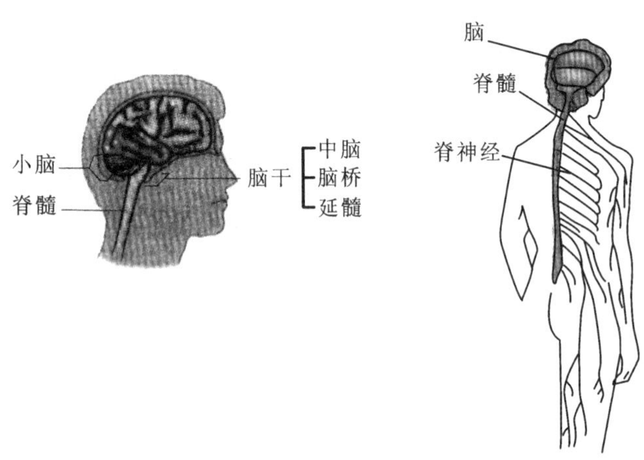

图 2-17　神经系统构成图

2.5.1　神经元的结构和神经调节的方式

神经系统的结构和功能的基本单位是神经元（即神经细胞）（图 2-18）。

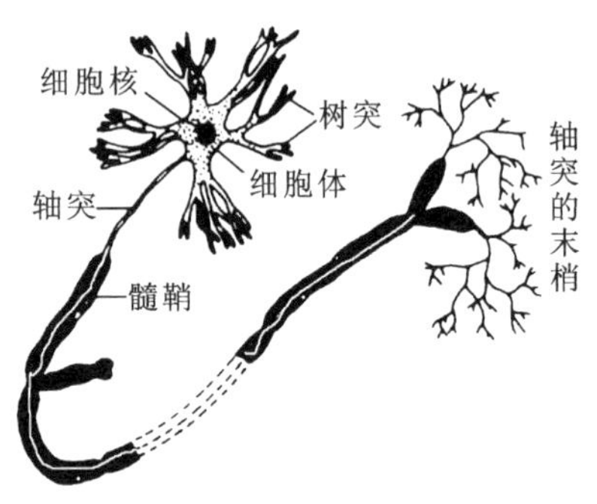

图 2-18　神经元模式图

神经元的基本结构包括细胞体和突起两部分。神经元的突起一般包括一条长而分枝少的轴突和数条短而呈树状分枝的树突。轴突以及套在外面的髓鞘，叫作神经纤维。神经纤维末端的细小分枝叫做神经末梢，分布在全身各处。神经元受到刺激后能产生兴奋，并且能把兴奋传导到其他的神经元。

神经元的细胞体主要集中在脑和脊髓里，这些细胞体密集的部位色泽灰暗，叫作灰质（见图 2-19）。在灰质里，功能相同的神经元细胞体汇集在一起，调节人体的某一项相应的生理活动，这部分结构就叫作神经中枢。在周围神经系统里，也有一些功能相同的神经元细胞体汇集在一起，这部分结构就叫作神经节。

神经元的神经纤维主要集中在周围神经系统里。在周围神经系统里，许多神经纤维集结成束，外面包着由结缔组织形成的膜，就成为一条神经。在脑和脊髓里，也有神经纤维分布，它们汇集的部位色泽亮白，叫作白质（见图 2-19）。白质内的神经纤维，有的能向上传导兴奋，有的能向下传导兴奋。

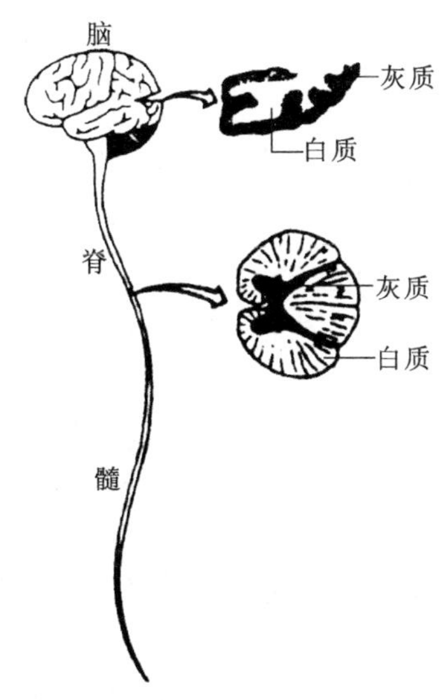

图 2-19　中枢神经系统的灰质与白质

神经调节是通过神经系统来完成的。神经调节的基本方式是反射，它是指通过神经系统，对外界或内部的各种刺激所发生的有规律的反应。参与反射的神经结构是反射弧（图 2-20）。反射弧包括五个部分：感受器（如感觉神经末梢部分）、传入神经、神经中枢、传出神经和效应器（即运动神经末梢和它所支配的肌肉或腺体）。大脑通过外感受器感受外界环境的刺激，如皮肤感觉、味觉、嗅觉、听觉等，内脏通过内感受器感受内部环境的刺激。感受器接受刺激变为神经冲动经传入神经传入大脑和脊髓，大脑或脊髓接受传入神经冲动后，经过分析综合，发出冲动（命令），经过传出神经传给效应器，发生效应，如肌肉收缩、腺体分泌等。

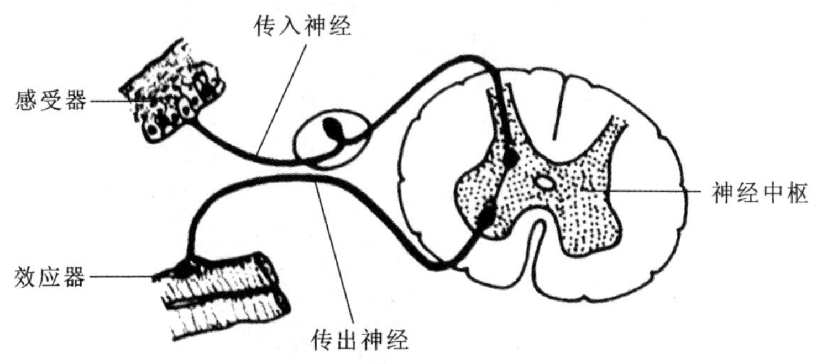

图 2-20　反射弧模式图

2.5.2 脑和脑神经

1. 脑

脑位于颅腔内，是主要的神经组织，是生命中枢的所在地，具有管理和调节其他系统生理活动的作用。脑由大脑（端脑）、小脑和脑干组成（图 2-21）。

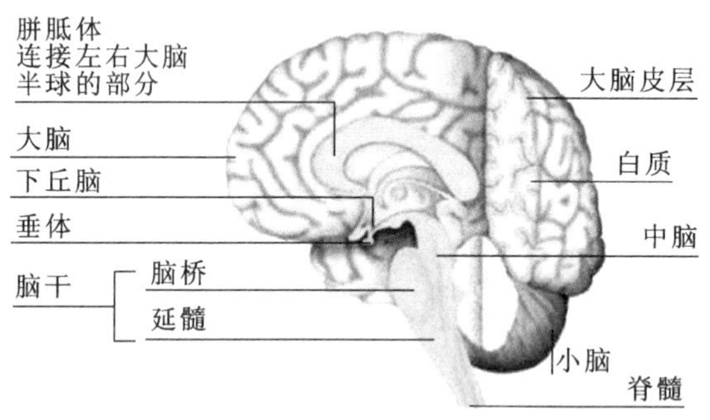

图 2-21 脑的组成

（1）大脑（端脑）：端脑由左、右两个大脑半球通过胼胝体连接而成，胼胝体是连接左右大脑半球的横行纤维，位于大脑半球纵裂底部。大脑半球的表层是灰质，即大脑皮层。大脑皮层是调节人体生理活动的最高级中枢，是进行思维和意识活动的器官。大脑的两个大脑半球各自管理着对侧的人体活动，如果大脑一侧受损，则对侧发生瘫痪。大脑皮层中比较重要的神经中枢（图 2-22）有：躯体运动中枢（管理身体对侧骨骼肌的运动）、躯体感觉中枢（与身体对侧皮肤、肌肉等处接受刺激而使人产生感觉有关）、语言中枢（与说话、书写、阅读和理解能力有关，为人类特有）、视觉中枢（与产生视觉有关）、听觉中枢（与产生听觉有关）。大脑

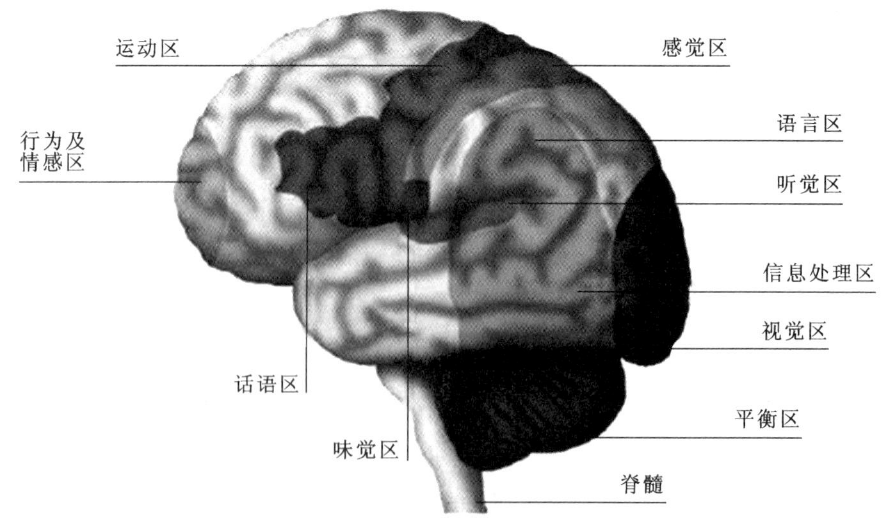

图 2-22 大脑皮层中的神经中枢

皮层以内是白质（髓质），由神经纤维构成。有些神经纤维把左、右两个大脑半球联系起来，有些神经纤维把大脑皮层与小脑、脑干、脊髓联系起来，大脑皮层通过这种方式调节全身各器官的活动。深埋在髓质内的一些灰质核团称基底核。大脑半球内部的腔隙称侧脑室。

（2）小脑：小脑在大脑的后下方，位于脑干背侧，覆盖在脑桥及延髓之后，通过小脑下脚、中脚和上脚与脑干相连。小脑有维持躯体平衡、调节肌张力和协调随意运动的功能。如果小脑受损，则闭目直立不能完成，走路时摇晃不定，不能完成精巧的动作。

（3）脑干：脑干在脑的中央，通常把中脑、脑桥和延髓一起合称为脑干，有人把间脑也归入脑干。中脑上连间脑，延髓在枕骨大孔处下接脊髓，延髓是人体生命中枢，控制着心跳、呼吸、血压等，这个部位严重受损可引起血压下降、心跳与呼吸停止而导致死亡。延髓、脑桥和小脑之间的室腔为第四脑室。

间脑位于中脑与端脑之间，除腹面的一部分露于颅底之外，大部分被大脑半球遮盖。间脑分为上丘脑、背侧丘脑、后丘脑、底丘脑和下丘脑五部分。间脑的室腔为第三脑室，向下连接中脑水管，向上连通端脑的侧脑室。间脑是大脑皮层以下调节植物性神经活动的高级中枢，也是人体情绪性反应（即喜、怒、哀、乐等）的高级调节部位，并对体温及物质代谢起调节作用。

2. 脑神经

脑神经是与脑相连的周围神经，共 12 对，绝大多数分布在头部的感觉器官、皮肤和肌肉等处（图 2-23）。按从脑发出的头尾侧排列顺序，用罗马字表示，即Ⅰ嗅神经、Ⅱ视神经、Ⅲ动眼神经、Ⅳ滑车神经、Ⅴ三叉神经、Ⅵ展神经、Ⅶ面神经、Ⅷ前庭蜗神经、Ⅸ舌咽神经、Ⅹ迷走神经、Ⅺ副神经、Ⅻ舌下神经。脑神经有四种纤维成分如下：

感觉纤维：
- 躯体感觉纤维：来自皮肤，肌，肌腱和大部分口、鼻腔黏膜以及位听器和视器。
- 内脏感觉纤维：来自头、颈、胸、腹的脏器以及味蕾和嗅器。

运动纤维：
- 躯体运动纤维：支配眼球外肌、舌肌以及咀嚼肌、面肌和咽喉肌。
- 内脏运动纤维：控制平滑肌、心肌和腺体。

根据脑神经所含纤维成分的不同，可分为：感觉性神经（Ⅰ、Ⅱ、Ⅷ对脑神经）、运动性神经（Ⅲ、Ⅳ、Ⅵ、Ⅺ、Ⅻ对脑神经）和混合性神经（Ⅴ、Ⅶ、Ⅸ、Ⅹ对脑神经）。

2. 5. 3 脊髓和脊神经

1. 脊髓

脊髓位于椎管中，上端穿过枕骨大孔与延髓相连，下端平齐第一腰椎下缘。脊髓呈圆柱状，前后稍扁，全长粗细不等，有两个膨大部，即颈膨大和腰骶膨大（图 2-24）。两处膨大是由于该节段内的神经细胞和纤维较多所致，与肢体发达有关，前者支配上肢，后者支配下肢。腰骶膨大以下脊髓变细，称脊髓圆锥。自脊髓圆锥向下延为细长的终丝。

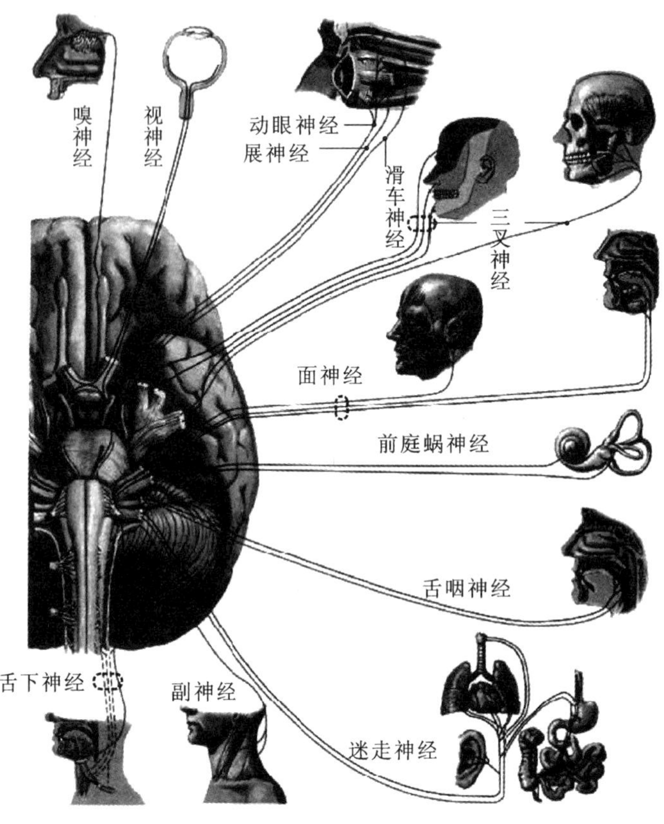

图 2-23 脑神经示意图

脊髓表面有 6 条纵沟。前面正中纵行较深的为前正中裂，前正中裂两侧是 2 条纵行浅沟，称前外侧沟，是脊神经前根穿出处。脊髓后面正中纵行较浅的为后正中沟，后正中沟两侧是 2 条纵行浅沟，称后外侧沟，是脊神经后根穿出处。前根和后根在椎间孔处合成脊神经。

脊髓可借脊神经根的出入范围划分为 31 节（图 2-25），即 8 个颈节，12 个胸节，5 个腰节，5 个骶节，1 个尾节。由于脊髓短而脊柱长，所以脊髓的节段与脊柱的节段并不完全对应，了解脊髓和椎骨的对应关系，对确定脊髓和脊柱病变的位置和范围有重要意义。

脊髓主要由灰质、白质和中央管构成（图 2-26）。中央管的周围是“H”形的灰质，灰质的外面是白质。中央管纵贯脊髓全长，向上连通第四脑室。中央管前后的灰质分别称为灰质前联合和灰质后联合。灰质主要由神经元细胞体组成，每侧灰质向前扩大为前角（前柱），向后伸出为后角（后柱），在胸髓和上 2～3 节腰髓，前后角之间还有侧角（侧柱）。白质主要由纵行排列的纤维束组成，包括长的上行纤维束（感觉）、下行纤维束（运动）和短的固有束。

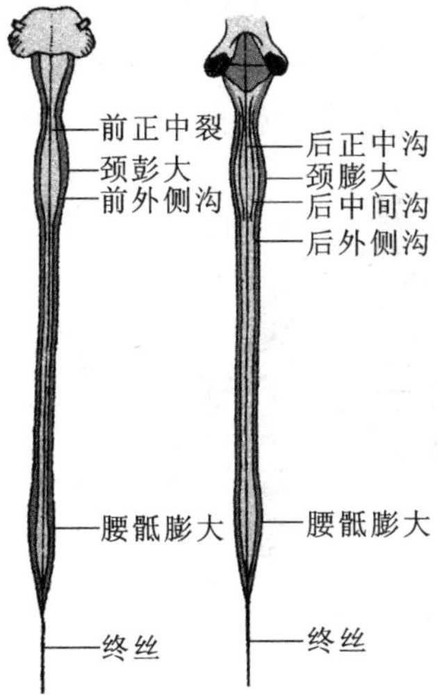

前正中裂
颈彭大
前外侧沟
后正中沟
颈膨大
后中间沟
后外侧沟
腰骶膨大
腰骶膨大
终丝
终丝

图 2-24　脊髓

颈神经
胸神经
腰神经
骶神经
尾神经

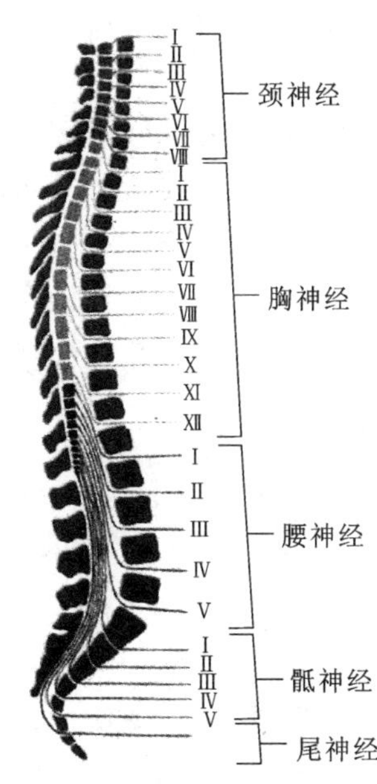

图 2-25　脊髓节段与椎骨的对应位置关系

白质
灰质
脊神经的后根
脊神经的前根
脊神经

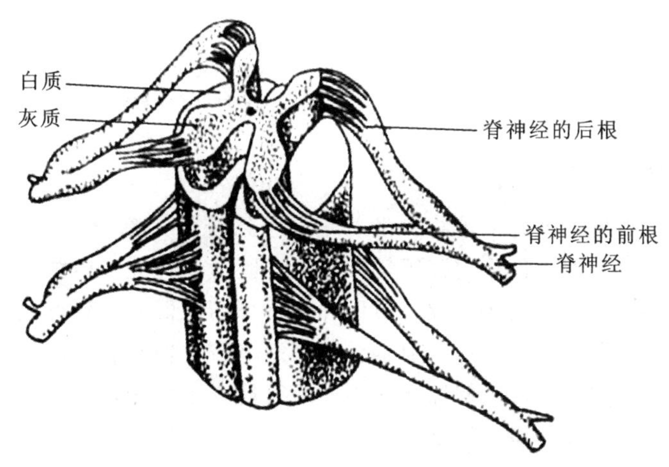

图 2-26　脊髓和脊神经

脊髓的主要功能：①传导功能。脊髓内的上、下行神经纤维束是联系脑与躯体、内脏各部位之间的联系通道。脊髓损伤将影响脊髓功能。②反射功能。脊髓是低级反射的中枢，脊髓的执行躯体反射如骨骼肌反射活动（牵张反射、屈曲反射等），简单的内脏反射通过脊髓执行，并受大脑控制（排便、排尿等），人能有意识地控制排便和排尿就是一个例证。

2. 脊神经

脊神经共 31 对，每对脊神经都由与脊髓相连的前根和后根在椎间孔处合并而成。前根属运动性，由脊髓灰质前角和侧角的神经元轴突组成，前角细胞轴突分布到骨骼肌，侧角细胞轴突分布到内脏、心肌、血管平滑肌和腺体。后根在椎间孔处膨大成脊神经节，脊神经节为假单极神经元细胞胞体集积而成，其细胞的中枢突组成后根入脊髓，周围突则以各种形式的感觉神经末梢分布到躯体和内脏接受刺激，因此后根属感觉性。每一对由前根和后根在椎间孔处合成的脊神经都含有躯体感觉纤维、躯体运动纤维、内脏感觉纤维和内脏运动纤维四种成分，因此脊神经是混合性的。脊神经出椎间孔后分为四支，即脊膜支、交通支、后支和前支（图 2-27）。

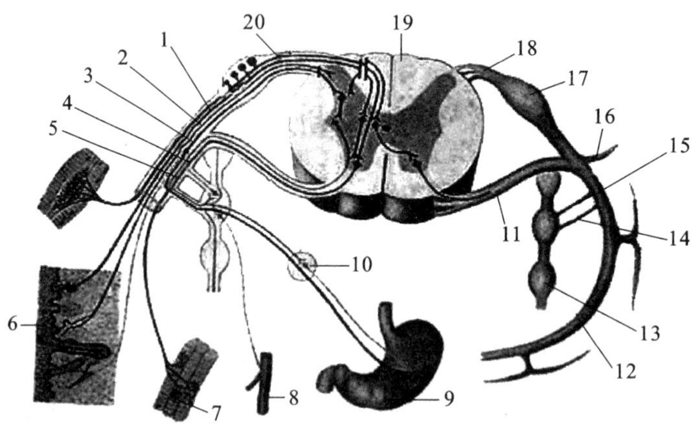

图 2-27　脊神经组成和分布示意图

1—躯体感觉纤维（触觉）；2—躯体感觉纤维（痛觉）；3—内脏感觉纤维；4—内脏运动纤维；5—躯体运动纤维；6—肌梭；7—皮肤；8—骨骼肌；9—血管；10—腹腔神经节；11—前根；12—前支；13—交感干神经节；14—白交通支；15—灰交通支；16—后支；17—脊神经节；18—后根；19—脊髓；20—躯体感觉纤维（本体感觉）

2.5.4　内脏神经

内脏神经又叫自主神经或植物神经，是神经系统的一部分，主要分布于内脏、心血管和腺体。内脏神经包括内脏感觉神经和内脏运动神经，内脏运动神经分为交感神经和副交感神经。内脏运动神经节后纤维常攀的脏器或血管形成神经丛，如腹腔神经丛等。尽管和大脑有联系，但不受其控制，自主神经支配的平滑肌、心肌和腺体，是不随意运动的。自主神经日夜不停地行使自主功能，调节心率、呼吸频率和深度及肠蠕动的次数、腺体的分泌等。

思考题

（1）骨骼的主要构成有哪些？

（2）血液循环系统的构成是怎样的？其生理功能是什么？

（3）什么是胸膜腔？呼吸系统的构成和生理功能是什么？

（4）消化管和消化腺的作用是什么？

（5）中枢神经系统的构成和作用是什么？

3 病情判定

能力要求

通过本章内容的学习，使学员掌握生命体征的观测方法，掌握死亡的判断标准。

生命体征是评价生命活动存在与否及其质量的指标，包括体温、脉搏、呼吸和血压。病情的判断与生命体征密切相关，此外意识、瞳孔等情况的观察和判断对危重病人的诊断和急救也有着十分重要的意义。

3.1 生命体征的判定方法

3.1.1 体温

(1) 体温测量及其正常范围

我国一般按摄氏法进行体温记录。测量体温的方法通常有以下三种：

①口测法　将消毒后的体温计置于患者舌下，让其紧闭口唇，嘱患者不用口腔呼吸，5min后读数。口测法正常体温值为36.3～37.2℃。口测法测量结果较准确，但不能用于婴幼儿及神志不清者。

②肛测法　让患者取侧卧位，将肛门体温计头端涂布润滑剂后，徐徐插入肛门内达体温计长度的一半为止，5min后读数。肛测法正常体温值为36.5～37.7℃，一般较口测法读数高0.3～0.5℃。肛测法测值稳定，多用于婴幼儿及神志不清者。

③腋测法　将体温计头端置于患者腋窝深处，用上臂将体温计夹紧，10min后读数。腋测法正常体温值为36～37℃。注意，腋窝处应无致热或降温物品，并应将腋窝汗液擦干，以免影响测定结果。腋测法简便、安全，且不易发生交叉感染，为最常用的体温测定方法。

(2) 体温的波动

生理情况下，体温有一定的波动。早晨体温略低，下午略高，在24h内的波动幅度一般不超过1℃；运动或进食后体温略高；老年人体温略低；月经期前或妊娠期妇女体温略高。

(3) 体温测量的注意事项

①测量前应将体温计的汞柱甩到36℃以下，否则测量结果高于实际体温。

②采用腋测法时，须用上臂将体温计夹紧，否则测量结果低于实际体温。

③检查是否局部存在冷热物品或刺激，如用温水漱口、局部放置冰袋或热水袋等，这些因素将影响测量结果。

3.1.2 心跳（脉搏）

正常人的脉搏反映着心跳的情况。随着心脏节律性地收缩和舒张，动脉内的压力随之升降，由此引起血管壁交互出现一次扩张和回缩的搏动称为脉搏。心跳与呼吸一样，是生命存在的征象，心跳停止，生命随即终止。

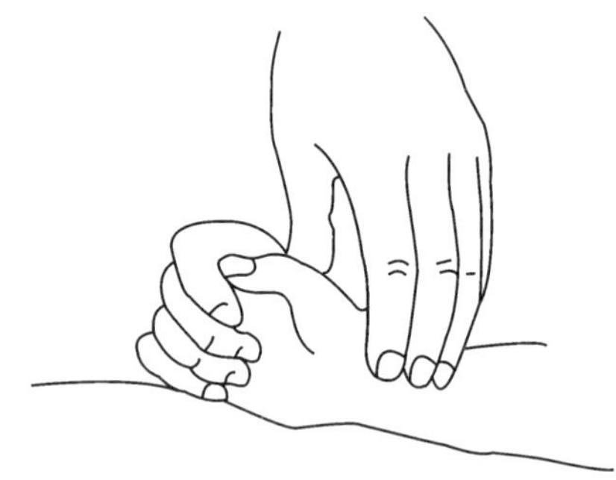

图 3-1 触摸桡动脉示意图

正常人脉搏次数与心跳次数一致，而且节律均匀、间隔相等，每分钟 60～100 次。脉搏在日间较快，睡眠中较慢，体力劳动和情绪激动时较快，发热时脉搏也增快，体温每升高 1℃，脉搏增加 10～20 次/min。

通常用触摸桡动脉的搏动来观察心跳的情况。桡动脉搏动在腕关节上 2cm 处，靠大拇指一侧。方法是，将食指、中指、无名指并列，平放于选定的位置，检查压力大小以能清楚感到波动为宜，注意观察患者脉搏的节律性及每分钟次数，如图 3-1 所示。

在紧急情况下，判断病人是否停止心跳的最方便方法是触摸颈动脉的搏动，如果颈动脉停止搏动，说明心跳停止。触摸颈动脉搏动的位置和方法：救人者用食指和中指感觉喉结的位置，将手指顺着自身方向下滑 2.5cm，感觉颈动脉的跳动，在喉结两侧的凹陷处，向下按压，可触摸到明显的搏动（图 3-2）。

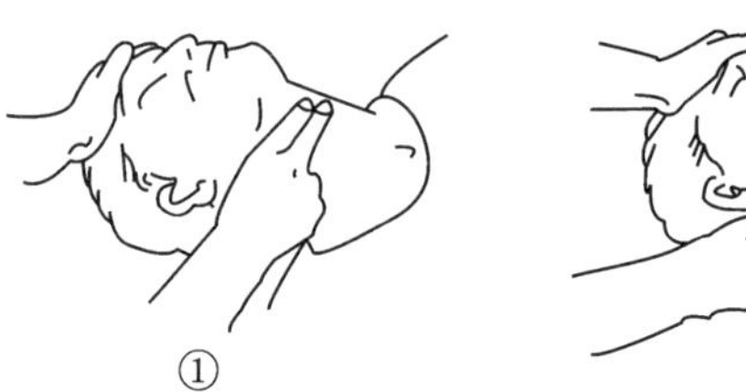

图 3-2 判断有无心跳的方法

①中指和食指置于颈前甲状软骨外侧；②手指向颈动脉沟滑动

3.1.3 血压

血压是流动着的血液对血管壁所施的侧压力。通常所说的血压是指体循环的动脉血压。当心脏收缩时，动脉血压所达到的最高值叫作收缩压；心脏舒张时，动脉血压降至最低值，称为舒张压。二者之差为脉压。正常成年人血压正常值的变动范围：收缩压为 90～140mmHg，舒张压为 60～90mmHg。

血压的测量方法（图 3-3）：一般测右上臂，血压计最好与心脏同高。测量时，打开血压计，将袖带内的气体排除，平整地缠在右上臂的中 1/3 处，下缘距肘窝 2～3cm，松紧适度；将听诊器放在肘窝肱动脉波动处，并向袖带内打气；等动脉波动消失时，再将水银柱升高 20～30mmHg，缓慢地放出袖带中的气体；当听到第一个动脉搏动声音时，水银柱上所显示的压力即为收缩压；待水银柱渐渐下降至声音消失，或音调节律突然减弱时，水银柱所显示的压力为舒张压。一般连测 2～3 次，取其最低值。

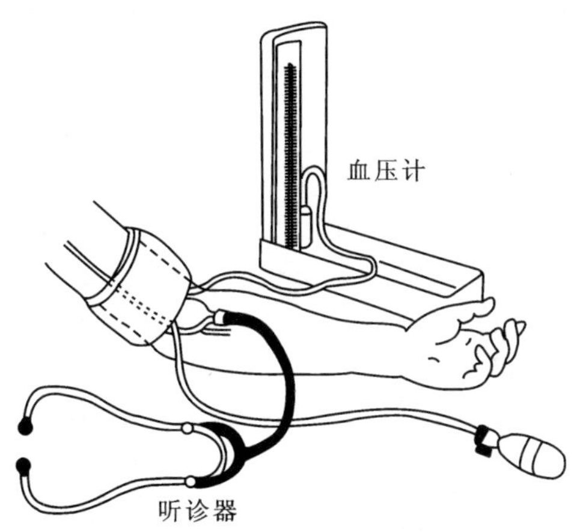

图 3-3　血压的测量方法

3. 1. 4　呼吸

正常成年人的呼吸频率为每分钟 16～20 次，节律均匀，深浅一致。呼吸频率超过每分钟 24 次或低于每分钟 12 次，都是不正常的表现。呼吸是生命存在的征象，呼吸停止，随之心脏停止跳动，标志着生命的终结。

判断呼吸有无的方法是一看、二听、三感觉，如图 3-4 所示。一看，即看胸部、腹部区有无起伏；二听，即听有无呼吸气流通过（注意，环境嘈杂时不易准确判断）；三感觉，即用面颊贴近病人口鼻部，体察有无呼气气流的吹拂感。

图 3-4　判断呼吸有无的方法

呼吸停止的表现是胸部、上腹部无起伏，口鼻无呼吸气流通过。

呼吸的计数是在安静情况下观察病人胸部或腹部起伏的次数，一起一伏表示呼吸一次。当危重病人的呼吸较浅不易观察起伏时，可用小棉花放在鼻孔旁，观察棉花吹动次数进行计数。

3.1.5 瞳孔

两眼黑眼球正中的圆孔，称为瞳孔，直径为3～4mm。瞳孔表面覆盖的一层很薄的透明的膜，叫作角膜。正常瞳孔的两侧大小相等，而且是圆形的，对光反射存在（图3-5）。

两侧瞳孔一大一小：在脑中风、严重颅脑外伤时出现，表明发生了脑水肿、脑疝，病情危重，需要立即抢救。

两侧瞳孔均为针尖大小：在急性中毒（如有机磷农药中毒、吗啡中毒、海洛因中毒等）及脑干出血时出现，表明病情危重，必须立即抢救。

两侧瞳孔显著扩大，直径4～5mm，表示病人濒临死亡或已经死亡。

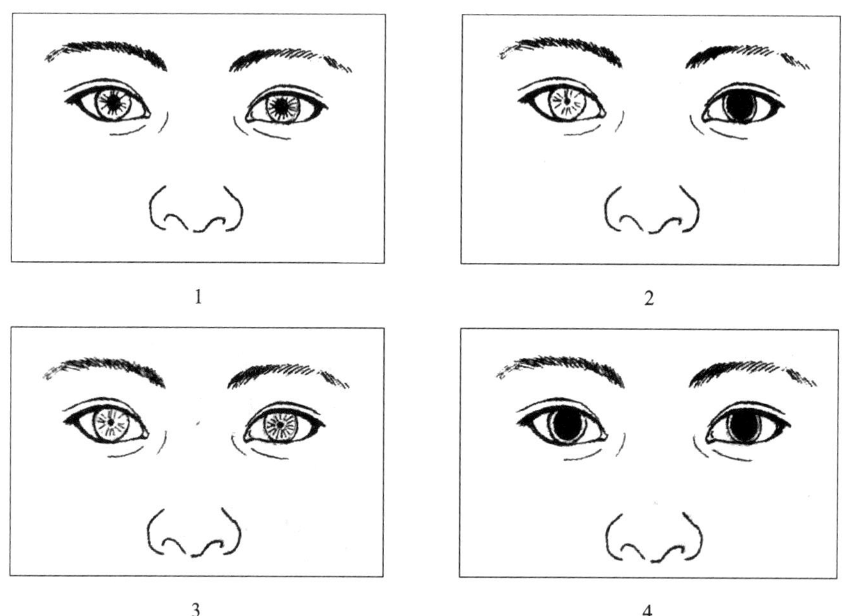

图3-5 瞳孔变化

1—正常瞳孔；2—两侧瞳孔一大一小；3—两侧瞳孔均缩小；4—两侧瞳孔散大

3.1.6 意识障碍

意识是指人对周围环境和自身的识别能力及清晰程度，是大脑功能活动的综合表现。正常人的意识清晰，对答正确，能够正确地识别时间、地点、人物，能对环境的刺激作出相应的反应。

意识障碍是指人对周围环境以及自身状态的识别和觉察能力出现障碍。一种以兴奋性降低为特点，表现为嗜睡、意识模糊、昏睡直至昏迷；另一种是以兴奋性增高为特点，表现为高级中枢急性活动失调的状态，包括意识模糊、定向力丧失、感觉错乱、躁动不安和言语杂乱等。通过观察病人的意识状态，可以判断病情的严重程度。

意识不清的几种情况：病人倒在地上或床上，睡眠中叫不醒，大声呼喊病人名字并摇晃身体也毫无反应；将病人从睡眠中叫醒，很快又睡过去；神志恍惚、淡漠，不能正确回答问题，回忆不清楚周围的人和事。

意识丧失的判断方法：轻拍病人面部或肩部，并大声叫喊："喂，你怎么啦?"也可大声呼叫其名字，同时用力拍打病人双肩或掐压人中等，如果病人毫无反应，说明病人神志丧失。

3.2 死亡判定的标准

3.2.1 病情判断的步骤

当病人突然发病时，最先观察的是意识，然后依次为呼吸、脉搏（心跳）、瞳孔。具体步骤如下：

①轻轻摇动或呼唤患者，判断有无反应，是否清醒；

②对不省人事的患者，可用仰头抬颏的方法使其呼吸道畅通；

③靠近患者口鼻，判断是否有呼吸；

④触摸颈部，判断是否有颈动脉搏动。

3.2.2 死亡的判定

死亡是指生命活动的终止，即人体新陈代谢过程的终止或整个机体功能的永久性停止。具体说是指循环、呼吸和脑中枢等三大功能永久的不可逆转的停止。至今为止，临床医生判断死亡的主要方法仍然是以心跳停止、呼吸停止以及瞳孔散大和对光反射消失作为死亡的三个主要指征。目前对脑死亡的概念已经形成基本一致的看法，即脑死亡是指大脑、小脑、脑干在内的全部机能完全的、不可逆转的停止。我国目前并没有明确的死亡判断标准，但实际上通常采用的是"双重死亡标准"，即心跳、呼吸停止，脑功能完全丧失。

（1）心跳、呼吸停止的判断标准

①神志丧失；

②颈动脉搏动消失；

③呼吸停止；

④瞳孔散大、固定；

⑤心电图呈一条直线或其他表示心脏停跳的图形。

（2）脑死亡的判断

目前我国对脑死亡的诊断尚无法律规定。因此，在确定脑死亡诊断和决定放弃抢救时更应十分慎重。我国卫生部 2009 版脑死亡判定标准中，临床判断标准主要包括如下几个方面：

①深昏迷：对外界刺激完全无反应，甚至对强烈的疼痛刺激亦无反应。

②脑干反射消失：包括瞳孔对光反射、角膜反射、头眼反射、前庭眼反射等消失。

③无自主呼吸。

以上3项必须全部具备。而且需明确昏迷原因，排除各种原因的可逆性昏迷，如中枢神经抑制剂的过量、体温过低等所致的深度昏迷。

附：脑干反射消失的判断方法：

①瞳孔散大、固定，瞳孔7～8mm，对光反射消失。

②角膜反射消失。用棉花细丝轻轻碰触角膜，无任何瞬目反射。

③头眼反射（玩偶头试验）时眼球无任何运动。正常人如头转向一侧，双眼球应向转头的对侧注视，如果管理眼球运动的神经如动眼、滑车、外展神经或眼肌有问题，则眼球的活动有障碍，借此可观察哪一条神经或哪一块眼肌受损。脑死亡时，头眼反射消失。

④眼前庭反射消失。正常人用冰水灌人一侧外耳道，双眼球会向灌水一侧转动，并出现眼球震颤，称为眼前庭反射，此反射较头眼反射消失晚，对诊断脑死亡的意义更大。

⑤咽反射消失。用压舌板刺激咽后壁，脑死亡病人无咽反射。

（3）脑死亡与植物人的区别

人们常常把脑死亡与植物人混为一谈，其实两者在发病机制、临床表现等方面大有不同。脑死亡是包括脑干在内的所有全脑机能不可逆转的丧失；植物人是指患者的脑干功能尚存在，可进行自主呼吸，心脏也可自行跳动，依病情的轻重，其生命仍可维持多年，或有的可以恢复意识。脑死亡与植物人的判断标准现归纳如下，见表3-1。

表3-1 脑死亡与植物人的判断标准

组别	发病机制 脑细胞状况	脑干功能	临床表现 深昏迷	自主呼吸	脑干反射	愈后恢复 状况
脑死亡	全脑细胞死亡	全部丧失	有	无	无	不能复活
植物人	大脑皮质细胞广泛死亡	基本正常	有	有	有	延长生命 或可恢复意识

（4）死亡征象

人死后各器官和组织的机能活动逐渐停止，尸体在物理、化学和生物因素作用下发生一系列变化，这些变化的表现称为尸体现象。死后24h内出现的变化称为早期尸体现象，包括心跳停止、自动呼吸停止、瞳孔散大、对光反射消失和其他各种反射消失、肌肉弛缓、皮肤苍白、体温冷却、皮肤黏膜干燥、尸斑以及尸僵出现、角膜混浊。这些现象对判断死亡乃至死亡时间有很重要的意义。

（5）死亡的判断

现场必须由两人认可下列现象才可判断为死亡：

①神志丧失；

②心跳停止；

③呼吸停止；

④瞳孔散大、固定，对光反射消失；
⑤尸僵、尸斑出现；
⑥眼角膜混浊；
⑦腐败。

思考题

（1）病情判断有哪些指标？如何判定？
（2）心跳、呼吸停止的判断标准是什么？
（3）如何判定死亡？

4 船上常用急救技术

能力要求

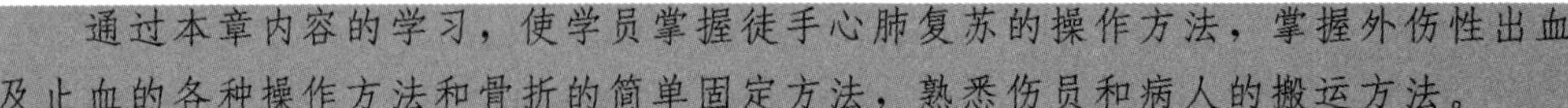

通过本章内容的学习，使学员掌握徒手心肺复苏的操作方法，掌握外伤性出血及止血的各种操作方法和骨折的简单固定方法，熟悉伤员和病人的搬运方法。

4.1 心肺复苏术（CPR）

在心跳、呼吸停止时采取的急救措施就叫作心肺复苏术（CPR，Cardiopulmonary Resuscitation）。进行心肺复苏的主要措施包括人工胸外按压、开通气道和人工呼吸，简称为CAB（Circulation 、Airway、Breathing）。

4.1.1 心肺复苏的开始步骤

心脏骤停的早期识别应基于对病人意识的评估和正常呼吸是否缺失，患者最初可表现为喘气式呼吸或有癫痫样发作，这些非典型表现常使施救者困惑而导致呼救或开始心肺复苏的延搁。

（1）评估现场安全

评估现场环境是否安全，是否适宜进行心肺复苏。如环境不安全，救护者应与病人一起离开有危险的场所，搬动病人时不能加重损伤，应尽快开始基本生命支持的操作。

（2）判断病人意识

首先判断病人是否存在意识，方法见本书3.1.6，如图4-1所示。

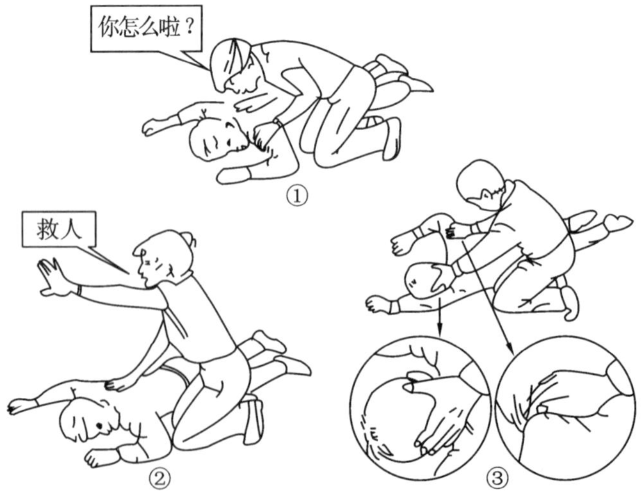

图4-1　心肺复苏的开始步骤

①判断病人有无意识；②呼救；③放置病人于心肺复苏体位

（3）呼救

立即高声呼救，目的在于呼唤其他人前来帮助；同时尽快拨打 120 急救电话，向急救中心呼救，使急救医生尽快赶来。

（4）放置病人于心肺复苏体位

使病人仰卧在坚实的平面上，头部不得高于胸部，应与躯干在一个平面上。如果病人躺在软床或沙发上，应移至地面上或在其背部垫上与床同宽的硬板。施术者站或跪在病人的一侧或两侧，这样操作起来较为方便。

心肺复苏的开始步骤如图 4.1 所示。

4.1.2 人工循环

胸外按压是建立人工循环的主要方法，通过胸外按压可维持一定的血液流动，配合人工呼吸可为心脏和脑等重要器官提供一定含氧量的血流，为进一步复苏创造条件。人工循环的具体操作步骤和注意事项如下：

（1）判断心脏有无跳动

根据颈动脉的脉搏来判断心脏有无跳动，方法见 3.1.2。10s 内完成此项检查，尽量控制在 5s 内。注意，在紧急情况下，不要反复触摸颈动脉搏动来判断心跳是否停止，以免耽误抢救时机。当发现成人突然倒下，经评估没有反应、没有呼吸或呼吸不正常时，即视其为心脏骤停，而非专业施救者不要作判断脉搏的尝试。

（2）胸外心脏按压时手的位置

胸外按压的正确部位是胸骨的中下 1/3 交界处（两乳头连线中点的胸骨下方）。抢救者用靠病人腿部一侧手（即抢救者位于病人右侧用右手，位于左侧用左手）的中指和食指顺肋缘向上滑动到剑突下，这时食指和中指与胸骨长轴垂直，食指上方胸骨的正中区即为按压区，由此确定按压时手的位置，如图 4-2 所示。

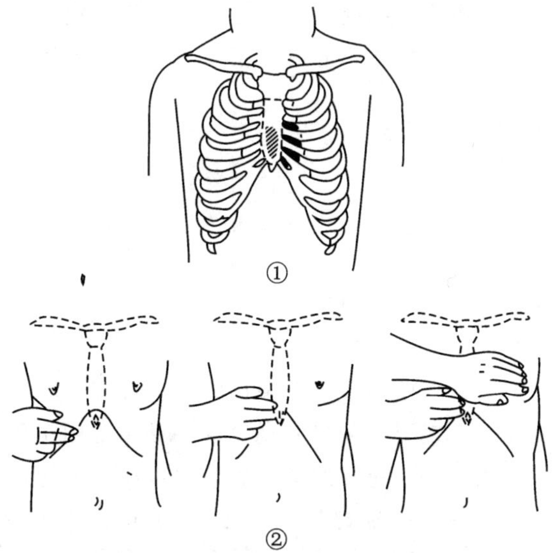

图 4-2 胸外心脏按压时手的位置

①心脏按压部位在胸骨的中下 1/3；②心脏按压时手的位置

(3) 按压

用一只手的掌根部置于胸骨的下半部，另一手掌重叠放在这只手的背上，手掌根部横轴与胸骨长轴确保方向一致，双手的手指交锁或平行重叠，手指翘起，不能压在胸壁上。按压时，肘关节伸直，依靠肩部和背部的力量垂直向下按压，切忌左右摆动，使胸骨压低至少 5cm，随后突然放松，按压和放松的时间大致相等，如图 4-3所示。放松时，双手不要离开胸壁，按压之间使胸壁完全回弹，按压频率至少 100 次/min。

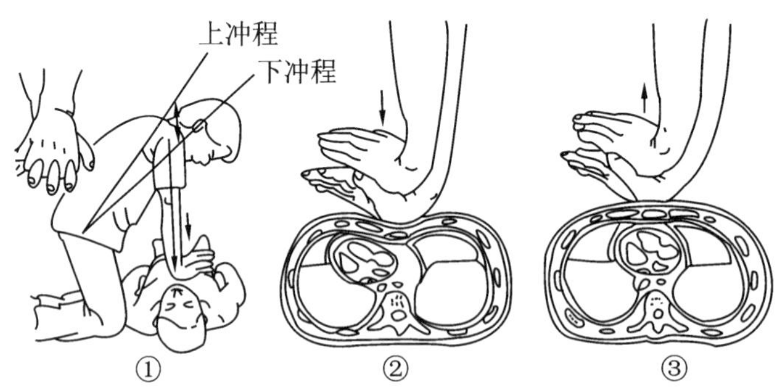

图 4-3　胸外心脏按压

①抢救者体位及手掌根压胸方式；②下压（注意手指翘起，不应压在胸壁上）；③放松

(4) 按压效果的评定

按压时，要密切观察效果。如按压有效，则患者肤色转红，散大的瞳孔缩小，颈动脉可触摸到搏动，口鼻轻微喘气，自主心律恢复。

(5) 胸外按压的并发症和禁忌症

胸外按压时应遵循正确的操作方法，避免并发症的发生。按压时力量要适度，切勿用力过猛，以免引起肋骨骨折。胸外按压的主要并发症包括：肋骨骨折、心包积血或心脏压塞、气胸、血胸、肺挫伤、肝脾撕裂和脂肪栓塞。胸外按压的禁忌症主要有：广泛肋骨骨折、心包填塞、心脏外伤、张力性气胸等。

4.1.3　开通气道

(1) 清理口腔异物

清理口腔异物前，先解开衣领，松开皮带。异物包括呕吐物、痰液、泥沙、杂草等。清理方法是，使病人的头偏向一侧，液体状的异物可顺位流出，还可用食指包上纱布或手帕等将口腔异物掏取出来，并注意取出病人的假牙等。

(2) 开放气道

当病人意识丧失以后，舌肌松弛，舌根后坠，造成气道阻塞，可采用仰头抬颏法或双手拉颌法开放气道。以第一种最常见，后一种主要用于颈椎损伤。

仰头抬颏法：术者用一手小鱼际肌置于患者前额用力加压，使头后仰，另一手的食指、中指放在病人下颌中点内侧 1～2cm 处抬起下颏，使下颌尖至耳垂的连线与地面呈垂直状态，以通畅气道，如图 4-4 所示。

双手拉颌法：术者位于病人头侧，两肘置于病人背部同一水平面上，用双手抓住病人两侧下颌角向上牵拉，使下颏向前、头后仰，同时两拇指可将下唇下拉，使口腔通畅，如图 4-5 所示。

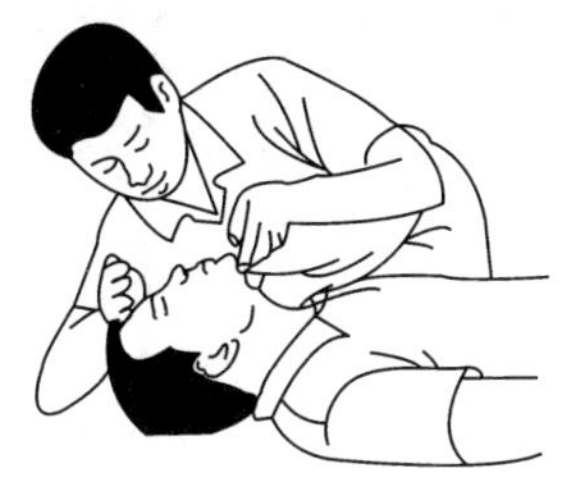

图 4-4 仰头抬颏法

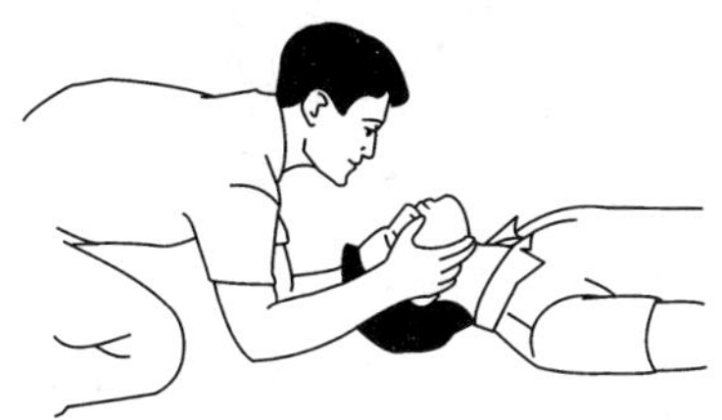

图 4-5 双手拉颌法

4.1.4 人工呼吸

（1）口对口呼吸法

人工呼吸法中，最简便、有效的方法是口对口呼吸法，如图 4-6 所示。施救者呼出气体中的氧气足以满足患者的需求。具体方法是：术者用置于患者前额的拇指与食指捏住患者鼻孔，用口唇把患者的口全罩住，然后缓慢吹气，确保吹气时有胸廓抬起，吹气后，放开鼻孔待病人呼气，抢救者再准备下一次吹气。吹气频率为每 6～8s 给 1 次呼吸（8～12 次呼吸/min），每次吹气为 1s 以上，吹气量以能够见到患者胸廓运动为标准，避免过度通气（500～600mL）。不必与胸外按压同步。

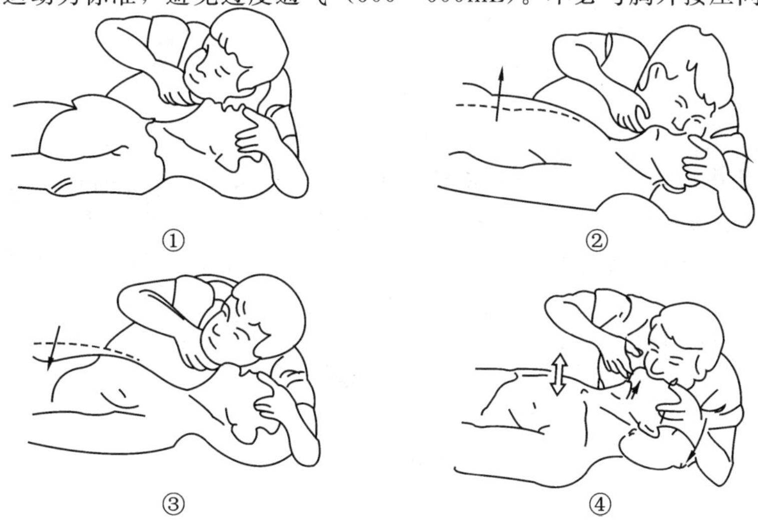

图 4-6 口对口呼吸法

①头后仰捏紧鼻孔；②口对口吹气；③放开鼻孔观察病人呼气；④捏紧鼻孔再吹气

（2）口对鼻人工呼吸法

当病人口腔严重外伤、牙关紧闭不宜做口对口人工呼吸时，可采用口对鼻人工呼吸法。该法的操作与口对口呼吸法相似，只是吹气时应关闭口腔，病人呼气时应开放其口腔，如图 4-7 所示。

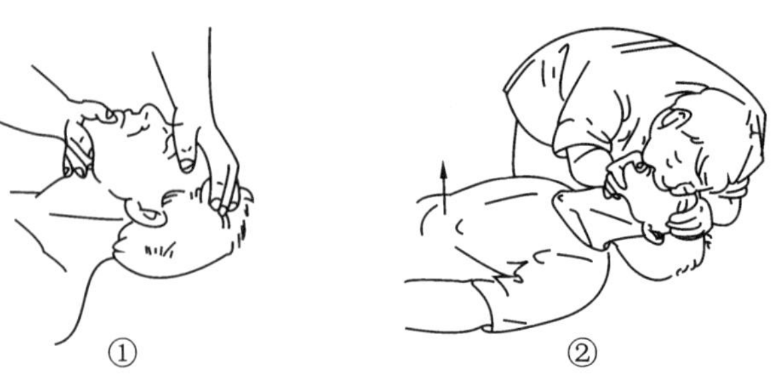

图 4-7　口对鼻人工呼吸法

①头后仰，关闭口腔；②口对鼻吹气

（3）仰卧压胸法：病员仰卧，腰背部垫一枕头使胸部抬高，把病员头转向一侧，两手平放。急救者跪跨在病员两侧的下胸部，拇指向内，其余四指向外，向胸部上后方压迫，将空气压出肺部，然后放松，使胸部自行弹回而吸入空气，如此反复按压（图 4-8）。此法不适用于胸部外伤或同时需要做心脏按压者。

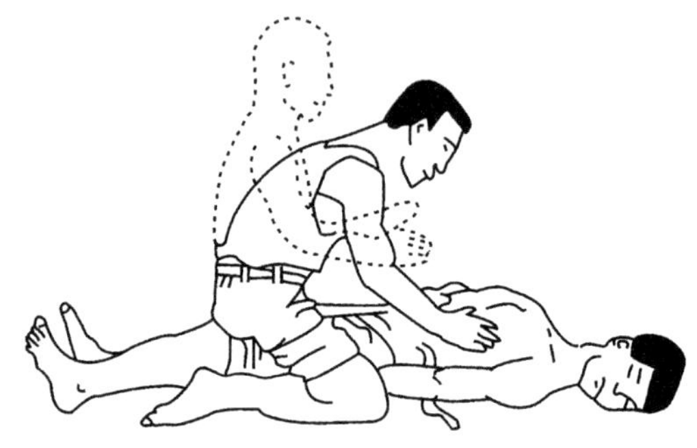

图 4-8　仰卧压胸法

（4）俯卧压背法：使病员俯卧位，腹下垫一枕头，头向下略低，面部转向一侧，以防口、鼻触地，一臂弯曲垫在头下，另一臂伸直，急救者跪跨在病员大腿两侧，将手放在患者背部的两侧下方，相当于肩胛下角下方，向下用力压迫与放松。以身体重量向下压迫，然后挺身松手，以解除压力，使胸部自行弹回，如此反复进行（图 4-9）。此法适用于溺水者的急救。

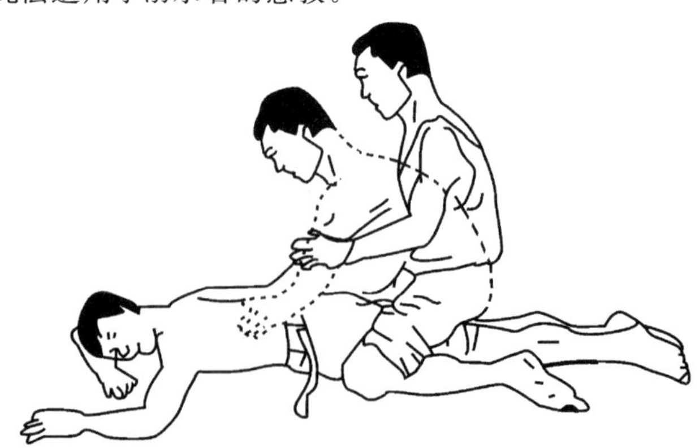

图 4-9　俯卧压背法

(5) 举臂压胸法：使病人仰卧，在肩下垫一枕头或衣物，头偏向一侧，操作者跪或立于患者头前，握住患者两前臂近肘部，将上臂拉直过头，此时病人胸部被动扩张使空气吸入，然后再屈两臂，将肘部放回下半部，并压迫其前侧两肋弓，使胸部缩小，空气呼出，如此反复进行（图 4-10）。此法效果仅次于口对口呼吸法，且简易有效，特别适用于服毒的伤病员。

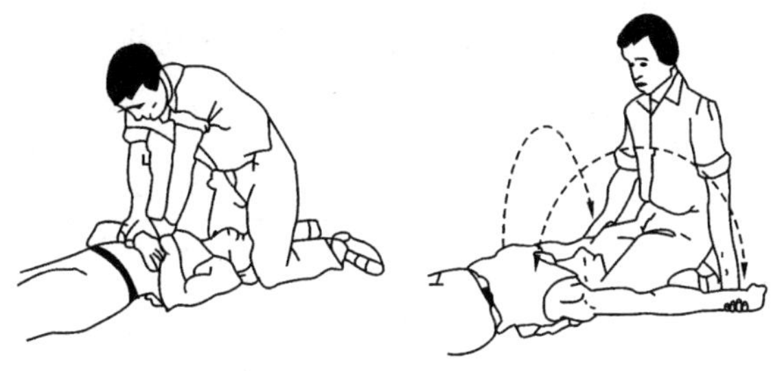

图 4-10　举臂压胸法

4.1.5　2010 年心肺复苏（CPR）与心血管急救指南主要内容与注意事项

(1) CPR 步骤从气道—呼吸—按压（A—B—C）更改为按压—气道—呼吸（C—A—B）。

(2) 强调提供高质量 CPR 的举措：

①快速、用力按压，按压的频率至少应达 100 次/min，按压时胸部至少下陷 5cm。

②尽可能减少对按压的干扰或中断。开始行胸外按压 30 次（约 18s 完成），而后 2 次通气，可使 CPR 延迟更少；如 2 人以上急救，每 2min 轮换 1 次或 5 个循环后轮换。

③按压后使胸廓充分回弹，这样才能造成胸腔内负压，促使静脉回流至心脏。

④避免过度通气。吹气量以能够见到患者胸廓运动为标准。

(3) 早期识别：2010 年心肺复苏（CPR）与心血管急救指南（以下简称 2010 年指）南强调，发现无意识、无反应者立即启动急救程序，对无呼吸或不正常呼吸（叹息）的成年患者马上做胸外按压。

(4) 淡化专业施救者实施脉搏检查的重要性。在病人血压异常降低或缺失时，对有无脉搏的判断常不准确，因此专业人员应用不超过 10s 的时间来检查脉搏。而非专业施救者不要作判断脉搏的尝试，当发现成人突然倒下，经评估没有反应、没有呼吸或呼吸不正常时，即视其为心脏骤停。

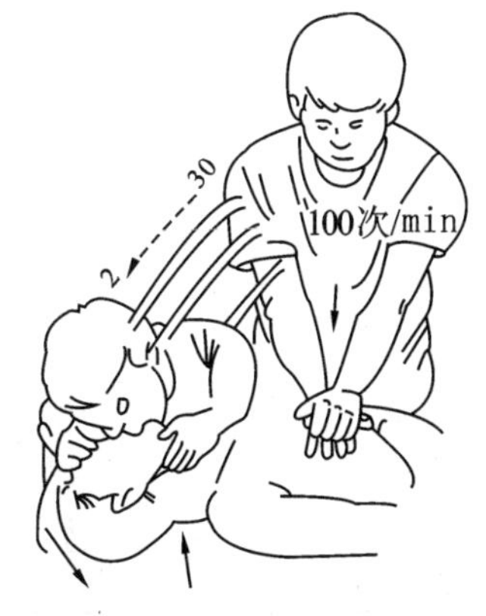

图 4-11　按压通气比 30∶2

(5) 2010 年指南中删除了判断呼吸的“看、听、感觉”流程，以避免延误胸外按压的施行，更加强调目击者的现场心肺复苏行动。

(6) 无论单人还是双人施救，成人徒手心肺复苏按压通气比均为 30∶2，如图 4-11 所示。

（7）用担架搬运病人或者是在救护车上进行心肺复苏时，应不间断地进行，必须间断时，间断时间不超过 10s。

（8）两人施行心肺复苏时，可分别站（或跪）在病人的两侧，便于交替进行人工呼吸和心脏按压，受到空间条件的限制时，也可站（或跪）在同侧施救。

4.1.6 心肺复苏效果评估及徒手心肺复苏操作方法表

徒手心肺复苏操作方法如表 4-1 所示。

表 4-1 徒手心肺复苏操作方法

	步骤	操作
C （Circulation）	1. 识别	●轻摇病人肩部、高呼其名，压人中（看有无意识）； ●没有呼吸或呼吸不正常（如仅有喘息）
	2. 呼救	呼叫旁人帮忙
	3. 将病人放置适当体位	●患者仰卧位于硬板床或地面上； ●抢救者站或跪于患者肩颈旁
	4. 判断心跳是否停止 （有无脉搏及颈动脉搏动）	触摸颈动脉搏动，在气管旁锁骨上二横指处，检查时间不超过 10s，最好控制在 5s 以内（仅限专业施救者）
	5. 胸外心脏按压	●按压部位：胸骨中下 1/3 交界处（两乳头连线中点的胸骨下方），手掌长轴与病人胸骨长轴确保一致 ●按压方法：抢救者双手掌根重叠置于按压部位，手指抬起，双臂绷紧，双肩在患者胸骨上方正中，用臂力、肩力垂直向下用力按压 ●按压深度：至少 5cm ●按压频率：至少 100 次/min ●按压注意： ①按压之间使胸壁完全回弹； ②按压应平稳、有规律、不间断； ③不能冲击式按压，下压及向上放松时间相等； ④垂直用力，不要左右摇动； ⑤放松时手掌根部不离开按压点
A （Airway）	6. 畅通气道	仰头抬颏法或双手拉颌法

续表 4-1

	步骤	操作
B (Breathing)	7. 人工呼吸二次	●成人：口对口或口对鼻，婴幼儿：口对鼻； ●每 6～8s 给 1 次呼吸（8～10 次呼吸/min），不必与胸外按压同步，每次吹气持续 1s，有可见胸廓抬起； ●按压/人工呼吸比：30∶2（无论单人、双人）
	8. 心肺复苏术有效指征	●颈动脉搏动可触及； ●面色、口唇由紫绀转为红润； ●瞳孔由大变小，出现对光反射； ●出现自主呼吸； ●有眼球活动，甚至手脚开始活动

4. 1. 7　终止心肺复苏术的情形

（1）自主呼吸和心跳已恢复或有其他专业人员接替抢救者；

（2）开始进行心肺复苏前，能确定心跳停止达 15min 以上者；

（3）进行标准基础和高级生命支持，心跳持续无任何反应达 30min 以上者；

（4）虽然进行基础生命支持抢救不能达到有效，现场又无进一步救治和送治条件，可考虑终止复苏；

（5）救护者疲惫，周围环境危险，持续复苏造成其他人员危险而不得不终止。

4. 2　出血与止血

出血是在某种因素作用于机体血管之后引起血管破裂，血液向血管外溢出的现象。成年人体内血量约 4000～5000mL，为体重的 7%～8%。当身体大量失血，失血量为 10%～15%的血容量时，除头昏、畏寒等症状外，多无血压、脉搏等变化；出血量达血容量的 20%以上时，则有出冷汗、四肢厥冷、心慌、脉搏增快等急性失血症状；若出血量血容量的在 30%（1500mL）以上时，则有急性周围循环衰竭等危及生命的表现，显示脉搏微弱、血压下降、呼吸急促及休克等。因此，对于出血伤员，必须迅速采取有效措施制止出血，这是基本急救原则之一。

4. 2. 1　出血的特点及临床表现

按出血的部位不同，出血又可分为外出血和内出血。外出血在身体表面即可见血，内出血在身体表面见不到血，但出血部位可以有肿胀、瘀斑等。根据受伤血管性质的不同，外出血分为动脉出血、静脉出血和毛细血管出血三种（图 4-12）。

（1）动脉出血

动脉出血血色鲜红，出血快，呈喷射状；动脉出血危险性大，如不及时止血，

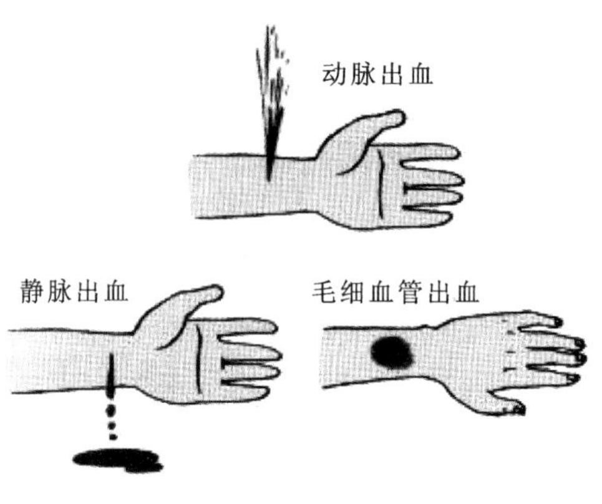

图 4-12　出血的种类

将会危及生命。

（2）静脉出血

静脉出血血色暗红，血液不停地缓慢流出，危险性相对较小，但如为大静脉出血，出血量也可以很大，时间过久也有生命危险。

（3）毛细血管出血

毛细血管出血血色鲜红，出血不快，向外渗出，可以自行停止出血，危险性不大。

在紧急情况下，根据不同的出血性质和部位，应采用不同的止血方法进行暂时止血。常用的有指压动脉止血法、伤口加压包扎止血法、止血带止血法。

4.2.2　指压动脉止血法

指压动脉止血法是根据全身动脉血管的分布情况，临时用手或手掌直接压迫伤口近心端的动脉干，将动脉干压迫在深部的骨面上，使血管被压闭，以阻断血液的流通，从而达到止血的目的。图 4-13 是全身动脉指压止血点。动脉出血的指压法只能起到暂时止血作用，其持久性较差，如果伤员需转送医院，凡是大血管出血的伤员，在使用指压动脉止血法的同时，还要考虑改用其他较持久的止血办法，如加压包扎止血法、止血带止血法等。

（1）头面部出血指压法

如果出血在头顶部，可压迫同侧颞浅动脉（耳前动脉）止血。具体做法是，在大耳轮前方有一个动脉搏动处，用拇指或食指压迫，使血管闭合而止血，如图 4-14所示。

如果出血在口鼻面颊部，则可压迫颌外动脉（面动脉）止血。急救者一手固定伤员的头部，另一手的食指或拇指在受伤侧的下颌角前 1.5～3cm 的凹陷处可触及一动脉搏动点，压迫此点即可止血，如图 4-15 所示。

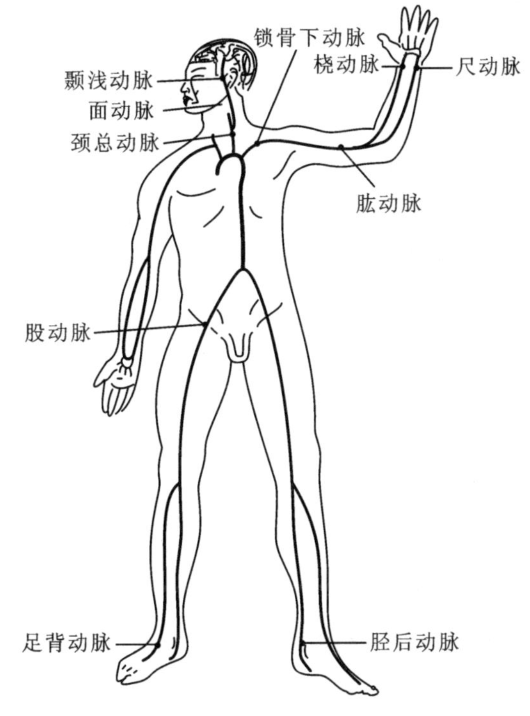

图 4-13　全身动脉指压止血点

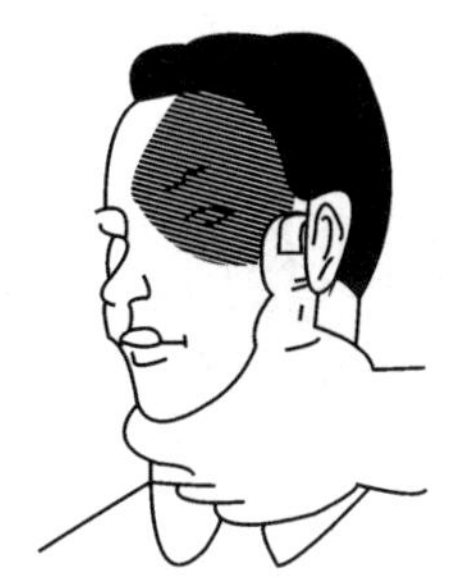

图 4-14　颞浅动脉指压法

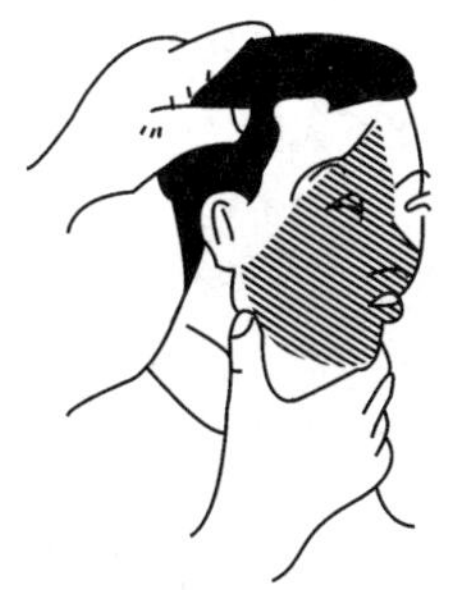

图 4-15　颌外动脉指压法

(2) 头颈部出血指压法

头颈部出血指压法适用于头颈部创伤的动脉大出血情况，用手指压迫气管旁的颈总动脉止血。方法是，在该侧的胸锁乳突肌和气管之间有一较强搏动处，用拇指或其他四指将颈总动脉压在该侧的颈椎横突上即可止血。压迫颈总动脉时，容易引起病人脑缺氧、昏迷、脉搏变慢、血压下降等，所以不是特别紧急的情况不宜使用此法，更不宜两侧同时进行，如图 4-16所示。

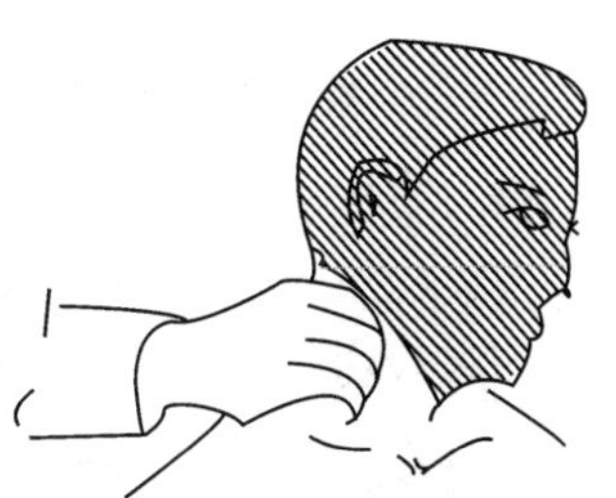

图 4-16　颈总动脉指压法

（3）肩与上肢出血指压法

当肩部、腋窝部、上臂上部发生动脉出血时，可压迫锁骨下动脉止血。方法是，用拇指在伤侧的锁骨上窝中部摸到锁骨下动脉搏动点之后，将拇指向下内后方的第一肋骨施压即可止血，如图 4-17 所示。

如果出血在上臂远端或在前臂及手部，则可压迫肱动脉止血。压迫点在伤侧上臂肱二头肌内侧的沟处，将肱动脉压于肱骨的骨干上即可止血。方法是，用一只手将伤侧的前臂提起，使伤侧的前臂与肩平行，再用另一只手的拇指或其他四指压住肱动脉止血，如图 4-18 所示。

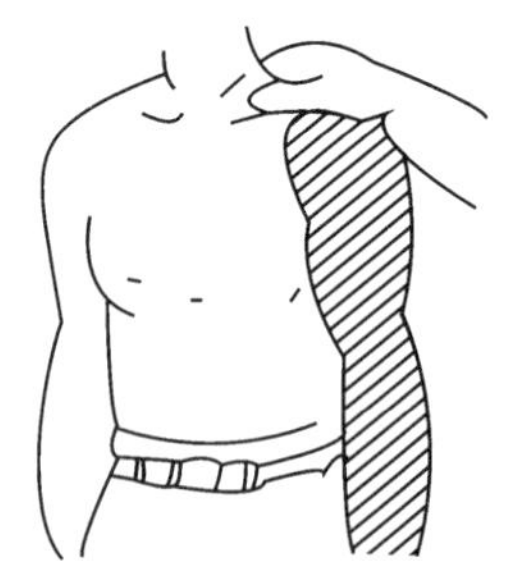

图 4-17　锁骨下动脉指压法

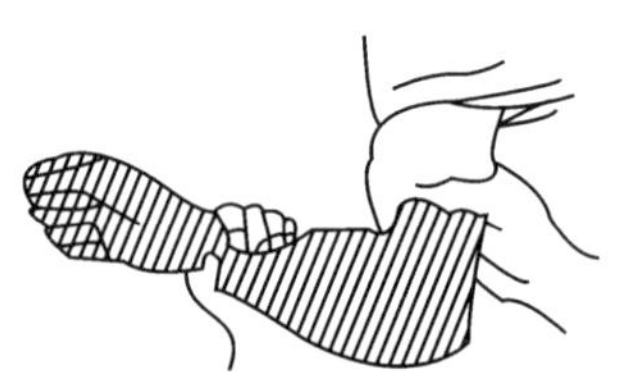

图 4-18　肱动脉指压法

如果手部小动脉出血，则可压迫尺、桡动脉止血。方法是，用双手拇指压迫患侧手腕横纹后方 2～3cm 的两侧动脉搏动处即可止血，如图 4-19。

手指出血时，可先让病人将受伤的手高举过胸，然后压迫手指根部两侧即可止血，如图 4-20 所示。

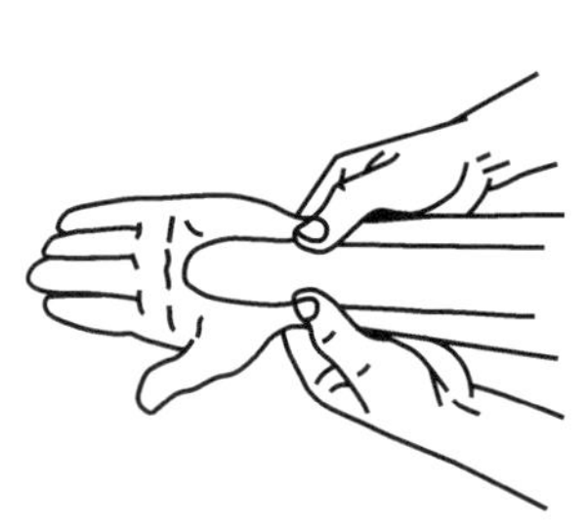

图 4-19　尺、桡动脉指压止血法

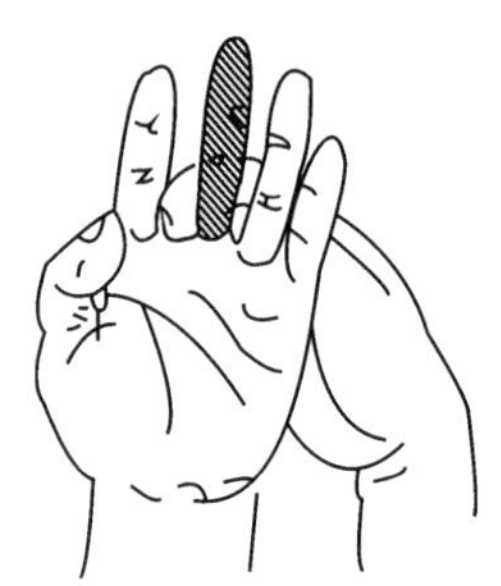

图 4-20　手指出血指压法

（4）下肢出血指压法

当大腿或小腿外伤造成动脉出血时，可压迫股动脉止血。方法是，在伤侧的大腿上端腹股沟中间稍下方的搏动处，用两手的拇指或双手掌重叠压迫，将股动脉用力压在耻骨上止血，如图 4-21 所示。

如果足部动脉出血，可以压迫足背动脉和胫后动脉。方法是，足背中部和足内侧与内踝之间，用双手拇指同时压住两个动脉即可止血，如图 4-22 所示。

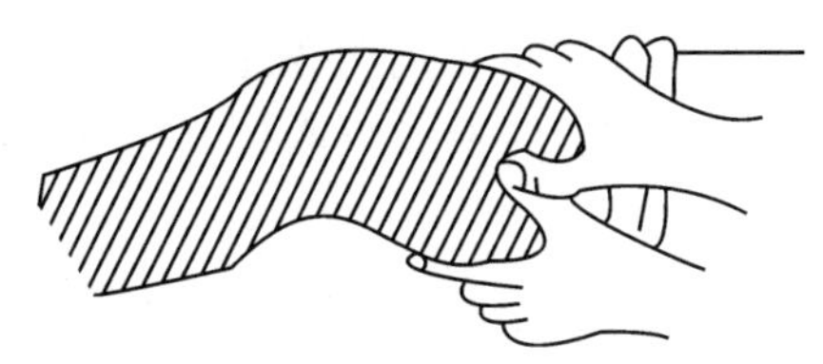

图 4-21　股动脉指压法

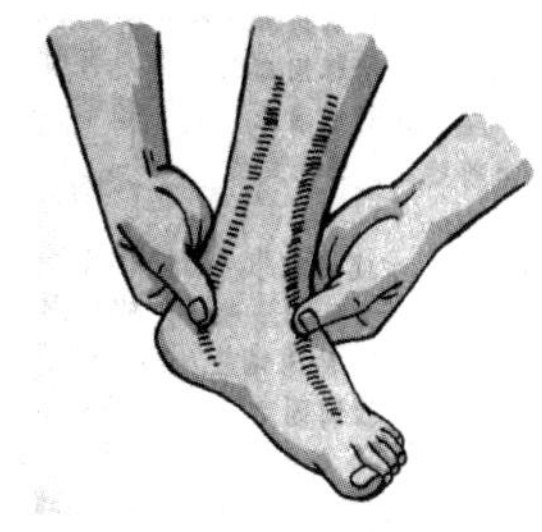

图 4-22　足背动脉、胫后动脉指压法

指压动脉止血法，见表 4-2

表 4-2　指压动脉止血法

动脉名称	压迫部位、方法	止血部位	注意事项
颞浅动脉（耳前动脉）	耳屏前方，压向罐骨	同侧头顶部出血	
面动脉（颌外动脉）	伤侧的下颌角前 1.5～3cm 的凹陷处，用食指或拇指压迫此点	同侧口鼻面颊部出血	
颈总动脉	气管旁，在该侧的胸锁乳突肌和气管之间有一较强搏动处，用拇指或其他四个指，将颈总动脉压在该侧的颈椎横突上	头颈部创伤的大出血	紧急情况下短时止血，不宜两侧同时进行
锁骨下动脉	锁骨上窝中部，将拇指向下内后方对向第一肋骨压迫	全上肢	
肱动脉	用一手将伤侧的前臂提起，使伤侧的前臂与肩平行，再用另一手拇指或其他四指，在肱二头肌内侧的沟处，将肱运脉压于肱骨的骨干上	压迫点以下上肢	
股动脉	伤侧的大腿上端腹股沟中间稍下方的搏动处，用两手的拇指或双手掌重叠压迫在该处，将股动脉用力压在耻骨上	全下肢	
指动脉	将受伤的手高举过胸，然后压迫手指根部两侧	手指出血	
尺、桡动脉	同时压迫手腕上方掌侧尺侧和手腕上方掌侧桡侧	手部出血	
足背、胫后动脉	同时压迫内踝、外踝中点和内踝、跟腱中点	足部出血	

4.2.3 加压包扎止血法

（1）敷料加压包扎止血法

敷料加压包扎止血法是在伤口处填塞以干净的纱布后，再用绷带进行加压包扎的方法。该方法主要适用于较小的血管引起的出血或渗血，有骨折或有异物存在时则不适用。

止血时，除在伤口处填塞纱布外，有条件时可在创口处撒上止血药物的粉末，如云南白药粉或明胶海绵等，然后再加压包扎以取得更好的止血效果。要注意的是，创口一定要保持清洁，不得任意用黄土、棉花或香灰等止血。

（2）屈肢加垫止血法

肢体的关节部位下端出血时，首先在关节屈侧加棉垫、毛巾团或折叠好的三角巾，然后将伤肢关节屈曲后进行固定，以达到止血的目的，如图 4-23 所示。

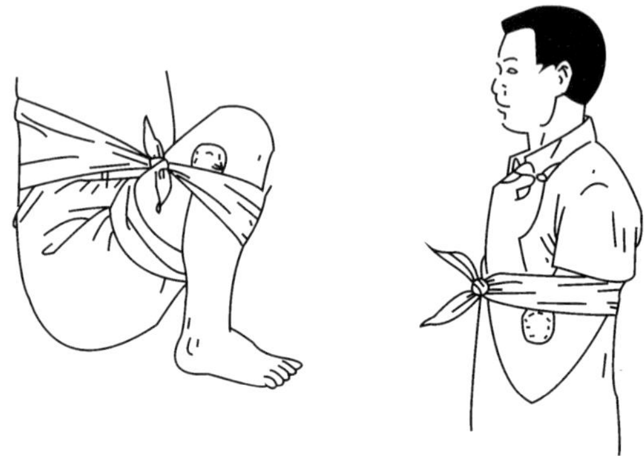

图 4-23 屈肢加垫止血法

4.2.4 止血带止血法

止血带止血法是利用有弹性的胶皮管、较软的布带或三角巾折成的布带等在出血部位的近心端将整个肢体进行绑扎，以阻断通向肢体的动脉血流，使末端没有血液供应，从而达到止血目的。止血带止血法适用于四肢较大动脉出血的止血。有时，在现场找不到胶皮类止血带时，可用听诊器胶管或三角巾、绷带、手帕等代用，但不可用绳索、电线或铁丝等物品代替止血带。

（1）橡皮止血带止血法

首先，在绑扎部位用毛巾或衣服垫好，用左手的拇指、中指、食指持止血带的一端（距上端 8～10cm），然后用右手拉紧止血带的另一端绕伤肢缠两圈，将止血带的末端放入止血带下面左手的食指、中指之间，最后两指夹住止血带拉回固定，如图 4-24 所示。

（2）勒紧止血法

用三角巾折叠成带状或用软布带在伤口近心端勒紧止血，第一道绑扎作垫层，第二道压在第一道上面勒紧，如图 4-25 所示。

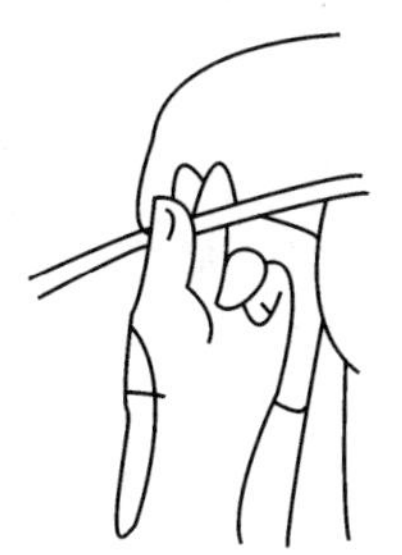
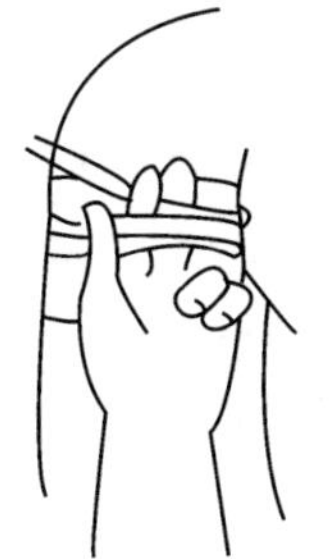

图 4-24 橡皮止血带止血法

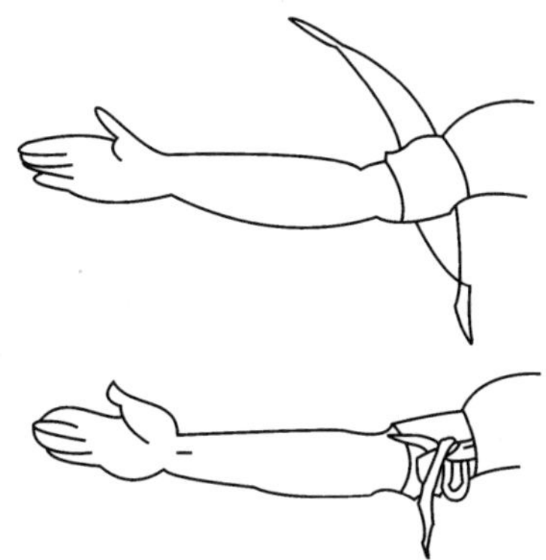

图 4-25 勒紧止血法

（3）绞紧止血法

将绷带卷或将毛巾、纱布折成绷带卷大小放在伤口近心端的动脉干上，用布带子放在其上绕肢体两圈后拉紧，待两端合拢后打一活结，将绞棒插在后一圈的下面提起绞紧，然后将绞棒的一端插入活结内，最后将活结拉紧固定绞棒，如图 4-26 所示。

①　②　③

图 4-26 绞紧止血法

（4）使用止血带的注意事项

止血带止血法使用不当会引起或加重肢端坏死、急性肾功能不全等并发症。因此，使用止血带应注意如下事项：

①止血带主要用于四肢的动脉出血，如果不是较大的动脉出血，可不必使用止血带止血。

②必须记住或记录开始使用止血带的时间，如果时间较长，应每一小时内放松一次，每次 1～3min，使肢体在短时间内恢复血液的循环。松解期间，伤口可作加压包扎，加压包扎能够止血时，则可不必再上止血带。

③若有大血管损伤，出血已很多时，不要轻易松解止血带，以免引起严重后果。如上止血带时间超过 5h，远端肢体将难以存活，如超过 9h，则不可轻易再松解止血带，否则已经坏死的组织细胞释放出的有毒物质会进入血流产生中毒症状，导致心跳骤停而死亡。

④止血带的松紧，以不流血为度。过松时，起不到止血效果；压迫过紧时，易损伤神经和引起组织坏死。

⑤上止血带前，先将伤肢抬高片刻，使静脉回流。止血带应安置在距离伤口近些的地方（近心端），但又不要直接接触伤口。

⑥上臂不应扎在中 1/3 处，以免损伤桡神经，引起远端的肢体麻痹，应扎在上臂的上 1/3 或前臂的最上部。前臂和小腿有两根骨骼，止血带对动脉压迫不紧时，止血效果不好；遇此情况时，止血带可安置在上臂或大腿的下 1/3 部位。

⑦安放止血带时，应在肢体上用绷带或布棉类物品如毛巾、衣服等包裹在止血带的下面，再将止血带扎紧在绷带等物品的上面，以免损伤神经。

4.3 包扎的方法

包扎的目的是为了保护伤口，减少污染，帮助止血，减轻疼痛，固定敷料、药物和骨折部位，防止骨折断端活动，以免造成血管和神经的再次损伤。最常用的包扎方法是三角巾包扎法和绷带包扎法。

4.3.1 包扎的注意事项

（1）常用的包扎材料有三角巾、绷带和毛巾等。如果没有这些现成材料，情况紧急时可就地取材，如撕开衣服进行包扎或利用其他材料包扎。如有条件，最好用消毒敷料，敷料要盖住伤口并最少超出伤口边缘 3cm。

（2）包扎前，要先暴露伤口，判断伤情，并对伤口做初步的处理。没有条件时，伤口不必敷药，一般简单包扎即可。

（3）禁止将伤口内脱出的组织、内脏、骨骼等塞回伤口内，以免引起深部严重污染及进一步损伤。

（4）条件许可时，首先进行伤口消毒，然后再用消毒敷料包扎。一般用 2%碘酒、75%酒精进行伤口周围皮肤消毒后，再用消毒敷料盖上并包扎固定。包扎要牢固可靠，松紧恰当。

（5）包扎伤口时，先用肥皂水将伤口周围的污泥等洗净，然后用碘酒、酒精消毒，要注意无菌操作，避免用手指直接接触伤口。

4.3.2 三角巾包扎法

三角巾的各部分名称如图 4-27 所示。三角巾包扎应用方便，包扎法容易掌握，包扎面大，适用于身体任何部位。使用三角巾包扎时，要求边固定、角拉紧、中心伸展及与敷料贴实。常用的三角巾有三角式、燕尾式和条带式，三角式与燕尾式的三角巾如图 4-28 所示。

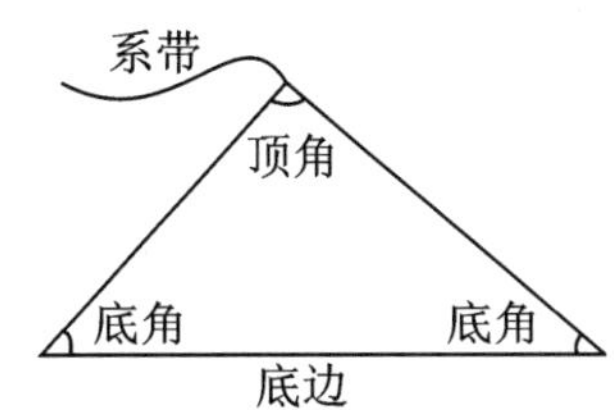

图 4-27　三角巾的各部分名称

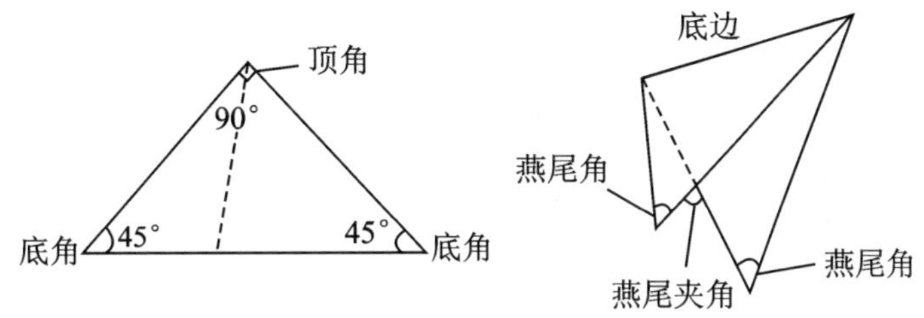

图 4-28　三角式与燕尾式的三角巾

1. 头面部三角巾包扎法

(1) 头部包扎法

首先，将三角巾底边反折 3～4cm，放于前额两眉的上方；然后，将三角巾的顶角放在头后部，三角巾的两端经两耳上方拉向头后部交叉，再返回前额部打结；最后，将后部多余的三角由顶角部分掖入头后部的交叉处，如图 4-29 所示。

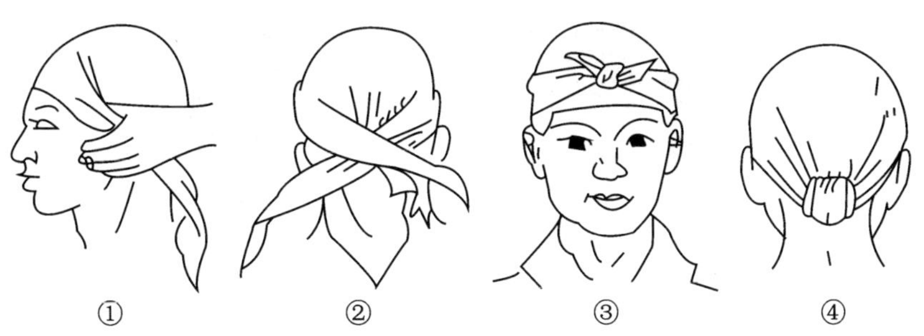

图 4-29　头部包扎法

(2) 头部风帽式包扎法

首先，在三角巾顶角和底边中点各打一结，使三角巾类似风帽；然后，把三角巾的顶角结放于前额，底边结放于枕骨结节下方，包住头部；最后，将三角巾的两底角往面部拉紧，在下颌处交叉包绕下颌后，拉至枕后打结固定，如图 4-30 所示。

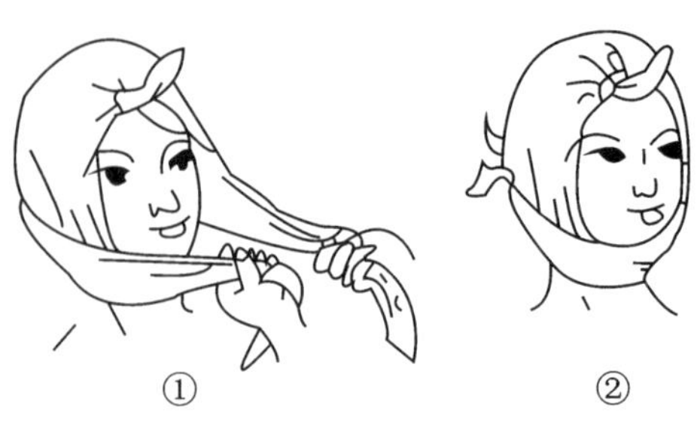

图 4-30　头部风帽式包扎法

（3）面部面具式包扎法

首先，在三角巾顶角处打结，并用结兜住下颌；然后，将两底角紧紧拉向头后部，压住底边，并交叉绕至前额打结。包扎后，在眼、口、鼻处各剪开一小孔，如图 4-31 所示。

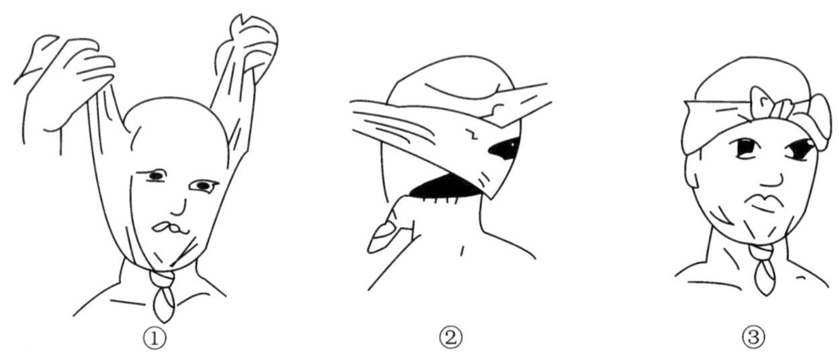

图 4-31　面部包扎法

（4）下颌包扎法

将三角巾叠成长约 10cm 的宽带，兜起下颌，绕过头顶到对侧，在对侧颞部将两头绞成十字，于头部横行包扎至对侧打结固定，如图 4-32 所示。

图 4-32　下颌包扎法

2. 上肢三角巾包扎法

上肢任何部位损伤时，都可用三角巾将伤肢固定于胸前。方法是，先用一块三角巾摊开于胸前，一角置于伤肢对侧颈旁，将伤肢置于胸前，肘关节屈曲呈 90°或略小的角度，折起三角巾使其下角自伤侧颈旁搭过，并在颈后将两角结扎；另用一块三角巾叠成宽带，将伤肢固定于胸壁上。上肢三角巾包扎法如图 4-33 所示。

① ② ③

图 4-33 上肢三角巾包扎法

3. 胸部三角巾包扎法

将三角巾对折成燕尾式后置于胸前，将其底边绕到腰背部打结，再将两燕尾角绕过颈后打结，如图 4-34 所示。

图 4-34 胸部三角巾包扎法

4. 单肩包扎法

将三角巾一底角斜放在胸前对侧腋下，顶角盖住伤侧颈肩部，用顶角系带从后经腋下沿三角肌下缘处绕上臂两圈后固定，将外侧底角折回肩部过后背与另一底角在对侧腋下打结，见图 4-35。

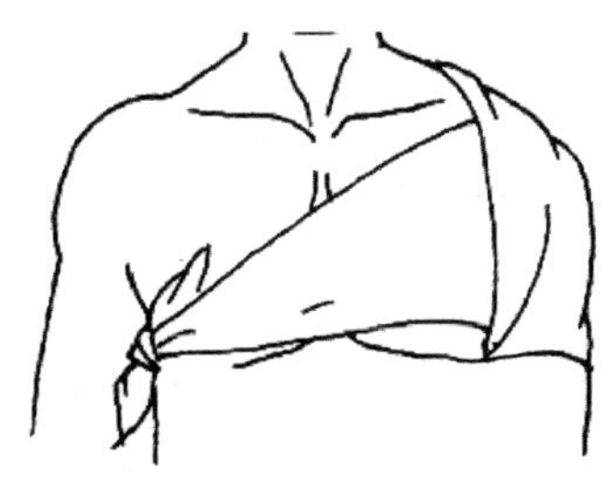
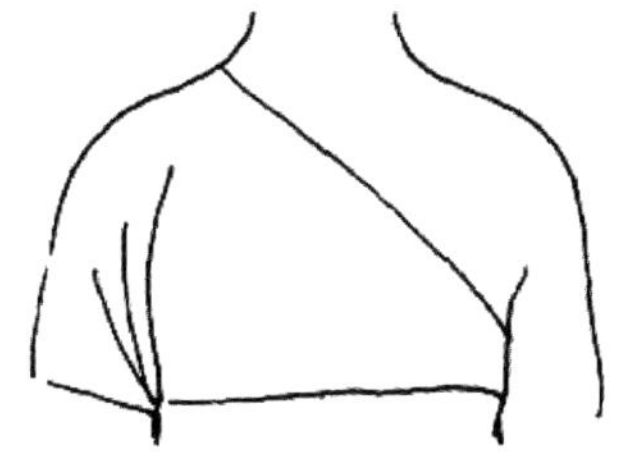

图 4-35 单肩包扎法

5. 腹部三角巾包扎法

首先，将三角巾顶角向下，底边横放在腹部；其次，拉紧三角巾两底角，绕到后腰打结；最后，把顶角系带后绕过会阴部到臀部与底角打结，如图 4-36 所示。

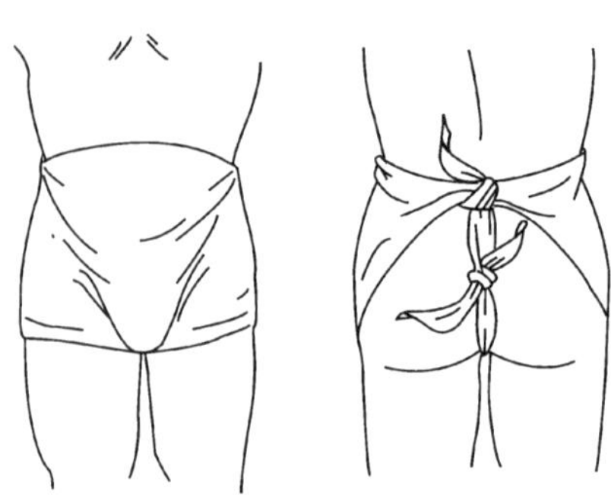

图 4-36　腹部三角巾包扎法

6. 下肢三角巾包扎法

将三角巾斜放在伤侧臀部，顶角接近臀裂处，一底角置对侧髂前，用顶角带子绕大腿缠绕；将另一底角反折向上，由臀后绕到对侧髂前，与前一底角打结，如图 4-37所示。

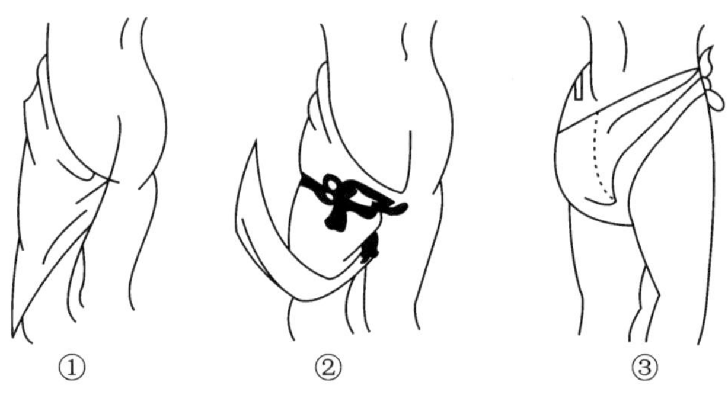

图 4-37　下肢三角巾包扎法

7. 手和足部三角巾包扎法

将三角巾一折为二，把手或足放在三角巾上，指尖或趾尖对准三角巾顶角，将顶角上翻盖在手背或足背上，拉紧两侧底角，在手背或足背交叉，围绕手腕或踝部打结，如图 4-38、图 4-39 所示。

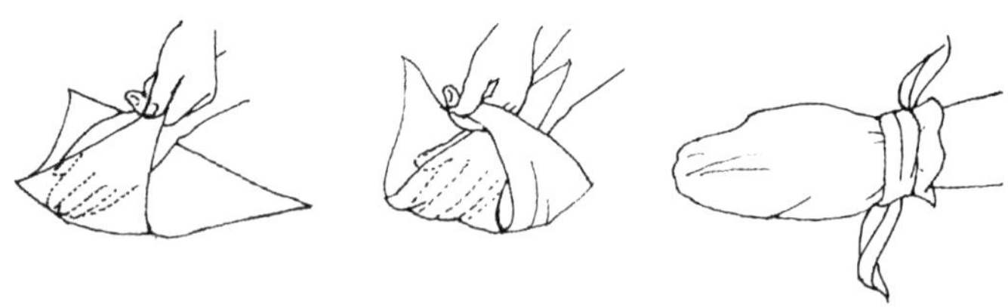

图 4-38　手部三角巾包扎

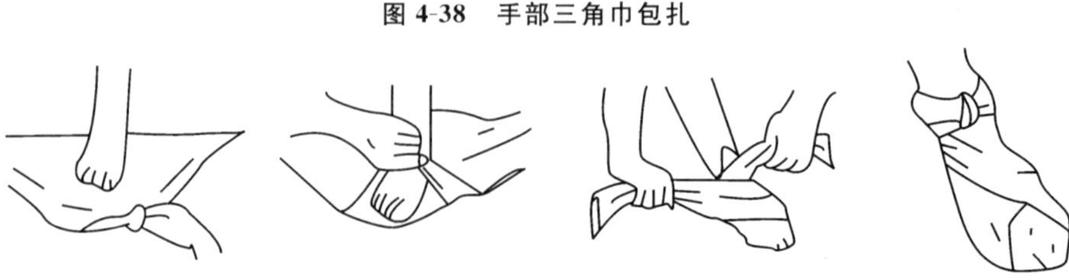

图 4-39　足部三角巾包扎

4.3.3 绷带包扎法

绷带包扎比较方便，应用也较广泛。如果现场抢救时没有绷带，可将衣物等撕成布条代替。

(1) 环形包扎法

环形包扎的方法是，每圈重叠，环绕数圈，主要用于绷带包扎的开始和结束，以固定带端，如图 4-40 所示。

图 4-40 环形包扎法

(2) 螺旋包扎法与蛇形包扎法

螺旋包扎法是，先用环形法固定一端，再斜向近端螺旋形缠绕，后圈压前圈一半或大半，末端固定。主要用于周径近似均等的部位，如上臂、手指、躯干或大腿等，如图 4-41 所示。

在需要节省绷带或暂时做简单固定，需要由一处迅速包扎至另一处时，螺旋形缠绕的每圈绷带互不遮盖，称蛇形包扎法（图 4-42）。

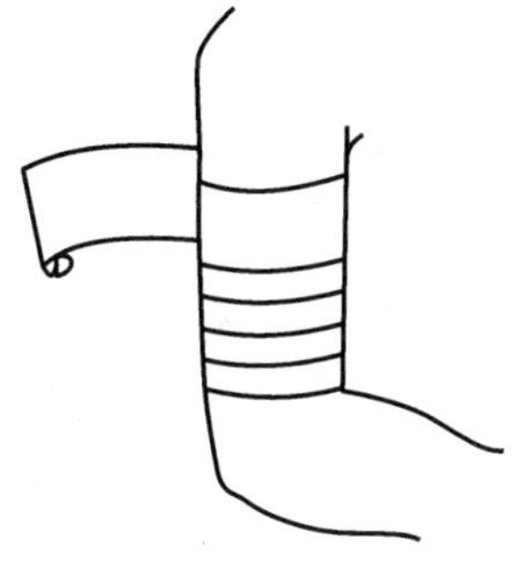

图 4-41 螺旋包扎法

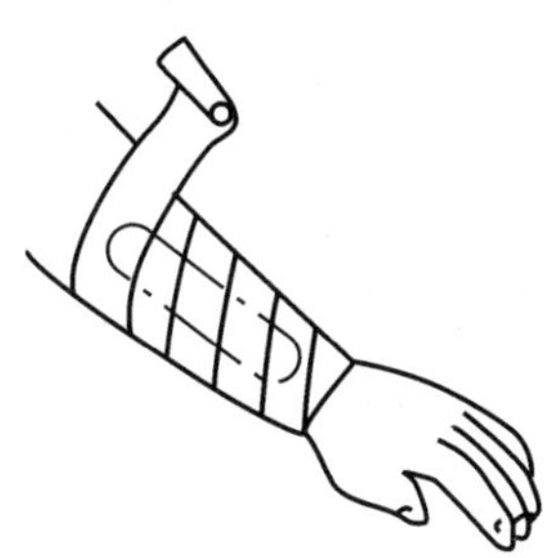

图 4-42 蛇形包扎法

(3) 螺旋反折包扎法

螺旋反折包扎的方法是，先用环形法固定一端，再按照螺旋法进行包扎。螺旋包扎时，每圈反折一次，反折时以左手拇指按住绷带上面的正中处，右手将带向下反折，并向后绕，同时拉紧，注意反折处不要在伤口上或骨隆起处，如图 4-43 所示。螺旋反折包扎法主要用于粗细不等的部位，如小腿和前臂等处的包扎。

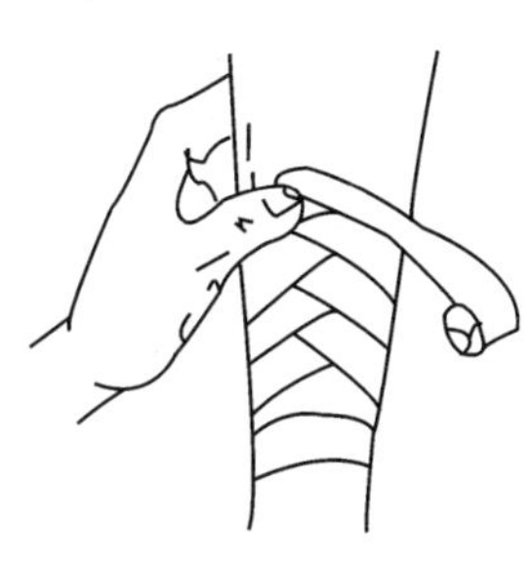

图 4-43 螺旋反折包扎法

(4)“8”字形包扎法

“8”字形包扎的方法是，先用环形法固定一端，然后按一圈向上、一圈向下的包扎顺序包扎，每一圈在正前面和前一圈相交，并压盖前一圈的1/2，如图4-44所示。该方法多用于肘、膝、踝、肩、髋等关节处的包扎。

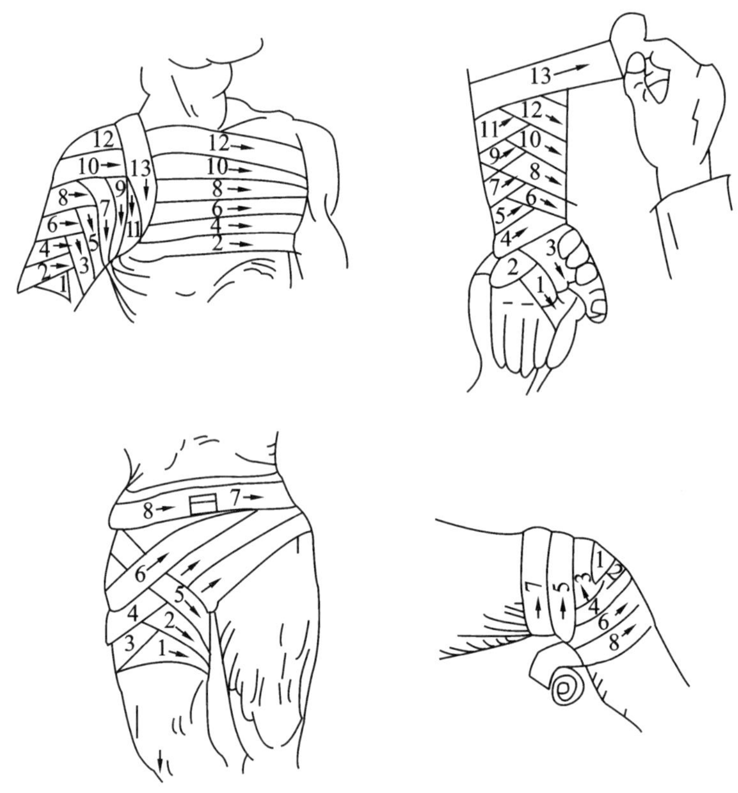

图4-44 “8”字形包扎法

(5)回反包扎法

回反包扎为一系列的来回反折，第一圈从中央开始，以后各圈分向左右，直到该端全部包盖后，再做环形包扎固定，如图4-45所示。回反包扎法常用于头部和断肢包扎。

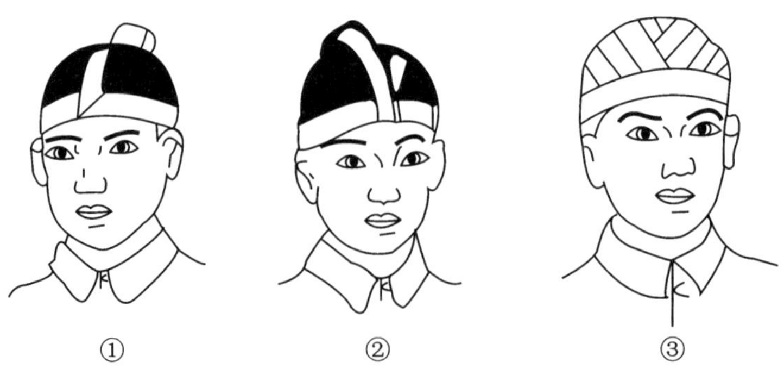

图4-45 回反包扎法

4.4 骨折固定术

4.4.1 骨折的定义

骨的完整性或连续性中断称为骨折。根据骨折处是否与外界相通，可分为骨折处不与体外相通的闭合性骨折和骨折处与体外相通的开放性骨折；根据骨折的程度，分为骨组织完全裂断的完全性骨折和只有部分裂断的不完全骨折。健康骨骼受各种不同的外力作用而发生的骨折，称为外伤性骨折；有病骨骼（如肿瘤、结核、炎症等）遭受轻微外力作用而发生的骨折，则称为病理性骨折。骨折后1～2周以内，称为新鲜骨折，可用手法复位；如骨折后超过2～3周，称为陈旧性骨折，用手法较难复位。临床上一般认为，成年人3周以内的骨折称为新鲜骨折，3周以上的骨折称为陈旧性骨折。

4.4.2 骨折的临床表现

（1）局部疼痛和压痛

这是骨折最常见的症状，骨折处有局部疼痛和压痛，移动伤肢时疼痛加剧。

（2）局部肿胀与瘀斑

这是由于软组织挫伤，骨折端及周围软组织血管破裂出血所致。

（3）功能障碍

因肢体内部支架的断裂及疼痛引起肌肉反射性痉挛，使受伤肢体部分或完全丧失其活动功能。如上肢骨折不能举臂，下肢骨折不能站立和行走等。

（4）畸形、异常活动及骨擦音或骨擦感

这是骨折的三种专有体征，只要发现其中之一就可确诊。骨折后，其断端可能发生重叠、成角、旋转、侧移或分离等畸形，并可出现异常活动。骨折断端互相摩擦可以发出骨擦音或骨擦感，这些都是骨折的特征，但不应故意摇动伤处去找寻这些特征，以免加重伤员的痛苦，并造成更多的软组织损伤和骨折移位。

（5）休克

多见于股骨干、骨盆、脊椎及颅骨等重大的骨折及多发生性骨折的伤员，且常伴有较严重的软组织损伤和较广泛的内出血，以及内脏破裂或颅脑损伤等。

4.4.3 骨折的现场急救

骨折的现场急救目的在于用简单有效的方法，抢救生命，防止休克，保护伤肢，减少痛苦，避免组织再损伤和再污染，并创造运送条件。凡疑似骨折的病人，均应按骨折处理。首先抢救生命，抗休克；其次对开放性骨折要进行创口包扎；最后进行妥善固定，迅速转运。

（1）骨折临时固定的原则

①就地固定，不要随意移动伤员和伤肢，防止加重伤员伤情，给其增加痛苦。

固定物可选用木条、竹片及书本、杂志或硬纸盒等。

②对骨折伴有伤口或出血者，应首先作局部止血包扎，然后再固定骨折部位。

③对骨折断端穿出皮肤外者，禁止将其纳回伤口内，以免引起严重深部感染和血管、神经损伤，局部可用消毒敷料或干净布料覆盖包扎后再固定。

④固定用夹板的长度和宽度最好能与伤肢相称，长度必须能覆盖上下两关节。如用木夹板做固定，夹板不能直接与皮肤接触，要在皮肤和夹板之间，尤其在夹板两端、骨突起和空隙部位用棉花或衣物等垫好，防止皮肤受压、组织坏死。

⑤四肢骨折固定时，要露出手指、足趾，以便观察四肢末梢血液循环情况。发现指、趾苍白、发凉、麻木、疼痛、浮肿和青紫色等症状时，应松开重新固定。

⑥固定时松紧要适当，不应过松或过紧。过松则固定不良，过紧则妨碍血液循环，引起肢体肿胀或产生压迫性溃疡，甚至发生缺血性肌挛缩或肢体坏疽等不良后果。

4.4.4 骨折固定方法

(1) 前臂骨折

用两块长度超过肘关节至手心、宽与前臂相称的夹板分别放在前臂的掌、背两侧，骨折突出部分加垫，掌心内放一团棉花让病人握住，使腕关节稍向背屈，再固定夹板两端，屈肘 90°，用三角巾悬吊于胸前，手略高于肘，如图 4-46 所示。只有一块夹板时，如果骨折远端向背侧移位或者是尺桡骨中段骨折，夹板最好放在前臂掌侧，如果骨折远端向掌侧移位，夹板则最好放在前臂背侧，然后固定腕、肘两关节（腕部“8”字形固定），再用三角巾将前臂悬挂于胸前。

图 4-46 前臂骨折夹板固定

如无夹板，也可用杂志等卷成筒状包绕前壁固定，再用三角巾悬吊于胸前。

若无三角巾，也可以用衣物、皮带、领带、围巾等悬吊于胸前，如图 4-47 所示。

如不能就地取材，没有夹板，前臂骨折可用两条三角巾固定。方法是先用一块三角巾将伤肢悬吊于胸前，再用另一块三角巾将伤肢固定在胸廓，如图 4-48 所示。

图 4-47　衣服、领带悬吊固定法

图 4-48　无夹板三角巾固定法

(2) 小腿骨折

用 1～2 块长度为由大腿中部至足跟的夹板置于伤肢内、外侧固定，骨折突出部分要加垫。只有一块夹板时，可放在小腿外侧或者后面作骨折固定（踝关节“8”字形固定)，足与小腿固定成直角，如图 4-49 所示。

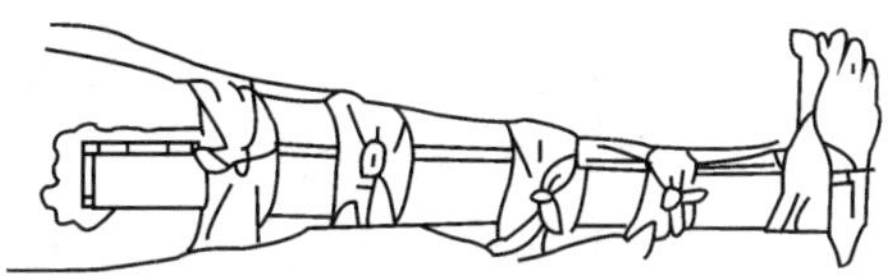

图 4-49　小腿骨折夹板固定

若下肢骨折，又无固定材料时，可临时用健侧肢体固定。方法是，于两腿之间塞入棉花或枕头、衣服等物后，将两下肢合并，用三角巾或绷带在膝关节上下和踝关节处绑扎，在健肢处打结，踝关节用“8”字形固定，如图 4-50 所示。

图 4-50　下肢骨折与健肢捆在一起作临时固定

(3) 其他常见骨折固定方法

①大腿骨折：用一长度为由腋下至足跟的夹板固定于外侧，另用一长度为由腹股沟至足跟的夹板置于内侧，用绷带或三角巾固定，足与小腿固定成直角，如图 4-51所示。若无固定材料时，可临时用健侧肢体固定。

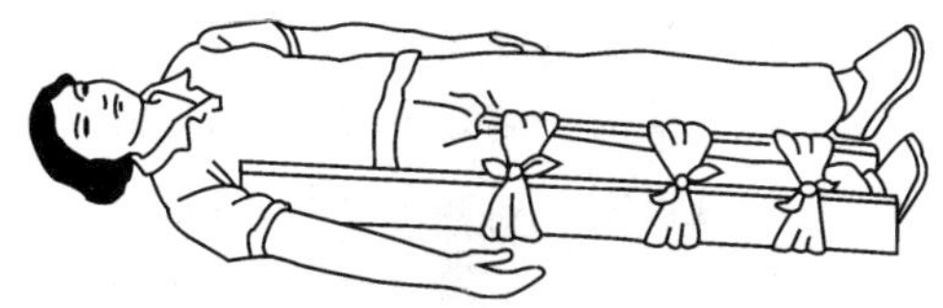

图 4-51　大腿骨折夹板固定

②指骨骨折：用一与手指等宽、长度为由指尖至手腕的小夹板放于掌侧，用绷带由指缠至手腕做固定（图 4-52)。

③掌骨骨折：用一长度为由指至前臂中部、宽度相当于手掌的夹板置于掌侧，用绷带固定，再将肘关节屈曲，用三角布或绷带悬吊于胸前。

④上臂骨折：用长、宽与上臂相当的夹板置于骨折处外侧固定，再用三角布将前臂吊于胸前，最后用三角巾将上臂固定于胸廓上（图 4-53)。

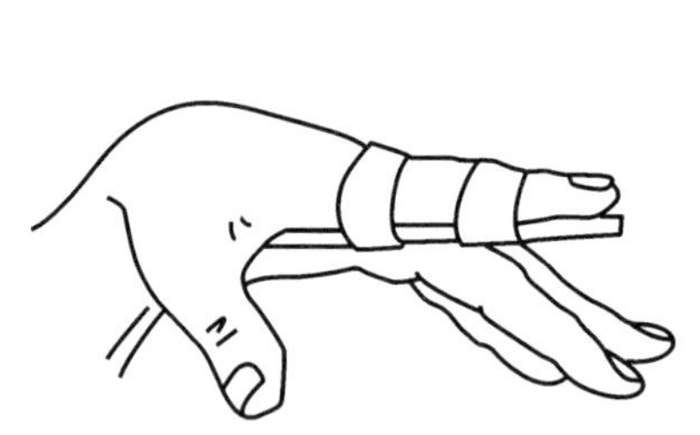

图 4-52　指骨骨折固定

图 4-53　上臂骨折固定

⑤锁骨骨折：用三角巾悬吊前臂，另用一三角巾将患肢上臂固定在胸廓上，亦可在两侧腋下放置棉花后，用“8”字形绷带固定。

⑥肋骨骨折：肋骨骨折时除有骨折的局部症状外，还可能有呼吸时剧痛，呼吸表浅，严重时有呼吸困难、咳血等情况。

固定方法：用棉花垫住患侧胸部，嘱咐病员尽量呼气，并在呼气时用绷带将胸部由下而上包缠固定。

4.5　伤员和病人的搬运

4.5.1　正确搬运伤员和病人的方法

病人发生急病或受伤，在救护之前尽量在原地少动，除非留在原地会有危险。通常是在现场进行初步的急救之后，将病人送到医院进一步检查和治疗，这个送往医院的过程，就是搬运病人的过程。

担架是运送病人最常用、最适宜的工具。在现场可临时就地取材，用木板、床板等制作简易担架，但是，除非万不得已，应使用正规、标准的担架。

(1) 上下担架的方法

①将病人抬上或抬下担架，至少需要 2～3 人，一人用手托住病人的头部、肩部，一人或两人用手托住腰部、臀部、膝部、腿部，两人或三人同时将病人抬起，轻轻放在担架上或从担架上移到病床上，如图 4-54 所示。

②抬担架的人脚步要协调，行动要一致，平稳前进。

③上下楼梯或台阶，担架应始终保持平稳，如图 4-55 所示。

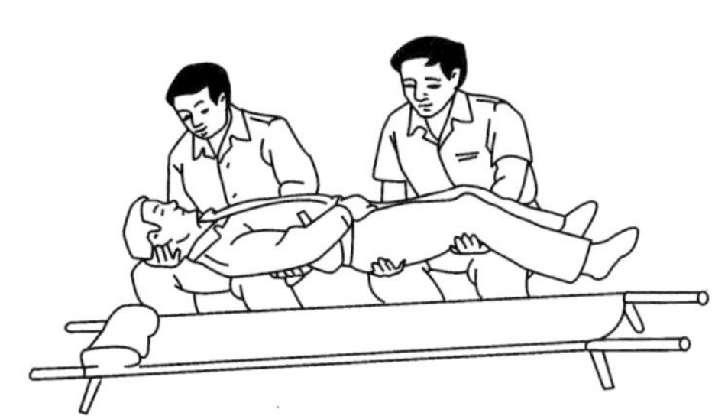

图 4-54　上下担架的方法

图 4-55　上下台阶时担架应保持平稳

（2）搬运注意事项

①根据具体情况，选择合适的搬运工具和搬运方法。②妥善处理和检查伤病员，先对外伤进行止血、包扎、固定，然后才能搬动。③保持伤病员呼吸通畅，随时观察生命体征，尤其是神志不清的病人，要防止窒息等。④如果病人有生命危险，而救护人员无法在短时间赶到，则应就地处理，待病情稳定后再转送医院。⑤搬运时，动作要轻巧，行动要一致，减少震动，避免滚落、摔伤等意外。⑥怀疑有脊椎损伤的病人，要先固定后搬运。转运时要注意体位，应采用保持脊柱平直等脊柱搬运方法。

（3）骨折病人的转送

骨折病人现场转送前，首先应查清是否合并其他的损伤，未做固定者严禁运送。运送时，以卧位为宜，尽量避免振动，以免引起疼痛。昏迷病人的头应偏向一侧，以保持呼吸道通畅。

对于怀疑有脊椎损伤的病人，转运时要注意体位，应保持脊柱平直，不能让病人站立和坐起，以免引起或加重脊髓损伤。搬动病人之前，先准备好硬板担架，如床板或门板等，置于病人身旁，由 3～4 人统一协调，轻轻将病人平放在木板上仰卧，并用宽布带将病人捆在木板上，要保持脊椎伸直，严禁屈曲，如图 4-56 所示。注意，不能一人抬上身，一人抬下肢，如图 4-57 所示。

对于怀疑有颈椎损伤的病人，搬运时需另由一个人将头部固定于中立位，不屈不伸，颈部两旁垫以砂袋或卷叠的衣服，防止颈部转动（图 4-58）；运送时，要轻轻牵引头部，保持住与躯干纵轴方向的牵引（图 4-59）。如搬运不当，有引起脊髓压迫的危险，会立即发生四肢与躯干的高位截瘫，甚至影响呼吸而短时间内死亡。

图 4-56　脊椎损伤病人的转运（3 人）

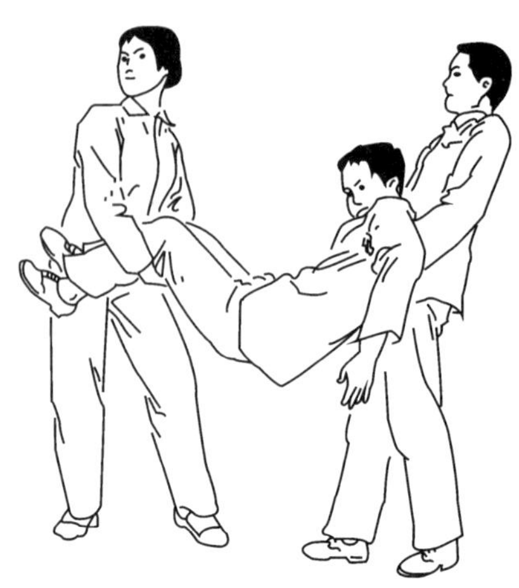

图 4-57 转运脊椎损伤病人的错误方法

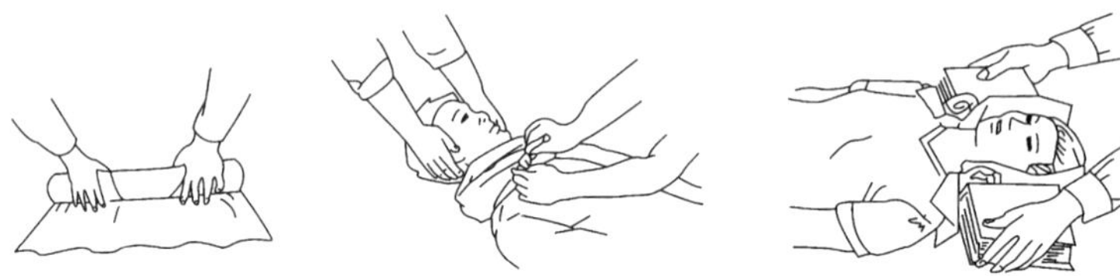

图 4-58 颈托的临时制作与颈部固定

图 4-59 颈椎损伤病人的搬运（4 人）

骨盆骨折病人在转运时，也需由 3 人或 3 人以上统一协调（图 4-56），轻轻将病人平放在木板上仰卧，用多头带或绷带包扎盆部，臂部两旁应垫以软垫或衣服，然后用布带将身体捆在担架上，避免振动，以减少疼痛（图 4-60）。

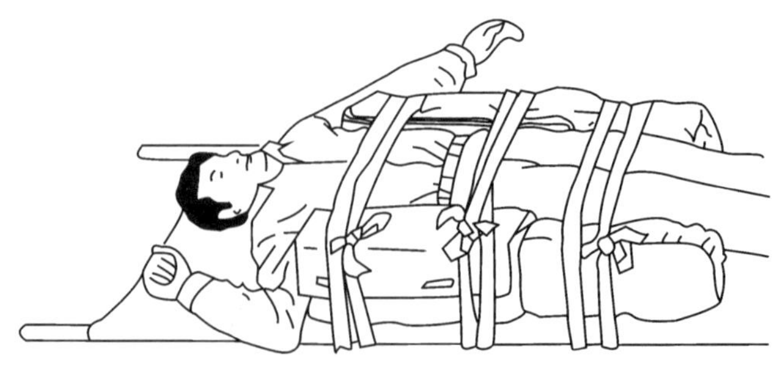

图 4-60 骨盆骨折病人的搬运

4.5.2 徒手搬运伤员的方法

（1）单人搬运伤员的方法：常用的有搀扶法、背负法、环抱法、拖行法（腋下拖行、衣服或毯子拖行）、爬行法，如图 4-61 所示。

图 4-61 单人搬运伤员的方法

①搀扶法；②③背负法；④环抱法；⑤拖行法（腋下）；⑥爬行法

当伤员体型大或者是处于人事不省的状态时，最方便易行的方法为拖行法。拖行法包括援救者可以从后面托住伤员的腋窝或肩部衣物，也可利用毛毯等拖行。方法是用上臂承托其头部，倒后拖行。如需下楼梯，则宜用大腿承托其头部。如伤员身躯笨重，可蹲下来，双手伸至伤员的胸前，一手抓紧另一手腕，然后拖行。

（2）两人搬运伤员的方法：双人拉车式徒手搬运、双人搭椅法徒手搬运，如图 4-62 所示。也可以利用椅子、门板、毯子、梯子等作简易搬运工具，如图 4-63 所示。

图 4-62 双人徒手搬运病人

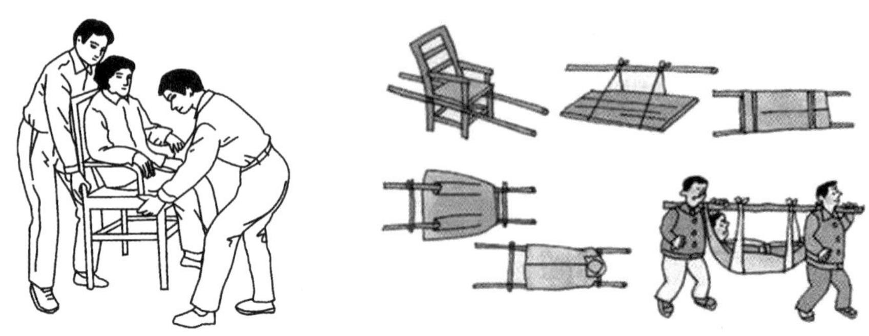

图 4-63　椅托或其他简易工具搬运病人

4. 5. 3　罗伯逊担架搬运

由于船舶上通道舱口狭窄，舷梯较陡，一般担架搬运难以适应。罗伯逊担架因其体积小，硬软适中，可对折相叠，且担架上附有固定伤员头、躯干和四肢的襻带等特点，因而能大范围地将伤病员牢固地包裹起来，并可安全灵活地进行吊、拖、抬等搬运，尤其是具有直接悬吊进救护直升机的特点，因此适用于各类船舶、野外作业等，如图 4-64 所示。

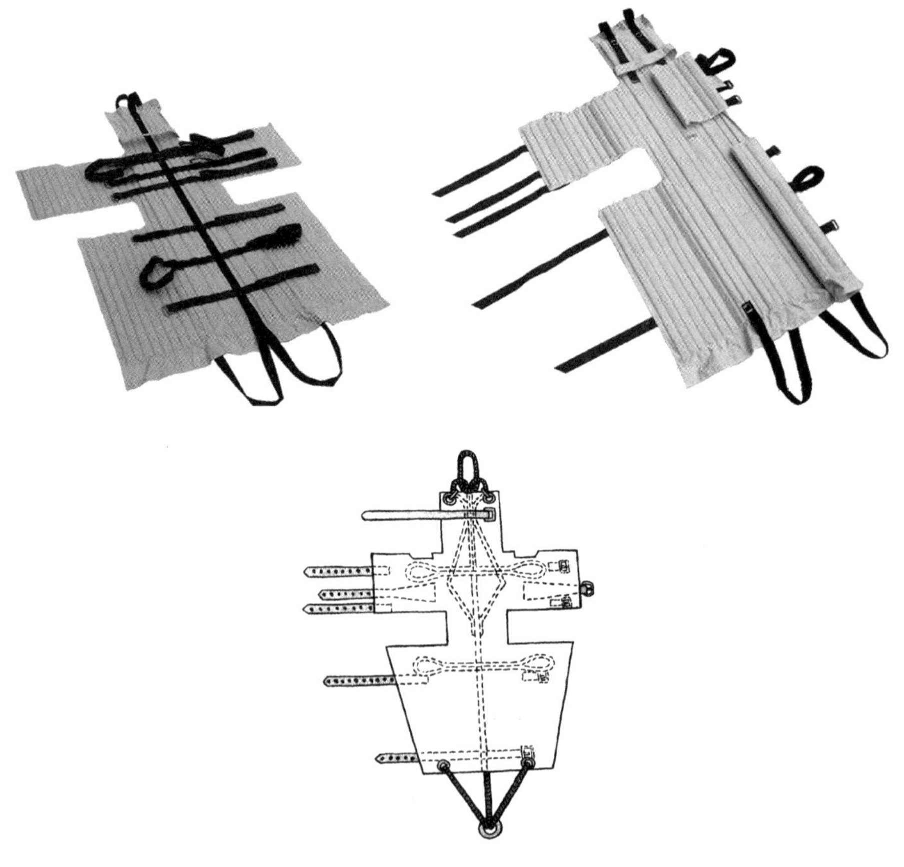

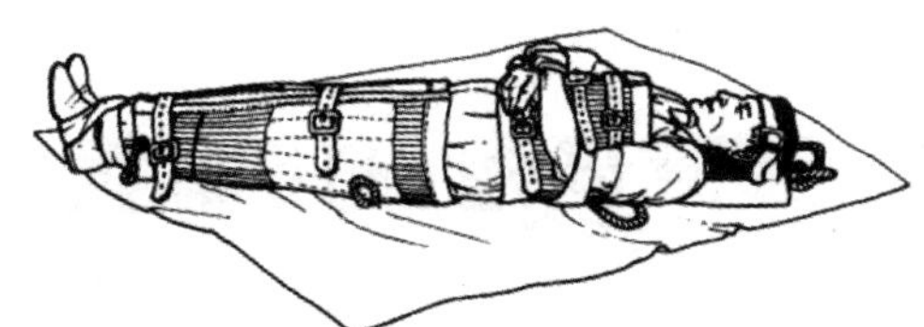

图 4-64 罗伯逊担架

思考题

(1) 心肺复苏术的步骤和注意事项是什么？心肺复苏有效指标有哪些？

(2) 外伤性出血的止血方法有哪些？止血带止血的方法及注意事项是什么？

(3) 不同部位的三角巾包扎法是怎样的？

(4) 如何判定骨折？前臂和小腿骨折如何固定？

(5) 骨折病人搬运时应该注意什么？

5 环境及理化因素损伤

能力要求

通过本章内容的学习，使学员熟悉各种常见环境及理化因素导致的意外伤病的诊断，掌握处理措施。

5.1 溺　　水

溺水是人淹没于水中，水代替了空气经口、鼻进入呼吸道和肺泡或引起反射性喉痉挛导致的窒息和缺氧，进入到血液循环的水引起血液渗透压改变、电解质紊乱和组织损害，最终导致呼吸和心跳停止而死亡。

发生溺水后初期，溺水者在水中剧烈挣扎，本能地屏气，以避免水进入呼吸道；随后，由于缺氧不能继续屏气，水随着吸气而进入呼吸道和肺泡，造成呼吸道阻塞，或因吸入的寒冷液体的刺激，引起反射性喉头痉挛而发生急性缺氧性窒息，部分患者还可能因胃内充满水分而致使上腹部胀满。急性窒息将引起患者缺氧及二氧化碳积蓄，从而产生惊厥，意识丧失，接着呼吸停止，最后心跳停止。

吸入的水分在肺内被迅速吸收并进入血液循环，由于海水和淡水成分不同，所引起的身体变化也不同。淡水较血浆或其他体液渗透压低，进入人体后迅速吸收到血液循环，使血容量增加而稀释血液。海水含钠量是血浆的 3 倍以上，吸入的海水较淡水在肺泡内停留的时间长，不能吸收到血液循环，反而能使血液中的水进入肺泡腔而使血液浓缩。溺水导致的肺水肿及水、电解质紊乱，都可以导致死亡，且溺水的整个发病过程进展很快，患者在 4～7min 内可被溺死。因此，抢救工作必须及时。

5.1.1 临床表现

溺水患者出水后的表现为：面、唇、四肢青紫，全身冰冷；眼睛充血、发红并稍突出，面部浮肿，口鼻充满泡沫、泥沙或杂草；意识丧失，脉搏、心跳微弱或完全停止，呼吸不整或停止，上腹部胀满。

5.1.2 急救方法和步骤

（1）迅速清理呼吸道

患者被营救出水后，首先要使呼吸道畅通，立即清除口、鼻腔内异物，如有假牙也应同时除去，并将舌头拉出，以免后坠阻塞呼吸道。

（2）迅速倒水

方法是将患者俯卧，腹部垫高，头部下垂，面部朝下，并以手压其背部。借助体位将患者体内的水从口腔排出，或双手从腰部托起溺水者以使水流出，如图 5-1 所示。倒水动作以倒出呼吸道及胃内积水为宜。

图 5-1 倒水方法

（3）立即进行心肺复苏术

（4）药物的应用

在有条件的船舶上，可以对昏迷者肌肉注射或静脉注射呼吸兴奋剂，如可拉明（尼可刹米）、洛贝林（山梗菜碱）或回苏灵等，必要时还可静脉注射肾上腺素，以促使心跳的恢复。

5.1.3 注意事项

（1）溺水者是否需要倒水，应视具体情况而定。无呼吸道阻塞者，可不必倒水；呼吸道有水阻塞者，也要尽量缩短倒水的时间，以免延误抢救时机。

（2）实施心肺复苏术要连续进行，不能中途间歇；同时，人工呼吸是抢救中最重要的一项措施，以口对口吹气法最为可靠。部分溺水患者常在一定时间内（1～3h）呈假死状态，同时溺水后体温迅速降低，虽然脉搏长时间消失，如能迅速开始心肺复苏，心脏恢复跳动的可能性较大，故对溺水患者不可轻易放弃抢救，一定坚持至呼吸、心跳恢复或出现尸斑为止。

（3）复苏成功后，要注意保暖。苏醒后的病人可饮热茶、姜汤或热汤等协助驱寒；同时，患者清醒后应静卧休息，严密观察。护理病人时可做些按摩动作，活动四肢，促进血液循环的恢复。

（4）有条件时，可用抗菌素预防吸入性肺炎，如青霉素、先锋、左氧氟沙星等，连用 3 天。

5.2 中　暑

中暑是人体较长时间处于烈日下或高温环境中，特别是在空气温度高（高于 32℃）、湿度大（大于 60％）、通风不良的环境中，长时间工作或强体力劳动，加上饮水不足，着装不当（不吸湿、不透风）等，造成体内的热量不能及时散发出去，机体体温调节发生障碍而导致体温过高的急性病症。严重时，会导致热衰竭、热痉挛和热（日）射病等病症。近些年，全球气候变暖，夏季持续高温和城市热岛效应出现，如不注意防暑降温，很容易发生中暑，尤其在船舶上更易发生。

5.2.1 临床表现

（1）先兆中暑

先兆中暑表现为在高温环境下劳动一段时间后，出现头昏、耳鸣、胸闷、心悸、恶心、大汗、口渴、四肢无力和注意力不能集中等现象，体温正常或稍高，如及时离开高温环境，可以很快恢复。

（2）轻度中暑

有先兆中暑症状，同时伴有面色潮红、胸闷、体温继续升高或伴有早期循环衰竭症状，如面色苍白、血压下降、脉搏细弱、皮肤湿冷等。

（3）重度中暑

除有上述症状外，并有昏厥、痉挛、高热、体温达 40℃以上甚至昏迷等症状。重度中暑又分为以下三种类型：

①热痉挛

在高温环境下进行剧烈运动、大量出汗后，人体容易出现肌肉痉挛，常在活动停止后发生，最易发生的部位是腓肠肌，持续约 3min 后缓解，无明显体温升高。症状的出现与严重体钠缺失（大量出汗和饮用低张液体）和过度通气有关，可为热射病的早期表现。

②热衰竭

热衰竭最为常见，常发生于老年人、儿童和慢性疾病患者，系心血管功能对高温不能适应的一种表现。该病起病急，表现为疲乏无力、头痛眩晕、恶心呕吐、突然昏倒，病人可有面色苍白、血压下降、脉搏细弱、皮肤湿冷等明显脱水征。体温可能轻度升高，无明显中枢神经系统损害表现。热衰竭可以是热痉挛与热射病的中介过程，如不治疗可发展成为热射病。

③热（日）射病

热射病是一种致命性急症，表现为高热（高于 40℃）和神志障碍。热射病多发生于高温、湿度大和无风天气进行重体力劳动或剧烈运动时，过热型患者突出表现为皮肤干燥、灼热潮红、无汗，体温高达 40℃以上，伴有意识模糊、抽搐、昏迷。早期瞳孔缩小，对光反射迟钝；晚期瞳孔散大，对光反射消失，心动过速，血压下降，脉搏洪大，呼吸困难甚至死亡。日射病是因头部长时间受强烈的太阳直接辐射，引起脑膜及脑组织充血所致，突出表现为剧烈呕吐，皮肤干燥，体温不升或微升，重者意识不清、抽搐等。

5.2.2 急救方法

（1）中暑应以预防为主，一旦发现先兆中暑或轻度中暑表现，患者应立即撤离高温作业的环境，到阴凉、通风、安静地方休息，如走廊、树荫下等，如图 5-2 所示。

图 5-2 中暑病人转移

病人取半仰卧位，解开衣扣，脱去或松开衣服，同时用电扇或扇子扇风，以帮助散热，有条件时可在空调房内降温，同时补充含盐清凉饮料，即可逐渐恢复。对于大出汗和伴有呼吸循环衰竭倾向的轻度中暑者，可饮大量的糖盐水，有条件做静脉输液者最好采用葡萄糖生理盐水，也可给病人服用人丹、藿香正气水等药物。

(2) 重度中暑者必须争分夺秒地紧急抢救，迅速降低过高体温，纠正水、电解质的紊乱，防止休克和脑水肿等。

(3) 用冷水或冰水冷敷头部、颈部及四肢大血管（如腋窝、腹股沟）等处进行物理降温，亦可用 40%酒精擦身，同时按摩病人的四肢，以防周围血液循环的停滞。

(4) 药物降温与物理降温同时应用效果较好。常用的降温药物是氯丙嗪，该药有抑制体温、调节中枢、扩张周围血管、加速散热、松弛肌肉及降低氧耗量的作用。用法：将氯丙嗪 25～50mg 稀释于 500mL 葡萄糖溶液或生理盐水中滴注 1～2h。病情紧急时，可将氯丙嗪 25mg 及异丙嗪 25mg 稀释于 100～200mL 葡萄糖溶液或生理盐水中，在 10～20min 内滴注完毕。如 2h 后体温仍无下降趋势，可再重复一次。滴注时，注意观察血压、心率、呼吸等变化。受条件限制时，亦可使用阿司匹林等药物。

经上述处理仍无好转的病人，应尽快送医院治疗。

(5) 中暑病人转送的注意事项。热射病患者，现场急救后应当立即转送医院继续治疗。转送途中，应保持呼吸道通畅、吸氧，继续物理降温和静脉输液，密切观察生命体征变化并对症处理；热痉挛和热衰竭在现场急救后，观察病情变化并予以对症治疗，一般不必转送就医；先兆中暑和轻度中暑患者脱离环境和现场处理后，不必转送就医。

5.3 烧 烫 伤

烧伤是由于高热的固体、液体、气体、火焰、电、放射能或化学物质作用于人体而引起的损伤。由开水、热粥、滚汤、沸油等热液体引起的烧伤也称为烫伤。烧烫伤是生活、工作中常见的意外伤害事故。烧伤的严重程度与烧伤面积和深度有密切的关系，烧伤面积大、深度深者，则病情重。烧伤不仅仅只伤到皮肤，还可能深达肌肉、骨骼，严重者还可引起休克、感染等全身变化。此外，烧伤的严重程度还与烧伤部位有关，头面部烧伤易导致严重水肿，小儿则易引起脑水肿；颈部或呼吸道烧伤会造成窒息；肛门部位烧伤易导致感染；手足关节烧伤会造成畸形或残疾。

5.3.1 烧伤面积的估计

（1）手掌法

不论年龄大小，伤员五指并拢时的手掌面积，占其全身体表面积的1%。手掌法常用于小面积或散在的烧伤面积计算。

（2）中国九分法

将全身体表面积分为11个9等份，会阴部加1份，即得100%（图5-3）。如头、面、颈部为9%；双上肢为2×9%=18%；躯干为3×9%=27%；双下肢包括臀部为5×9%+1%（会阴部）=46%。其口决是：一九二九三乘九，会阴加一五乘九。

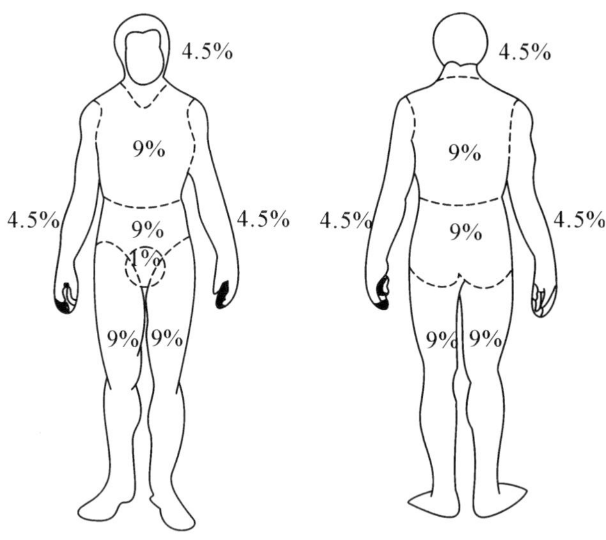

图5-3 九分法

5.3.2 烧伤深度估计

烧伤深度采用三度四分法，分一度、二度（分浅二度和深二度）和三度烧伤，如图5-4所示，鉴别要点见表5-1。其口诀是：一度红斑，二度水泡，三度焦痂。

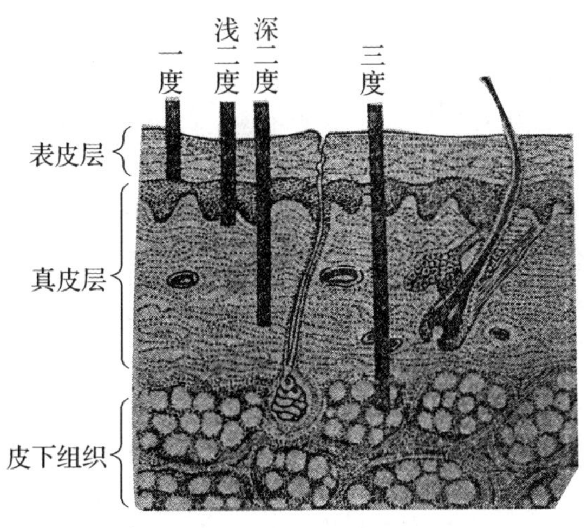

图 5-4 烧伤的深度

表 5-1 烧伤深度的鉴别要点

分度		深度	临床表现	创面愈合过程
一度（红斑）		达表皮角质层，生发层健在	轻度红、肿、痛、热，感觉过敏，表面干燥，无水泡	2～3 天后脱屑痊愈，无疤痕
二度（水泡）	浅二度	达真皮浅层，部分生发层健在	剧痛，感觉过敏，有水泡；泡皮剥脱后，基底呈均匀红色；潮湿、水肿明显	1～2 周愈合，无疤痕，有色素沉着
	深二度	达真皮深层，有皮肤附件残留	痛觉迟钝，可有或无水泡，基底呈苍白色，间有红色斑点，潮湿	3～4 周愈合，有轻度疤痕
三度（焦痂）		达皮肤全层，甚至伤及皮下组织、肌肉或骨骼	痛觉消失，无弹性，干燥、坚硬如皮革，蜡白，焦黄或炭化，干后皮下静脉阻塞如树枝状	2～4 周焦痂脱落，形成肉芽创面。小面积可愈合，大面积需植皮才能愈合，遗留疤痕

5.3.3 急救方法

急救的原则是立即消除烧伤的原因，保护创面，设法使病人镇静、止痛等。

（1）消除烧伤的原因

由火焰烧伤时，立即脱去着火的衣服或就地慢慢打滚扑灭火焰，不可滚得太快，切勿奔跑、呼叫，也不要用手拍打火焰，以免助长火焰燃烧及烟雾吸入呼吸道，引起呼吸道和双手烧伤。凝固汽油烧伤时，应以湿布覆盖；热液烫伤时，应迅速将衣服脱下。烧伤面积小时，可用冷水浸沐或冲淋，浸泡时间一般为半小时或不痛为止，此法对于二度烧伤及四肢烫伤效果最好，可减轻疼痛和损害。强酸、强碱及其他化学品致伤时，应迅速脱去被浸的衣服，用大量清水冲洗，越快越好。

（2）保护创面

用急救包、三角巾或干净敷料包扎创面，也可用清洁的被单或衣服简单包扎，避免污染和再次损伤。如有水泡，应避免碰破，以免造成感染，不利于创面愈合。

（3）镇静与止痛

烧伤的患者都有不同程度的疼痛和烦躁不安。无休克的轻伤者，可口服或肌肉注射镇静、止痛药物，如口服去痛片、安定，肌肉注射吗啡等。烧伤后的剧痛，可引起原发性休克，疼痛剧烈时，可给予镇静止痛剂，如杜冷丁 50～100mg 肌肉注射，但有颅脑伤或呼吸功能障碍者禁用。

（4）注意合并症

去除烧伤原因后，应立即对危及病人生命的合并症如休克、出血、窒息、呼吸停止等迅速进行治疗，有骨折者要进行固定和包扎。

中、大面积烧伤，要预防早期休克，若 4～8h 内不能送到医院治疗，由于渗出可引起继发性休克，所以烧烫伤后应立即口服含盐饮料，不宜单纯喝开水，以免加重渗出或引起其他病变。在进行上述处理的同时，应与陆地医院取得联系，转运途中最好由医生护送，并要继续进行口服含盐饮料或静脉输液（含盐液）及抗休克、止痛和抗感染等处理。

（5）创面的后续处理

对于小面积的一度和浅二度烧烫伤创面，无需包扎，可用各种烫伤膏，如紫草油、京万红、万花油等涂抹。二度烧烫伤时，不要把水泡挤破，当水泡过大时，可用缝衣针消毒后刺破水泡，慢慢放出泡液，切忌剪除表皮。

对严重烧烫伤者，应脱去或剪除衣服，如衣服已与创面粘连，不应强行撕拉，只需将未粘连部分剪去，否则创面皮肤会被撕脱。创面应严格消毒、清创，先以清水或等渗液盐水冲洗，然后用 0.1%新洁尔灭溶液或等渗盐水轻拭。清创后，可采用包扎法使创面得到充分引流，隔绝外来病原菌。方法是，先置凡士林纱布或中药油液纱布一层，外加纱布和棉垫，敷料要超过边缘 5cm 以上，紧贴创面，不留死腔。包扎四肢时，应从远端开始，指（趾）端露出，以便观察末梢循环。头、面部烧伤，可采用暴露法，目的是使创面迅速干燥，表面结成一层干痂，从而减少病原菌的繁殖。磷烧伤时，严禁用油质敷料，因油质能溶解磷，促使吸收。

5.4 强酸、强碱损伤

强酸主要指硫酸、硝酸和盐酸，强碱主要指氢氧化钠、氢氧化钾、氢氧化钙。强酸、强碱具有很强的腐蚀性，其中毒的途径有以下三种：

5.4.1 接触性中毒

（1）主要症状

接触性中毒是酸或碱直接污染皮肤所致，主要症状是眼球充血、怕光、流泪，皮肤红肿、烧灼等。

（2）急救措施

①立即用大量流动清水彻底冲洗被酸或碱污染的皮肤至少 15min，冲洗眼睛至少 20min，冲洗眼睛时头部要偏向受伤侧，如图 5-5 所示。

图 5-5　流动清水冲洗

②迅速脱去被污染的衣服、鞋袜等。

③根据不同毒物引起的灼伤，用清水冲洗后再用适当的缓冲剂（中和剂）洗涤或湿敷。强酸中毒可用 2%～5%碳酸氢钠溶液中和，强碱中毒可用 2%醋酸中和。

④包扎创面。可用三角巾或干净敷料等包扎。眼睛冲洗后可用抗生素眼膏涂抹后包扎。

⑤根据病情使用止痛药。

⑥转送医院进一步处理。

5.4.2　吸入性中毒

（1）主要症状

吸入性中毒是吸入酸或碱蒸汽所致，表现为咽喉干燥、疼痛，声音嘶哑，咳嗽，严重者有气急、呼吸困难等症状。

（2）急救措施

①迅速撤离中毒场所，将病人移到空气新鲜处，解开上衣，保持呼吸道通畅；

②用湿水或中和剂含漱或雾化吸入；

③呼吸困难者可能出现肺水肿，应给予吸氧及相应处理；

④对呼吸停止者进行人工呼吸，对心跳停止者进行胸外按压。

5.4.3　食入性中毒

（1）主要症状

食入性中毒多为误服或自杀时自服酸或碱液中毒，可产生严重的消化道烧灼伤，病人感到剧烈的烧灼痛、胃肠绞痛、恶心呕吐，可吐出血性液体，常有腹泻，排出血性黏液便，严重者可有消化道穿孔，形成腹膜炎，休克甚至死亡。

（2）急救措施

①禁止催吐和洗胃，患者可饮清水以稀释酸或碱溶液。强碱中毒者，可口服食醋和稀果汁；强酸中毒者，不宜用碳酸氢钠中和，以免胃肠胀气引起胃穿孔，可口服鸡蛋清或牛奶 200mL，半小时后再服植物油 100～200mL 起润滑作用。

②保持呼吸道通畅，尽快送医院抢救。如喉头水肿而致呼吸困难者，可用地塞米松减轻喉头水肿，必要时做气管切开治疗。

③维持电解质及酸碱平衡，抗休克及抗感染，积极防治肺水肿。

5.5 电 击 伤

一定量的电流或电能量通过人体引起组织不同程度损伤或器官功能障碍，甚至发生死亡的现象，称为电击。电击多由误触电源所致，雷击亦可产生瞬间高电压。船舶上的高温高湿环境易使电线、电器老化而绝缘性能降低，容易产生漏电。触电的主要危害是：低电压常引起心室纤颤，尤其是每秒钟为50～60Hz的电流，易落在心肌易损期；高电压则多引起心搏停止和呼吸停止，情况比较严重，如不及时抢救，将会造成伤者死亡。

5.5.1 临床表现

触电后轻者仅出现瞬间感觉异常，重者可致死亡。

（1）全身表现

触电后，轻者会出现痛性肌肉收缩、惊恐、面色苍白、头痛、头晕、心悸等症状，重者则会出现抽搐与休克症状，可能伴有心律不齐，或立即进入“假死”状态(即心跳和呼吸停止)。高压电击特别是雷击时，常发生意识丧失，心脏、呼吸骤停，如不及时复苏则会死亡。

（2）局部表现

电流的进出口部位皮肤发生烧伤，虽然烧伤面积小，仅限于触电部位，但组织破坏很深，可达肌肉、骨骼。烧伤部位的组织炭化或坏死成洞，边界清楚，且愈合慢、容易出血。

（3）并发症和后遗症

电击后24～48h，常出现严重室性心律失常、肺水肿、胃肠道出血、弥散性血管内凝血、烧伤处继发细菌感染等症状，约半数电击者有单侧或双侧鼓膜破裂。电击后数天到数月，可出现神经系统病变，视力障碍。孕妇遭电击后常发生死胎和流产。

5.5.2 急救

（1）立即切断电源，或用绝缘物体如干燥的竹竿、木棒等拨开电线。

（2）呼吸和心跳停止者，应立即进行心肺复苏术，以挽救伤者生命，且能减少并发症和后遗症。心肺复苏术是抢救电击伤者的最主要措施，应持久进行，不要轻易放弃。

（3）电灼伤创面，要消毒、包扎，减少污染。创面周围皮肤先用碘酒、酒精处理，再用油纱布包扎，并加盖消毒敷料。皮肤组织坏死者应进行清创术，及时切除焦痂，必要时用抗毒素预防破伤风，用抗菌素预防感染。

思考题

(1) 溺水和电击伤如何进行现场急救?

(2) 中暑的急救措施有哪些?

(3) 烧伤深度的分类是怎么样的，各有什么临床表现? 如何进行急救?

6 常见急症

能力要求

通过本章内容的学习，使学员熟悉常见急症的诊断，掌握其处理措施。

6.1 高　热

正常人体温是相对稳定的，是人体在体温调节中枢（部位在丘脑）的管理下，产热和散热处于动态平衡所致状态。在病理情况下，当散热表现为绝对或相对不足时，热量在体内积蓄，体温便升高。引起人体发热的原因很多，绝大多数是由各种致病微生物在人体抵抗力下降的情况下侵犯人体所引起的。

6.1.1 发热的分类

根据发病原因，发热可分为感染性发热与非感染性发热。

（1）感染性发热：感染性发热比较多见，主要由各种病原体，如病毒、细菌、支原体、立克次体、螺旋体、真菌、寄生虫等引起，如常见的呼吸系统感染、消化系统感染、泌尿系统感染、内脏器官感染、神经系统感染、心血管系统感染、急性传染病等。

（2）非感染性发热：非感染性发热原因较多，如无菌性坏死物质的吸收、抗原一抗体反应、内分泌与代谢疾病、体温调节中枢功能失常、自主神经功能紊乱等均可导致发热。主要见于血液系统疾病、风湿性疾病、恶性肿瘤、中暑、脑外伤等。

6.1.2 发热的分度

人体的正常腋下体温为36～37℃，肛门体温为36.5～37.7℃，口腔体温为36.3～37.2℃。一般认为发热的分度如下：

低　　热　37.3℃～38℃；

中等度热　38.1℃～39℃；

高　　热　39.1℃～41℃；

超 高 热　41℃以上。

高热时患者常表现为头痛、畏寒或寒战、皮肤潮红而灼热、口唇干燥烦渴、眼结膜充血、呼吸心跳加强加快、胃肠蠕动下降，粪干尿少等。发热是疾病的一个过程和临床表现，不是独立疾病。许多疾病常由于早期出现发热而被察觉，所以发热，是疾病的一种重要信号，甚至是潜在恶性病灶（肿瘤）的信号。而整个病程中，体温曲线变化对疾病诊断、病情判断、评价疗效和预后都有重要的参考意义。

6.1.3 高热的处理

发热是身体的一种防御反应，是人体对疾病的一种抵抗能力的表现，但过高的体温可引起惊厥、抽风、神志不清、休克等症状，因此，人体出现高热症状时必须立即处理。

(1) 一般处理

高热患者应卧床休息，进食易消化的食物，如稀粥、糖水、豆浆等，适当补充维生素 B 及维生素 C。伴有怕冷、寒战的发热病人，应注意保暖，让患者多饮开水，目的是补充出汗所损失的水分，加速排出有害物质。

(2) 病因治疗

针对病因的治疗是关键性的治疗，如由感染引起的高热必须用足量的抗菌素等。

(3) 物理降温

可用冷敷法、冰袋法、擦浴法等对高热病人进行物理降温。根据病人的病情和身体的耐受情况，结合气候特点，在病人的前额、颈枕部、腋下、大腿根部等处使用冷水、冰袋冷敷，也可以用温水和酒精擦浴方法降温，注意胸前区、腹部和足底等处禁止冷敷和擦浴。用冷毛巾对上述部位冷敷时，每 3～5min 更换一次，持续 15～20min。冰袋冷敷时，每次放置时间不超过 20min，以免发生局部冻伤。温水擦浴时，水温一般为 32～34℃。酒精擦浴时，酒精浓度一般为 30%左右（95%的酒精 100mL 加凉水 200mL），如图 6-1 所示。应注意体温不可降太低，一般控制在 37～38℃为宜。

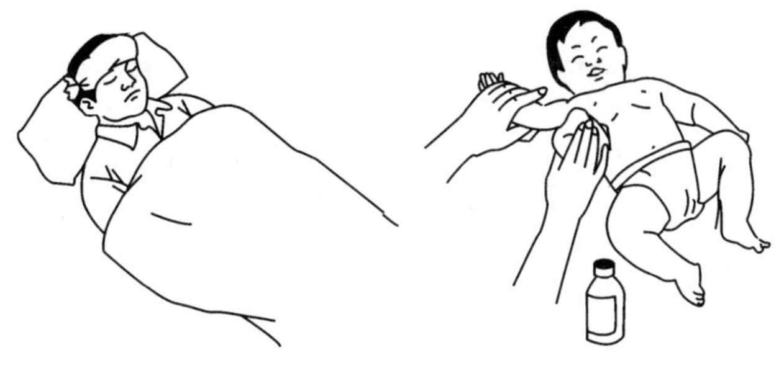

图 6-1 冷敷和擦浴

(4) 药物治疗

可适当服用少量的阿司匹林、扑热息痛等解热镇痛药或者肾上腺皮质激素，防止出汗过多而虚脱，并注意补充水分。对于高热引起头痛、烦躁不安、惊厥的患者，可适当使用镇静剂，如苯巴比妥或非那根等。

注意，对于体温在 38℃以下的病人，不要急于进行退烧治疗，单纯的退烧治疗效果不一定好，而且药效过后体温又会升高。

6.2 晕　　厥

晕厥又称昏厥、虚脱、昏倒，是一过性脑部缺血、缺氧引起的短暂的意识不清，发作时患者因肌张力消失不能维持正常姿势而倒地，在脑供血恢复后，立刻就会苏醒。大多数晕厥呈自限性，为良性过程。

6.1.1 晕厥的原因

单纯性晕厥较多见，可以由强烈刺激诱发，如恐惧、疲劳、疼痛、见血、悲痛或饥饿引起低血糖，从而诱发广泛性小血管扩张，使脑部缺血导致晕厥发生。但是，晕厥也可能是某些严重疾病的表现，如各种心脏病、颈椎病、脑动脉硬化、低血压等。由于造成晕厥的原因复杂多样，且各种因素又相互联系，因此目前对晕厥的分类尚缺乏统一的标准。根据晕厥发生原因和发病机制的不同，一般可分为以下四类：

(1) 血管舒缩障碍性晕厥

血管舒缩障碍性晕厥又称为血管神经性晕厥，根据发病特点可分为单纯性晕厥(普通晕厥)、体位性低血压性晕厥、排尿性晕厥等。

单纯性晕厥最为多见，多由疼痛、精神紧张、船室空气不流通、闷热、饥饿、疲劳等引起。体位性低血压性晕厥多由蹲坐时间较久，突然坐起、站立引起。排尿性晕厥多见于男性在晚上、清晨或午睡后起来排尿时或排尿后引起。

(2) 心源性晕厥

心源性晕厥多见于严重的心律失常、心肌缺血、心脏排血受阻等心脏病而导致脑组织缺血。发生迅速，无任何预感，患各种心脏病是独有的特点。

(3) 脑源性晕厥

脑源性晕厥是由大脑疾患所致脑部一时性、广泛性供血不足引起。多见于脑血管痉挛、受压、扭曲等。

(4) 血液成分异常性晕厥

血液成分异常性晕厥见于低血糖、严重贫血、过度换气综合征等。

6.1.2 晕厥的临床表现

晕厥前有预兆，患者有头晕、眼花、恶心、耳鸣、眼前发黑、出冷汗、衰弱、站立不稳而昏倒等症状。

晕厥的进一步发展可能出现神志不清、面色苍白、皮肤湿冷、呼吸表浅、脉搏弱而慢并逐渐加速、血压迅速降低、不省人事等症状。晕厥发作时，患者多处于站立或坐位，很少在卧位时发生。

晕厥与休克和昏迷的鉴别：

①昏迷者意识丧失较持久且不易恢复。

②晕厥与休克的界限不易划分，不同点是，晕厥有短暂的意识障碍，循环衰竭

的时间短、程度较轻，且易于恢复。

6.1.3 晕厥的处理措施

（1）出现晕厥先兆症状或昏倒在地时，让患者平卧，头部略低并抬高下肢，解开衣领、腰带等，如图 6-2 所示。

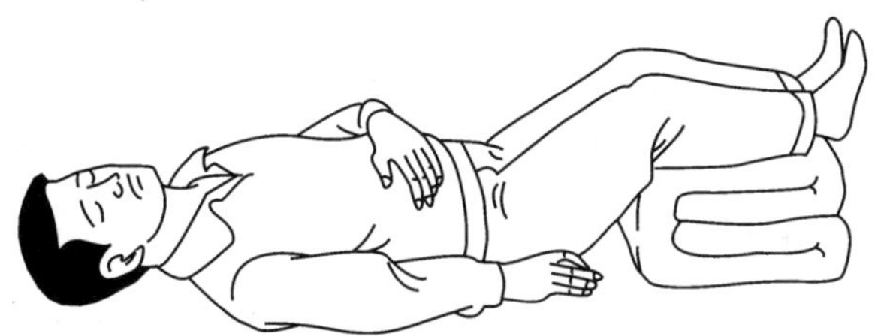

图 6-2 晕厥处理时的体位

（2）移动患者于空气流通处，使其呼吸新鲜空气；若有条件或患者呼吸困难，可输氧；若呼吸停止，应立即进行人工呼吸。

（3）针刺或用手掐有效穴位，如人中、合谷等，以促其苏醒。

（4）知觉恢复后，可给以热茶、热咖啡。给患者擦涂清凉油、风油精等也有一定疗效。

（5）患者清醒后，有条件时应送医院做进一步检查，以明确是否有心脏病、颈椎病、脑血管病等，便于针对病因治疗。

6.3 休　　克

休克是指机体遭受体内外有害因素的作用后，迅速产生微循环或氧合代谢障碍的一种全身反应综合征。休克可以发生在各种不同的疾病中，其发病的原因是血管内有效血容量的绝对或相对不足，血液的循环和流动不良，最后导致组织缺血、缺氧。休克的临床表现为血压下降，心搏加快，脉细弱，皮肤湿冷、苍白或紫绀，以及脑、心、肾功能障碍等，轻者经过及时补液等正确的治疗能获痊愈，重者可导致死亡。

6.3.1 休克的原因

（1）低血容量性休克

低血容量性休克主要是失血或失液性休克，是大血管破裂、消化道大出血或内脏破裂等，也可见于肠梗阻、急性胃肠炎等所致的严重呕吐、腹泻及大面积烧伤等原因而引起的全身血容量不足。

（2）心源性休克

心源性休克是由于心脏排血功能低下所致。如急性心肌梗塞、各种心肌炎、心律失常、急性心包积液等心脏病。

（3）感染性休克

感染性休克又称中毒性休克，由病原体、毒素及抗体复合物等所致。如败血症、胆道感染、中毒性痢疾等。

（4）过敏性休克

过敏性休克是机体对某些药物或生物制品发生的过敏反应，如青霉素、破伤风及白喉抗毒素、血清过敏等。

（5）神经性休克

神经性休克可由外伤、剧痛、脑脊髓损伤及麻醉意外等引起。神经作用使周围血管扩张、有效血容量相对减少而导致休克。

6.3.2 休克的临床表现

（1）神志改变，初期出现烦躁不安、口渴等症状，随后转为抑郁而淡漠，严重者出现昏迷。

（2）皮肤苍白、发绀、湿冷。

（3）脉搏细弱，心率为每分钟 100 次以上。

（4）血压下降，一般降至 80/60mmHg（10.67/8.00kPa）以下，脉压差小于 30mmHg（4.00kPa）。

（5）尿量减少，每小时少于 25～30mL。

以上 5 点是休克病人的主要临床症状及体征。一经诊断为休克，应立即组织抢救。

6.3.3 休克的处理

（1）一旦发现病人处于休克状态，必须迅速就地抢救，并呼叫急救医生。切忌将病人搬来搬去，在休克未明显稳定和改善时，不要试图送病人去医院。

（2）让患者去枕平卧，下肢抬高 30°，保持安静，避免过多地搬动，有呕吐者头转向一侧，以防呕吐物阻塞呼吸道，并注意保暖，如图 6-3 所示。

图 6-3　休克处理时的体位

（3）如果患者神志清楚，可以喝少量的糖盐水或淡盐水，不能喝白开水，有条件时可吸氧。

（4）找出休克原因，尽快针对病因治疗。船上以心源性休克和失血性休克较为多见。对于出血所致的休克，应尽快止血，如伤口包扎，口服云南白药、安络血，肌注止血敏等。对于外伤性休克，除用止痛药外，应同时用止血药。有条件时，可根据情况选用升压药如肾上腺素、可拉明、多巴胺等，或给病人输液、输血来补充血流量，必要时进行人工呼吸和心脏按压。

思考题

（1）发热的分类有哪些？分度是怎样的？高热如何处理？

（2）什么是晕厥？晕厥有哪些原因？处理措施有哪些？晕厥时的体位是怎样的？

（3）休克原因有哪些？休克的临床表现是什么？处理原则是什么？休克时的体位是怎样的？

7 救生艇筏上常见疾病

能力要求 

通过本章内容的学习，使学员熟悉救生艇筏上常见疾病的症状，掌握其处理措施。

7.1 晕 船

晕船是船舶航行或停泊时，由于涌浪引起船体颠簸，使人体前庭平衡器官受到异常刺激而产生的以头晕、恶心、呕吐、出汗、面色苍白等为主要表现的植物性神经反应症状和体征。晕船是最常见的航海疾病，一般无生命危险。但如果长期在海上航行，晕船会影响船员正常饮食，对船员身心造成不利影响。

晕船的原因目前无统一说法，可能与前庭因素有关。乘船时，人体内耳迷路受到过度运动刺激，出现前庭功能紊乱而致晕船。据观察，丧失内耳前庭功能的聋哑人、前庭器官发育不全的婴儿及患过化脓性迷路炎和迷路缺陷的人从不发生晕船。另外，通风不良、不悦气味、情绪不好、睡眠不足、过度疲劳、过度饥饿或饱餐等也会促使发病。有的人多次晕船，即使再上船，船体未动也会条件反射引起晕船。在船上航行时，由于眼睛不断地看到起伏的波浪，视线不断变更也容易发生晕船。

7.1.1 晕船的临床表现

根据船员晕船表现的严重度分为轻度、中度和重度。

（1）轻度：咽部不适，唾液分泌增加，吞咽动作频繁，上腹部有空虚感，同时可出现头痛、眩晕、思睡、面色苍白、恶心等症状。

（2）中度：头痛头晕加重，恶心呕吐反复发生，厌食。呕吐后自觉轻松，面色轻度潮红或苍白。

（3）重度：上述症状加重，呕吐持续不止，除吐出胃内容物外，甚至吐出胆汁及咖啡渣样物。患者疲乏无力，有脱水现象，面色苍白、四肢厥冷，体温常低于正常温度。

7.1.2 晕船的处理措施

（1）将患者安排在安静、通风良好、运动刺激小的场所。

（2）患者闭目仰卧或半卧位，头部抬高固定，并注意保暖。

（3）药物治疗

①抗组胺药：口服茶苯海明（晕海宁）25～50mg，一日 2～3 次。

注意，青光眼、哮喘及前列腺肥大者慎用。此外，服用此药后禁止机械操作。

②止吐药：呕吐时，可用甲氧氯普胺（胃复安）10mg 口服或肌注。

③镇静剂：情绪不稳者，口服安定 2.5～10mg，也可肌注 10mg，或用苯巴比妥。

（4）预防措施

①改善船舶条件，降低噪声与震动，加强通风，保持舱内空气新鲜，维持合适温度与湿度。感觉不舒服时可开窗或停留在甲板、过道上，多呼吸一些新鲜空气。

②有风浪时，进食清淡易消化的食物，不要吃油腻食物，不要吃得过饱或过饥，也不要过度疲劳。此外还可预防性服药，如晕海宁等。口含话梅、陈皮，在太阳穴涂擦风油精或清凉油，用膏药贴肚脐等都有一定抗晕船作用。

③ 在陆地上利用器材进行适应海上生活的锻炼，如秋千、浪桥、滚轮、单双杠等。长期航海的船员、渔民一般不易晕船，很多人经过锻炼可以提高抗晕船的能力。但是长期离开船舶工作，再次上船时有些人仍会发生晕船。

7.2 冻　伤

冻伤是机体遭受低温侵袭所引起的局部或全身性损伤。通常所说的冻伤主要是指局部冻伤，而全身冻伤又称为冻僵。在寒冷季节和寒冷地区，船员因穿着不暖和、饮食不足，或在室外长时间工作又未能休息好时，容易发生冻伤。而全身冻伤（冻僵）在海难事故中也常有发生，是落水人员死亡的主要原因，当海水温度低于15℃，若落水人员得不到救援，将在 1～6h 内死亡。

7.2.1 冻伤的临床表现

（1）局部冻伤

局部冻伤是由于低温和潮湿环境长时间刺激时，血管发生痉挛和收缩而使局部血液循环发生障碍，血液流量减少造成组织缺血缺氧而导致的。多发生在暴露部位和肢体端，如手、足、面部、耳廓等，表现为皮肤苍白、冰冷、疼痛、麻木等。复温后伤部表现和烧伤相似，临床上按冻伤严重程度将其分为四度。

一度冻伤：冻伤侵及皮肤表皮层。复温后局部皮肤从苍白变为斑状蓝紫色，后出现红肿、红斑，常伴有痒感、灼痛或麻木感。约一周后症状消失，脱屑愈合，不留瘢痕。

二度冻伤：冻伤侵及皮肤真皮层。局部皮肤红肿，有水疱，伴有灼痛、发痒。水疱常较大，壁薄，内充满透明浆液。解冻复温后，患处有剧烈疼痛感，但对冷热刺痛不敏感。若无感染，2～3 周后水疱干枯结痂愈合，一般不留瘢痕。

三度冻伤：冻伤侵及皮肤全层和皮下组织。皮肤由苍白转为褐色，再变为黑色。皮肤感觉消失。若无感染，坏死组织干燥结痂，4～6 周后，坏死组织脱落形成肉芽创面，愈合慢且留有疤痕，可能导致功能障碍。

四度冻伤：累及肌肉、骨骼，甚至肢体干性坏疽。伤部感觉、运动功能完全丧失。冻伤边缘可出现水肿和血性水疱。皮肤留有瘢痕或出现功能障碍而导致残疾。

三度、四度冻伤早期很难区分，可视为重度冻伤。

（2）全身冻伤（冻僵）

冻僵是指人体较长时间暴露于严寒条件下而致体温降低，以神经系统和心血管系统损害为主的全身性疾病。主要表现为血液循环和细胞代谢障碍。

全身受低温侵袭时，首先发生周围血管收缩和寒战反应，继而体温由表及里逐渐降低。通常损害从四肢远端开始逐渐波及躯干，当血液体温降至 27℃以下时，可引起重要器官如神经系统、心血管系统等损伤。全身冻伤时先有寒战、皮肤苍白、疲乏无力，继而肢体僵硬、意识障碍、呼吸抑制、心跳减弱、心律失常，最后呼吸与心跳停止。

7.2.2 冻伤的处理措施

1. 局部冻伤处理措施

（1）复温

①冻伤部位如在四肢，可浸泡在 38～42℃温水中，约 20min 后，受冻部位皮肤和指甲颜色转红、变肿，感觉疼痛时，可以停止温水浸泡，如图 7-1 所示。

图 7-1 复温

②冻伤在颜面部或其他面积较大部位时，可将冻伤部位用温毛巾敷盖，让其自然冷却。从紧靠身体躯干的部位开始，用毛巾热敷加温至皮肤变红、血液又开始循环为止；然后再逐渐移动毛巾，缩小其面积。

③没有热水时，可将患者的冻伤部位伸进同伴的贴身衣服里，用体温使其复温，如可将肢体放在他人的腹部或腋下保暖复温。

④复温注意事项：冻伤患者可饮用茶、汤等热饮料，但不得饮酒；冻伤部位不可用火烤，不可直接放在发动机废气管或散热片上，也不可用雪和酒搓及捶打受冻部位，以免加重伤情；冻结的衣服鞋袜不易脱掉时可连同肢体一并浸入温水中，待融化后解脱或剪开。复温后，肢体应抬高，以免发生水肿。治疗冻伤的过程应慢慢进行，不能操之过急，以免患者感到剧痛；更不应按摩冻伤处，避免受伤的细胞组织再次受到破坏。

（2）局部处理

冻伤部位复温处理后，可用无菌盐水冲洗干净。皮肤破裂时，可用消毒纱布包扎，用抗生素预防感染。一度和二度冻伤可涂抹冻伤膏并注意保暖，较大的水疱可用注射器抽出渗出液后再包扎。三度和四度冻伤应进行创面消毒、包扎、保暖，待坏死组织分界完全明确后再行切除坏死的组织，给创面换药。

（3）重度冻伤应早日送医院进一步治疗。

（4）预防措施

衣物、鞋袜要保持干燥、宽大和厚实；要适当活动，经常按摩暴露部位，以保持血液的正常循环，增强身体对寒冷的抵抗力；避免与金属物品长时间的接触。

2. 全身冻伤（冻僵）处理措施

（1）迅速用干燥的毛毯、棉被裹住身体，搬运到温暖的室内或场所，脱去湿冷衣物。搬运时动作要轻缓，以免碰撞后引起骨折。

（2）患者体温在 32～33℃时，可用毛毯或被子裹好身体，使患者在温暖环境下逐渐自行复温。体温低于 31℃时，应加用热风或者 44℃左右热水袋温暖全身。

（3）体力尚好、有条件者，可浸浴于 38～42℃温水浴缸中恢复体温（图 7-2），时间不宜过长，一般 20min 即可，衰弱者慎用。

图 7-2　复温

（4）如果患者神志清醒，可给予温热甜饮料，但不能给予酒精饮料。

（5）有条件的可静脉输入温暖液体，如温热的低分子右旋糖酐或葡萄糖溶液，不但可复温，而且有助于改善血液循环状态和升高血压。

（6）发生心搏骤停时，应立即予以胸外心脏按压或电除颤。

7.3　日　晒

日晒，又称日光性皮炎。在救生艇筏上，人体暴露在炎热的阳光下时，没有衣服遮蔽的皮肤将被阳光中的紫外线晒伤，引起皮肤急性红斑、水泡和脱皮等。

预防和处理措施：

（1）若皮肤已起泡、发炎，可涂以石蜡油或万花油等，还可用现有的材料轻轻包敷，切勿将水泡弄破。若水泡已破裂，则应涂以抗生素软膏，再用纱布轻轻包好。

（2）预防措施

在炎热的阳光下工作时，应穿着浅色的衣服或用其他衣物、布帘等遮盖，防止紫外线晒伤。必须暴露皮肤时，可在暴露的部位涂以石蜡油或一些防晒指数较高的防晒霜等，干后再涂，以保护皮肤。

7.4 脱　水

在海上救生艇筏上，缺乏淡水、晕船引起呕吐和烈日曝晒下大量出汗等都容易引起脱水。

处理措施：

(1) 人体脱水的最好处理方法是足量地饮水，并加适量的食盐。饮水宜少量多次，一次大量地饮水会引起呕吐。

(2) 神志不清的患者不能饮水，以免引起窒息。

(3) 患者宜安静地休息，以恢复体力。

7.5 饥　饿

海难时，救生艇筏上的人员经常由于得不到足够的食物而感到饥饿。饥饿主要表现为疲乏无力、头昏眼花、神志淡漠、反应迟钝、心率缓慢、怕冷和昏厥等症状；饥饿时间较长，还会有消瘦、浮肿、消化功能减退、抵抗力减弱等现象。

处理措施：

(1) 饥饿者被救助后，开始应给予容易消化的流质饮食，如牛奶或甜饮料等，少量多次食用，以免引起腹胀、呕吐和腹泻。

(2) 随着病情的好转，体力逐渐恢复，可改用半流质的有营养的食物，再逐步过渡到普通的饮食。

(3) 保持患者安静休息并注意保暖，辅以维生素 B 和维生素 C 等药物。

思考题

(1) 晕船病人如何处理？

(2) 冻伤病人如何处理？

(3) 日晒如何处理和预防？

(4) 脱水和饥饿病人如何饮水和进食？

8 急救箱和常用急救药品

能力要求 

通过本章内容的学习，使学员熟悉急救箱内物品的装备及使用注意事项，掌握常用急救药品的使用。

8.1 急救箱的配置和使用注意事项

8.1.1 急救箱的配置

通常，市场上出售的急救箱分为内科急救箱、外科急救箱及保健箱等，所配备的用品和药物也有所不同。船上急救箱所包含的内容无统一规定，但由于船上条件特殊，所配备的器械和药物可根据船舶大小、船员与乘客人数、航线、航区等适当调整。一般来说，船上急救箱应配备下列装备：

(1) 器械（图 8-1）

器械包括氧气瓶、听诊器、血压计、体温计、压舌板、开口器、大小止血钳、剪刀、镊子、手术刀柄及刀片、弯盘、持针器、缝针及缝线、胶皮止血带、手电筒、小夹板、针灸针、砂轮、开瓶器等。有条件的船舶还可以配置 CPR 呼吸面罩、多功能颈托等。

(2) 耗材

耗材包括三角巾、绷带、吸氧管、一次性手套、一次性注射器（2mL、5mL、20mL）、一次性输液器、棉花、无菌棉球、无菌棉签、无菌纱布、胶布等。

(3) 药品（图 8-2）

①针剂：包括肾上腺素、异丙肾上腺素、阿托品、可拉明、洛贝林、多巴胺、阿拉明（间羟胺）、西地兰、杜冷丁、安定、地塞米松、异丙嗪、利多卡因、心律平、硝普钠、速尿、氨茶碱、止血敏、654-2、50%葡萄糖溶液、5%葡萄糖溶液、0.9%氯化钠溶液、5%葡萄糖氯化钠溶液、20%甘露醇、5%碳酸氢钠注射液、10%氯化钾注射液等。

②口服药：包括硝酸甘油片、消心痛、速效救心丸、硝苯吡啶（心痛定）、阿司匹林、晕海宁、十滴水、人丹、黄连素等。

③外用药：包括碘酒、酒精、清凉油、风油精、0.9%生理盐水等。

图 8-1　急救箱内器械

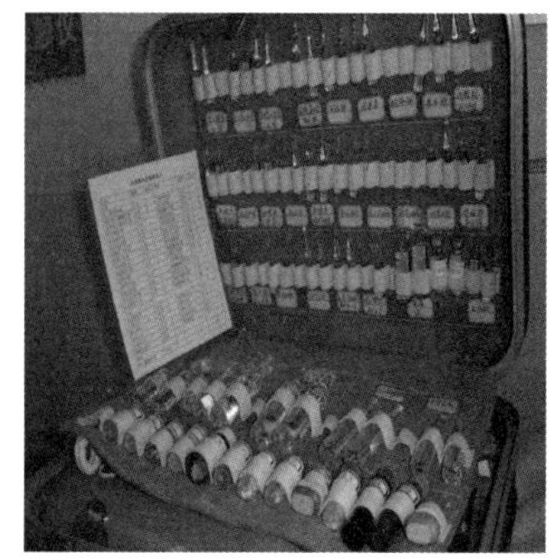

图 8-2　急救箱内药品

8.1.2　急救箱的使用注意事项

(1) 急救箱应放在固定的地方，由专人负责管理。箱内物品必须经常检查，尤其是航行前要及时补充或更新。

(2) 急救箱要放在干燥通风的地方，避免遭受高温、日晒、水浸的影响，并远离火源。

(3) 急救箱内物品的名称应书写清楚、排列整齐、位置固定，以方便使用。药品要注明有效期，对部分特殊药品要特别储存。

(4) 建立急救箱物品、药品账卡，消耗登记，定期核对，以便及时补充。

(5) 使用药物时，要认真查对药名、剂量和有效期，注意药物的使用范围、使用剂量和副作用，以免误用。若有变质、发霉、过期等情况则不可使用。

(6) 使用器械前，要进行必要的消毒。使用已消毒物品时，不能将手与已消毒物品直接接触。

8.2　常用急救药品及其用法

8.2.1　升压及抗休克药

(1) 肾上腺素

用于溺水、窒息、过敏等原因引起的心跳骤停，以 0.25～1.0mg 肾上腺素做皮下、静脉注射，高血压和动脉硬化患者慎用；用于治疗青霉素引起的过敏休克时，只能由医生使用或在医生指导下使用。

(2) 异丙肾上腺素

用于心搏骤停、心源性休克、阿托品治疗无效的缓慢型心律失常、阿一斯综合征、哮喘等，以 1～2mg 异丙肾上腺素加入 250～500mL 5%葡萄糖溶液中静脉滴注，每分钟 15～30 滴，依心率、血压、尿量等调整滴速。也可用以 0.5%溶液气雾吸入治疗哮喘。

（3）多巴胺

用于各种类型的休克及低血压、心衰、肾衰等，以 20～100mg 多巴胺加入 250～500mg 5%葡萄糖溶液中静脉滴注，据病情和血压调整滴速。

（4）阿拉明

又名间羟胺，用于心源性、过敏性、中毒性或外伤性休克，以 20～100mg 阿拉明加入 250～500mL 5%葡萄糖溶液内静脉滴注，根据血压调整滴速。

8.2.2 中枢兴奋剂

（1）尼可刹米（可拉明）

尼可刹米为呼吸兴奋剂，用于各种原因引起的急、慢性呼吸衰竭。每次 0.25～0.5g，皮下、肌肉或静脉注射均可，剂量为 1.25g/次。

（2）山梗菜碱（洛贝林）

用于治疗呼吸衰竭，每次 3～6mg，皮下、肌肉或静脉注射均可。

（3）回苏灵

用于呼吸衰竭，也用于安眠药中毒。每次 8～24mg，加入到 500mL 5%葡萄糖溶液中静脉滴注或 8mg 肌肉注射或静脉注射。

8.2.3 抗心绞痛药

（1）硝酸甘油片

主要用于心绞痛，也用于胆绞痛、肾绞痛。舌下含服 0.5～1.0mg，2min 奏效，可以缓解绞痛 30min 左右。

（2）消心痛

主要用于心绞痛和急慢性左心衰。5～10mg 舌下含服或 5～10mg 口服，每日 3 次。

（3）速效救心丸

用于心绞痛和胸闷。急性发作时，每次 10～15 粒含服，或 4～6 粒一日 3 次口服。

8.2.4 降血压药

（1）利血平

治疗高血压，口服每次 0.125～0.25mg，每日 3 次；肌注 1mg，胃溃疡病者慎用。

（2）硝苯吡啶（心痛定）

急症应用时，舌下含服 10mg；缓释片 10～20mg，一日 2 次。

（3）卡托普利（开博通）

口服每次 12.5～25mg，每日 2～3 次；高血压时，可在密切观察下口含 12.5～25mg。

8.2.5 强心药

(1) 地高辛

地高辛是目前临床上应用最为广泛的强心药，为中速类强心药，适用于急慢性心功能不全患者。每次0.125～0.25mg，一日2次，5～6日后改为一日1次。强心药的安全范围小，一般治疗量约为中毒量的1/2。

(2) 西地兰

西地兰是一种快速类强心剂，适用于治疗急性心力衰竭并发肺水肿，对慢性心功能不全、室上性心动过速及快速型心房颤动者适用。以0.4～0.8mg西地兰加入20～40mL 50%葡萄糖溶液中静脉注射，据病情4～6h后重复使用。

8.2.6 镇静和抗惊厥药

(1) 苯巴比妥

苯巴比妥又名鲁米那。本药小剂量起镇静作用，中剂量起催眠作用，大剂量则具有抗惊厥作用。用于起镇静作用时，口服每次15～30mg，一日3次；催眠时，睡前口服30～100mg；抗惊厥时，肌肉注射0.1～0.2g，必要时4～6h后可重复使用。

(2) 安定

用于精神紧张、焦虑不安、失眠或躁动，也可用于癫痫大发作或持续状态。口服每次2.5～5mg，一日3次；肌肉注射或静脉注射每次5～10mg。

8.2.7 镇痛药

(1) 盐酸吗啡

用于缓解剧痛、心脏性哮喘、脑水肿等。常用量为每次5～15mg皮下注射。对痛因不明者，不可随便使用。本药应由医生或船长保管。

(2) 杜冷丁（哌替啶）

缓解剧痛的效果稍次于吗啡，常用量为每次50～100mg做肌肉或皮下注射。本药应由医生或船长保管。

8.2.8 解痉药

(1) 硫酸阿托品

硫酸阿托品能解除平滑肌痉挛，抑制腺体分泌，用于治疗胃、肠、胆、肾等绞痛，以及有机磷中毒、心动过缓、早期感染性休克等。口服每次0.3～0.6mg，每日3次；皮下、肌肉或静脉注射每次0.5～1.0mg；对有机磷中毒，每次5～10mg静脉注射，每5～20min一次。

(2) 654-2（山莨菪碱）

作用与阿托品相似，用于治疗胃、肠、胆绞痛，中毒性休克，眩晕等。口服每次5～10mg，每日1～3次；肌肉或静脉注射5～10mg，一日1～2次。

8.2.9 解热镇痛药

（1）阿司匹林

用于治疗感冒、发热、头痛、关节痛等。口服每次0.3～0.6g，每日3次。

（2）复方阿司匹林（解热止痛片，APC）

用于治疗感冒、发热、头痛等。每片含阿司匹林0.2268g，非那西丁0.162g，咖啡因0.035g，口服每次1～2片，一日3次。

（3）去痛片

有解热、镇痛、抗风湿作用，常用于牙痛、头痛、关节痛、神经痛、肌肉痛等。每片含氨基比林0.15g，非那西丁0.15g，咖啡因0.05g和苯巴比妥0.015g，口服每次1片，必要时口服。

（4）复方氨基比林

用于治疗发热、头痛、关节痛、神经痛等。含氨基比林0.1g，安替比林0.04g，巴比妥0.018g，肌肉注射一次2mL，一日剂量为10mL。

8.2.10 抗过敏药

（1）扑尔敏

用于治疗各种过敏性疾病、虫咬、药物过敏等。口服4mg，一日3次。

（2）赛庚啶

用于治疗荨麻疹、皮肤瘙痒、过敏性鼻炎等。口服2mg，一日3次。

（3）苯海拉明

用于治疗过敏性疾病，也可用于治疗晕车、晕船引起的恶心、呕吐。肌肉注射一次20mg，一日1～2次。口服一次25～50mg，一日1～2次，饭后服用。

（4）异丙嗪（非那更）

用于治疗荨麻疹、哮喘等，一般25mg肌肉注射。

8.2.11 止喘药

（1）氨茶碱

用于治疗支气管哮喘，也可用于治疗心绞痛、心源性肺水肿。口服每次0.1g，每日3次。也可用0.25g氨茶碱加入20mL 50%葡萄糖溶液中静脉注射或加入250mL 5%葡萄糖溶液中静脉滴注。

（2）喘定

用途与氨茶碱相似，口服每次0.1～0.2g，每日3次，或用0.5g肌肉注射，每日1次。

（3）沙丁胺醇（羟甲叔丁肾上腺素，舒喘灵）

一般在口服15min或气雾吸入5min后即可起效。口服2～4mg/次，一日3次。雾化吸入0.1～0.2mg/次，每日3～4次。

8.2.12 止血药

(1) 安络血

用于治疗一般外伤造成的毛细血管破裂而引起的各种出血和其他出血，口服每次5mg，每日3次，或肌肉注射每次5～10mg，每日2次。

(2) 止血敏

用于治疗各种出血，每次0.5～1.0g肌肉注射或静脉注射。严重出血病例可大剂量应用，每日4g，加入250～500mL 5%葡萄糖溶液或生理盐水中静脉滴注。

(3) 云南白药

用于治疗各种跌打损伤的出血。出血者用开水调服，瘀血肿痛未出血者，用酒调服。每次0.2～0.3mg，每4h服1次，亦可同时进行外敷。

8.2.13 抗菌药物

(1) 阿莫西林（羟氨苄青霉素）

用于治疗敏感菌所致的呼吸道、尿道和胆道感染。口服每次0.5～1.0g，每日3～4次。

(2) 头孢氨苄（先锋霉素Ⅳ）

用于治疗敏感菌所致的呼吸道、尿道、皮肤和软组织、中耳炎、生殖器官、前列腺等部位的感染。口服每次0.25～0.5g，每日3～4次。

(3) 庆大霉素

用于治疗各种细菌感染。每日16万～24万单位静脉滴注；或一次8万单位分两次肌肉注射；也可口服，一次8万单位，每日3次。

(4) 红霉素肠溶片：广谱抗菌素，主要用于上感、鼻窦炎、蜂窝组织炎、破伤风以及梅毒淋病。0.25/片，一天共2g分4次，口服。

(5) 氟哌酸（诺氟沙星）

用于治疗敏感菌所致的泌尿道感染、呼吸道感染、肠道感染、前列腺炎和胆道感染及皮肤感染等。口服每次0.1～0.2g，每日3～4次，宜空腹服用。

(6) 痢特灵

用于治疗细菌性痢疾及肠炎。每次口服0.1g，每日3～4次。

(7) 盐酸小檗碱（黄连素）片

广谱抗菌素，常用于肠道炎症。0.1g/片，2～3片/次，一天3次，口服。

8.2.14 防暑成药

(1) 十滴水

用于治疗中暑引起的头晕、恶心、胸闷、腹痛、胃肠不适等。每瓶5mL，成人服半瓶至一瓶。

(2) 人丹

用于治疗中暑、晕车、晕船等。每次服5～10粒。

（3）风油精

为夏季常用防暑药。涂擦于太阳穴等部位，可缓解头痛；蚊叮虫咬时也可涂擦。

（4）清凉油

为夏季常用防暑药，用法同风油精。

8.2.15 常用输液剂

（1）葡萄糖注射液

葡萄糖注射液能够补充体液及热量，用于失水、休克和酸碱中毒等。常用5%、10%葡萄糖注射液静脉滴注，5%葡萄糖注射液为等渗溶液。

（2）生理盐水

用于补充体液和电解质之用。浓度为0.9%，补给量依病人脱水情况而定。

（3）葡萄糖氯化钠注射液

用于补充人体所需的水、葡萄糖、钠和氯等。由5%葡萄糖注射液和0.9%氯化钠组成。

（4）右旋糖酐40（低分子右旋糖酐）

本品可以扩充血容量，降低血液粘滞性，改善微循环。可用于失血、创伤、烧伤、中毒等引起的休克。是替代血浆的一种较理想的液体。每天可静脉滴注250～500mL。

（5）甘露醇

治疗颅脑外伤、脑水肿或急性肾功能衰竭时，每次用20%甘露醇250mL静脉注射或快速滴注。

（6）5%碳酸氢钠、11.2%乳酸钠

两种药都用于治疗代谢性酸中毒及高血钾症，静脉滴注，用量视病情而定。

（7）口服补液盐

用温开水溶解后分次口服，用于口服补充体液及各种离子等。

8.2.16 外用药

（1）碘酒

碘酒常用于一般皮肤感染的消毒，浓度为2%～3.5%。它对皮肤有较强的刺激性，用后须用酒精洗净。新生儿慎用，不宜用于黏膜消毒，也不能与红药水同用。

（2）酒精

75%酒精用于皮肤及器械消毒。

（3）碘伏

可用于皮肤、黏膜或创面消毒。目前临床应用广泛，但要注意避光密闭于阴凉处保存。

（4）双氧水

常用于清洗创面，防治感染，并有杀菌、防腐、除臭及收敛作用。

(5) 鱼石脂

鱼石脂为温和刺激的消毒防腐药，有抑菌、消炎、消肿和轻度镇痛作用。鱼石脂软膏可治疗皮肤疮疖、丹毒、皮炎等。

(6) 生理盐水

外用，主要用于清洗创口。

(7) 冻疮膏

用于治疗冻疮。

(8) 创可贴

用于小伤口包扎。

(9) 外用软膏

外用软膏包括无极膏、绿药膏、皮炎平、达克宁、红霉素软膏等。

8.3 嗜酒和滥用药物的危害

8.3.1 嗜酒的危害

酒精亦即乙醇，具有脂溶性，可迅速透过大脑神经细胞膜而作用于中枢神经系统，小剂量出现兴奋作用，随着乙醇浓度的增高，可作用于小脑，引起共济失调，极高浓度乙醇将抑制延髓中枢，引起呼吸、循环功能衰竭。酒精对人体的危害分为急性酒精中毒引起的危害和慢性酒精中毒引起的危害。

(1) 急性酒精中毒引起的危害

①消化系统损伤：主要表现为胃的刺激症状，如恶心、呕吐和腹痛不适，严重时可出现胃出血。

②神经系统症状：可分为兴奋期、共济失调期和昏迷期。兴奋期，表现为欣快、多语、自负、情绪激动等。共济失调期，表现为动作笨拙、走路不稳、语无伦次、吐字不清、视力模糊等。昏迷期，表现为昏睡、瞳孔散大、体温过低。进一步发展可表现为心率增快、呼吸缓慢、大小便失禁、惊厥，严重者呼吸循环衰竭，甚至死亡。

③意外伤害：急性酒精中毒容易造成意外伤害，如摔倒引起的外伤，醉酒驾车引起的车祸，而船员在工作中饮酒则容易造成船舶上人员和财产的重大损失，甚至危害船舶的安全，导致海难事故的发生。

(2) 慢性酒精中毒引起的危害

①长期酗酒抑制大脑和神经，易致精神恍惚、倦怠无力、幻听、幻视、记忆力减退、智力下降，影响学习和工作。尤其是在船舶上工作的人员，长期酗酒容易产生生理依赖和心理依赖，导致船员在工作中应激能力下降，工作效率降低，严重影响船舶的安全和船员的集体生活。

②长期饮酒会损害各组织细胞，降低机体免疫力，易患多种疾病。如长期饮酒

导致酒精性肝炎、肝硬化、肝癌的发生；酒精毒素蓄积容易影响肾功能，发生肾炎、肾功能衰竭（尿毒症）等；长期饮酒刺激血管感受器，使之频繁痉挛，可致高血压、动脉硬化，引发冠心病；长期饮酒影响心脏心肌收缩力，导致酒精性心肌病等。此外长期饮酒还影响生殖系统的功能，导致少精、畸胎等。

8. 3. 2 滥用药物的危害

药物滥用是指反复、大量地使用具有依赖性特性或依赖性潜力的药物，这种用药与公认的医疗需要无关，属于非医疗目的用药。滥用的药物有非医药制剂和医药制剂，其中包括禁止医疗使用的违禁物质和列入管制的药品。药物滥用可导致药物成瘾，以及其他行为障碍，引发严重的公共卫生和社会问题。

药物滥用与人们平时所说的“滥用抗生素”、“滥用激素”等滥用药物中的“滥用”概念截然不同。药物滥用与“吸毒”无本质的区别。药物滥用是国际上对吸毒行为的通用述语，“吸毒”是我国对吸食毒品行为的通俗称谓。

国际公约确定的药物滥用范围有：①麻醉药品（阿片类如海洛因、吗啡等，极易成瘾）；②精神药品（苯丙胺、冰毒等）；③挥发性有机溶剂（如汽油、打火机燃料和涂料溶剂等）；④烟草（主要成分尼古丁长期使用可致瘾）；⑤酒精（长期酗酒也会产生生理依赖和心理依赖）。

药物滥用不仅威胁人的身心健康，还会产生严重的社会危害，其主要危害表现在：

（1）药物滥用严重损害吸食者的身心健康

①药物滥用会导致各类毒副作用。如阿片滥用会引起便秘、恶心、呕吐，严重者出现呼吸困难甚至死亡。苯丙胺长期使用会导致慢性中毒性精神病发生。几乎所有毒品都作用于人的大脑神经中枢，而长期使用则可能引起大脑器质性病变，形成器质性精神障碍。

②药物滥用常导致吸食者精神障碍。吸毒所致的精神障碍可表现为幻觉、思维障碍、人格低落，还会出现伤人或自杀等危险行为。如大麻类可引起幻觉与妄想、思维混乱、焦虑与惊慌、淡漠、呆滞、判断力与记忆力损害、精神不集中等精神症状。致幻剂可产生欣快感、幻觉、反常感觉、知觉上出现异常变化、心境易变等。若船员对药物产生依赖，常表现为精神恍惚，丧失警觉性，失去操作敏捷性，判断力与记忆力损害、精神不集中等，容易导致航海事故的发生。

③药物滥用常导致吸食者中毒死亡。药物滥用的最大一个特点是使吸食者产生生理依赖和心理依赖。一旦这种依赖形成，就会产生渴求与强迫性觅药行为和戒断反应。戒断反应是指长期滥用药物后对药物形成适应性，一旦中断用药就会引起生理功能的紊乱，通常在突然中止用药或减少用药剂量后发生。而长期过量摄入必然会引起中枢神经的过度兴奋而衰竭或过度抑制而麻痹，严重者可导致死亡。中枢神经的受损也会殃及机体的各器官系统，使患者极度衰弱，丧失工作能力和生活自理能力，成为家庭和社会负担。自杀、过量中毒、各种严重并发症是导致吸毒者死亡的重要原因。

（2）药物滥用造成严重的社会危害

①药物滥用造成传染性疾病的传播。注射使用毒品目前已成为艾滋病、病毒性肝炎等传染病传播的重要途径。由于注射使用毒品者常常共用注射器和针头，导致这些血行传播性疾病在吸毒者之间蔓延。此外吸毒者的性行为通常比较混乱，由于长期滥用毒品使吸毒者免疫功能低下，各种病毒、细菌等极易造成感染，因此这些传染性疾病容易在吸毒者之间、吸毒者和非吸毒者之间传播，导致严重的社会问题，甚至影响到一个国家的经济和国力。船员由于职业特殊性，远离大陆，远离家人，一定要加强自律，避免疾病的发生。

②药物滥用常导致各种犯罪行为。为了追求药物舒适的精神效应和避免戒断症状的痛苦，滥用者常不择手段地获取药物，如千方百计地向亲人、朋友借或骗，最后发展到偷、抢，或者参与贩毒、制毒。是造成家庭毁灭、暴力犯罪、制毒贩毒等社会问题的根源，严重危害社会的稳定。

思考题

（1）急救箱有哪些装备？使用时注意事项有哪些？

（2）常用急救药品有哪些？

（3）嗜酒和滥用药物有哪些危害？

第 2 篇

实操训练

9 心肺复苏术（CPR）

【教学目的及要求】

1. 掌握胸外心脏按压的方法及动作要领。
2. 掌握口对口人工呼吸的方法及动作要领。
3. 掌握徒手心肺复苏的操作程序及步骤。
4. 掌握心肺复苏的有效指征。

【教学设备要求】

电脑人体心肺复苏模型 2 具，草席 30 张，枕头 30 个，纱布，75％酒精棉球。

【教学组织】

学员以班为单位，由两名教师组织训练。首先由一名教师借助电脑人体心肺复苏模型集中讲解心肺复苏步骤、要点、注意事项及有效指标等，然后以两名学员为一组练习，同时两名教师现场辅导，以三名学员为一组，进行两人徒手心肺复苏训练，最后组织学员在心肺复苏模型上测评。

【实操训练内容及步骤】

正常情况下，脑组织血液循环中断达到 4～6min，脑细胞就会发生不可逆转的变性及坏死。因此，近年来急救界将心跳呼吸骤停后的 4～6min，称之为“救命的黄金时间”。因此复苏急救中，时间就是生命。

在心跳、呼吸停止时采取的急救措施就叫做心肺复苏术（CPR，cardiopulmonary resuscitation）。进行心肺复苏的主要措施包括人工胸外按压、开通气道和人工呼吸，简称为 CAB（Circulation 、Airway、Breathing）。

9.1 心肺复苏的开始步骤

心脏骤停的早期识别应基于对病人意识的评估和正常呼吸是否缺失，当发现成人突然倒下，经评估没有反应、没有呼吸或呼吸不正常时，即视其为心脏骤停。

（1）评估现场安全

评估现场环境是否安全，是否适宜进行心肺复苏。如环境不安全，救护者应与病人一起离开有危险的场所，搬动病人时不能加重损伤，应尽快开始基本生命支持的操作。

（2）判断病人意识

首先判断病人是否存在意识，判断方法：轻拍病人面部或肩部，并大声叫喊：“喂，你怎么啦?”也可大声呼叫其名字，同时用力拍打病人双肩或掐压人中、合谷等，如果病人毫无反应，说明病人神志丧失（图 4-1）。

（3）呼救

立即高声呼救，目的在于呼唤其他人前来帮助；同时尽快拨打 120 急救电话，向急救中心呼救，使急救医生尽快赶来。

（4）放置病人于心肺复苏体位

使病人仰卧在坚实的平面上，头部不得高于胸部，应与躯干在一个平面上。如果病人躺在软床或沙发上，应移至地面上或在其背部垫上与床同宽的硬板。施术者站或跪在病人的一侧或两侧，这样操作起来较为方便。

9.2 人工循环

胸外按压是建立人工循环的主要方法，通过胸外按压可维持一定的血液流动，配合人工呼吸可为心脏和脑等重要器官提供一定含氧量的血流，为进一步复苏创造条件。人工循环的具体操作步骤和注意事项如下：

（1）判断心脏有无跳动

根据颈动脉的脉搏来判断心脏有无跳动，触摸颈动脉搏动的位置和方法：救人者用食指和中指感觉喉结的位置，将手指顺着自身方向下滑 2.5cm，感觉颈动脉的跳动，在喉结两侧的凹陷处，向下按压，可触摸到明显的搏动（图 9-1）。10s 内完成此项检查，尽量控制在 5s 内。注意，在紧急情况下，不要反复触摸颈动脉搏动来判断心跳是否停止，以免耽误抢救时机。当发现成人突然倒下，经评估没有反应、没有呼吸或呼吸不正常时，即视其为心脏骤停，而非专业施救者不要作判断脉搏的尝试。

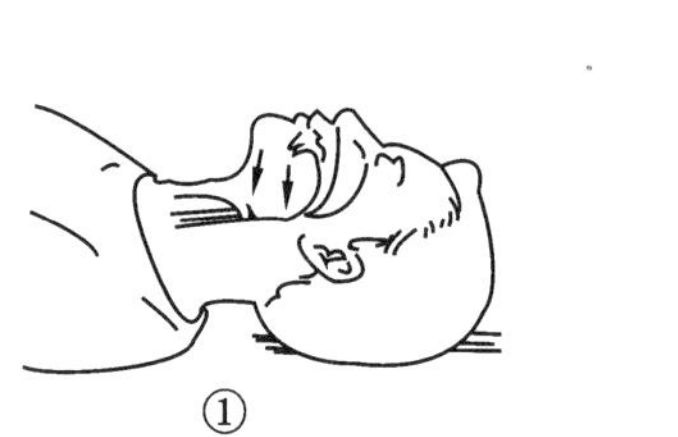

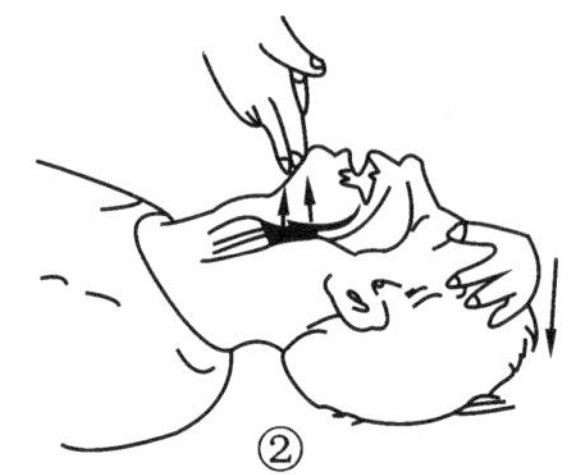

图 9-1 判断有无脉搏

①中指和食指置于颈前甲状软骨外侧；②手指向颈动脉沟滑动

（2）胸外心脏按压时手的位置

胸外心脏按压的正确部位是胸骨的中下 1/3 交界处（两乳头连线中点的胸骨下方）。抢救者用靠病人腿部一侧手（即抢救者位于病人右侧用右手，位于左侧用左手）的中指和食指顺肋缘向上滑动到剑突下，这时食指和中指与胸骨长轴垂直，食指上方胸骨的正中区即为按压区，由此确定按压时手的位置（图 4-2）。

（3）按压

用一只手的掌根部置于胸骨的下半部，另一手掌重叠放在这只手手背上，手掌根部横轴与胸骨长轴确保方向一致，双手的手指交锁或平行重叠，手指翘起，不能压在胸壁上。按压时，肘关节伸直，依靠肩部和背部的力量垂直向下按压，切忌左右摆动，使胸骨压低至少 5cm，随后突然放松，按压和放松的时间大致相等

(图 9-3)。放松时，双手不要离开胸壁，按压之间使胸壁完全回弹，按压频率至少 100 次/min。

（4）按压效果的评定

按压时，要密切观察效果。如按压有效，则患者肤色转红，散大的瞳孔缩小，颈动脉可触摸到搏动，口鼻轻微喘气，自主心律恢复。

（5）胸外按压的并发症和禁忌症

胸外按压时应遵循正确的操作方法，避免并发症的发生。按压时力量要适度，切勿用力过猛，以免引起肋骨骨折。胸外按压的主要并发症包括：肋骨骨折、心包积血或心脏压塞、气胸、血胸、肺挫伤、肝脾撕裂和脂肪栓塞。胸外按压的禁忌症主要有：广泛肋骨骨折、心包填塞、心脏外伤、张力性气胸等。

9.3 开通气道

（1）清理口腔异物

清理口腔异物前，先解开衣领，松开皮带。异物包括呕吐物、痰液、泥沙、杂草等。清理方法是，使病人的头偏向一侧，液体状的异物可顺位流出，还可用食指包上纱布或手帕等将口腔异物掏取出来，并注意取出病人的假牙。

（2）开放气道

当病人意识丧失以后，舌肌松弛，舌根后坠，造成气道阻塞，可采用仰头抬颏法或双手拉颌法开放气道。以第一种最常见，后一种主要用于颈椎损伤。

仰头抬颏法（图 4-4)：术者用一手小鱼际肌置于患者前额用力加压，使头后仰，另一手的食指、中指放在病人下颌中点内侧 1～2cm 处抬起下颏，使下颌尖至耳垂的连线与地面呈垂直状态，以通畅气道（图 4-4)。

双手拉颌法（图 4-5)：术者位于病人头侧，两肘置于病人背部同一水平面上，用双手抓住病人两侧下颌角向上牵拉，使下颏向前、头后仰，同时两拇指可将下唇下拉，使口腔通畅。

9.4 人工呼吸

（1）口对口呼吸法

人工呼吸法中，最简便、有效的方法是口对口呼吸法（图 4-6)。施救者呼出气体中的氧气足以满足患者的需求。具体方法是：术者用置于患者前额的拇指与食指捏住患者鼻孔，用口唇把患者的口全罩住，然后缓慢吹气，确保吹气时有胸廓抬起，吹气后，放开鼻孔待病人呼气，抢救者再准备下一次吹气。吹气频率为每 6～8s 给 1 次呼吸（8～12 次呼吸/min)，每次吹气为 1s 以上，一般为 2s，吹气量以能够见到患者胸廓运动为标准，避免过度通气（500～600mL)。不必与胸外按压同步。

（2）口对鼻人工呼吸法

当病人口腔严重外伤、牙关紧闭不宜做口对口人工呼吸时，可采用口对鼻人工呼吸法。该法的操作与口对口呼吸法相似，只是吹气时应关闭口腔，病人呼气时应开放其口腔（图 4-7）。

9.5 胸外按压与人工呼吸比

无论单人、双人抢救，按压通气比均为30:2（图 4-11）。

9.6 心肺复苏术效果评估及徒手心肺复苏操作方法（表 9-1）

表 9-1 徒手心肺复苏操作方法

	步骤	操作
C (Circulation)	1. 识别	●轻摇病人肩部、高呼其名，压人中（看有无意识）； ●没有呼吸或呼吸不正常（如仅有喘息）
	2. 呼救	呼叫旁人帮忙
	3. 将病人放置适当体位	●患者仰卧位于硬板床或地面上； ●抢救者站或跪于患者肩颈旁
	4. 判断心跳是否停止（有无脉搏及颈动脉搏动）	触摸颈动脉搏动，在气管旁锁骨上二横指处，检查时间不超过 10s，最好控制在 5s 以内（仅限专业施救者）
	5. 胸外心脏按压	●按压部位：胸骨中下 1/3 交界处（两乳头连线中点的胸骨下方），手掌长轴与病人胸骨长轴确保一致 ●按压方法：抢救者双手掌根重叠置于按压部位，手指抬起，双臂绷紧，双肩在患者胸骨上方正中，用臂力、肩力垂直向下用力按压 ●按压深度：至少 5cm ●按压频率：至少 100 次/min ●按压注意： ①按压之间使胸壁完全回弹； ②按压应平稳、有规律、不间断； ③不能冲击式按压，下压及向上放松时间相等； ④垂直用力，不要左右摇动； ⑤放松时手掌根部不离开按压点

续表 9-1

	步骤	操作
A （Airway）	6. 畅通气道	仰头抬颏法或双手拉颌法
B （Breathing）	7. 人工呼吸二次	●成人：口对口或口对鼻，婴幼儿：口对鼻； ●每 6～8s 给 1 次呼吸（8～10 次呼吸/min），不必与胸外按压同步，每次吹气持续 1s，有可见胸廓抬起； ●按压/人工呼吸比：30∶2（无论单人、双人）
	8. 心肺复苏术有效指征	●颈动脉搏动可触及； ●面色、口唇由紫绀转为红润； ●瞳孔由大变小，出现对光反射； ●出现自主呼吸； ●有眼球活动，甚至手脚开始活动

9.7 人工呼吸的其他几种方法

（1）仰卧压胸法：病员仰卧，腰背部垫一枕头使胸部抬高，把病员头转向一侧，两手平放。急救者跪跨在病员两侧的下胸部，拇指向内，其余四指向外，向胸部上后方压迫，将空气压出肺部，然后放松，使胸部自行弹回而吸入空气，如此反复按压（图 4-8）。此法不适用于胸部外伤或同时需要做心脏按压者。

（2）俯卧压背法：使病员俯卧位，腹下垫一枕头，头向下略低，面部转向一侧，以防口、鼻触地，一臂弯曲垫在头下，另一臂伸直，急救者跪跨在病员大腿两侧，将手放在患者背部的两侧下方，相当于肩胛下角下方，向下用力压迫与放松。以身体重量向下压迫，然后挺身松手，以解除压力，使胸部自行弹回，如此反复进行（图 4-9）。此法适用于溺水者的急救。

（3）举臂压胸法：使病人仰卧，在肩下垫一枕头或衣物，头偏向一侧，操作者跪或立于患者头前，握住患者两前臂近肘部，将上臂拉直过头，此时病人胸部被动扩张使空气吸入，然后再屈两臂，将肘部放回下半部，并压迫其前侧两肋弓，使胸部缩小，空气呼出，如此反复进行（图 4-10）。此法效果仅次于口对口呼吸法，且简易有效，特别适用于服毒的伤病员。

9.8 终止心肺复苏术的情形

（1）自主呼吸和心跳已恢复或有其他专业人员接替抢救者；

（2）开始进行心肺复苏前，能确定心跳停止达 15min 以上者；

（3）进行标准基础和高级生命支持，心跳持续无任何反应达 30min 以上者；

（4）虽然进行基础生命支持抢救不能达到有效，现场又无进一步救治和送治条件，可考虑终止复苏；

（5）救护者疲惫，周围环境危险，持续复苏造成其他人员危险而不得不终止。

【实操训练注意事项】

（1）胸外按压时，按压的部位和力量要正确、适度，按压部位不当，易产生危险，如损伤腹部脏器或引起胃内物质反流。按压部位不在胸骨上或者用力过猛时，则易引起肋骨骨折。

（2）胸外按压时，手指应翘起，不能压在胸壁上；应垂直用力，不要左右摇动；不能冲击式按压，下压及向上放松时间相等；按压之间使胸壁完全回弹，放松时手掌根部不离开按压点。

（3）胸外按压时，应快速、用力按压，按压的频率至少应达 100 次/min，按压时胸部至少下陷 5 cm。

（4）口对口人工呼吸时，避免过度通气。吹气时限占呼吸周期的 1/3，吹气量以能够见到患者胸廓运动为标准。

（5）无论单人还是双人施救，成人徒手心肺复苏按压通气比均为 30 :2

（6）实施脉搏检查时，应用不超过 10 s 的时间来检查。而非专业施救者不要作判断脉搏的尝试。

（7）尽可能减少对按压的干扰或中断，必须间断时，间断时间不超过 10s。开始行胸外按压 30 次（约 18s 完成），而后 2 次通气，可使 CPR 延迟更少，如 2 人以上急救，每 2min 轮换 1 次或 5 个循环后轮换。

（8）心肺复苏时间因病因不同而异，如因电击伤和溺水所致，则应坚持下去，直到患者清醒或出现尸僵、尸斑为止。

【实操训练评估方法】

1. 实操评估

两人一组，一名学员为抢救者、另一名学员为模拟患者，交互进行。

教师发出心肺复苏的指令后，一组中的学员以另一名学员为模拟患者进行复苏实操，或者在电脑模拟人上进行测评。

2. 提问评估

教师提出如下问题中的任意 3 题，由一名学员回答：

①CPR 步骤是气道一呼吸一按压（A—B—C）吗？（不是，是按压一气道一呼吸 C—A—B。）

②胸外按压的部位、频率和深度是多少？（部位胸骨中下 1/3 交界处，即两乳头连线中点的胸骨下方，频率至少应达 100 次/min，胸骨下陷深度至少 5 cm。）

③人工呼吸的吹气频率和深度是多少？（每 6～8s 给 1 次呼吸，即每分钟吹气 8～12 次，每次吹气为 1s 以上，一般 2s。吹气量以能够见到患者胸廓运动为标准，避免过度通气。）

④单人和双人进行成人 CPR 的按压通气比是多少？（均为 30 :2。）

⑤如 2 人以上进行 CPR 急救，应如何轮换？（每 2min 轮换 1 次或 5 个循环后

轮换）。

⑥什么情况下应立即进行心肺复苏？（当发现成人突然倒下，经评估没有反应、没有呼吸或呼吸不正常时，即视其为心脏骤停。）

⑦什么是救命的黄金时间？（心跳呼吸骤停后的 4～6min。）

⑧心肺复苏的有效指征有哪些？（面色、口唇红润，瞳孔缩小，颈动脉可触摸到搏动，口鼻轻微喘气，自主心律恢复。）

⑨胸外按压的并发症、禁忌症是什么？（并发症：肋骨骨折、心包填塞、血气胸、肝脾撕裂等。禁忌症：广泛肋骨骨折、心包填塞、心脏外伤、张力性气胸等。）

⑩服剧毒、口鼻受损的病人不能用哪些人工呼吸法？（口对口或口对鼻人工呼吸法。）

【实操训练评估标准】

合格：操作动作标准，电脑模拟人指示灯显示正确，操作程序正确，回答问题全部正确或只错 1 题。

不合格：操作动作不标准，电脑模拟人指示灯显示错误，操作程序混乱，或答错 2 题以上。

10 三角巾包扎

【教学目的及要求】

1. 掌握包扎的目的与注意事项。

2. 掌握常见部位的三角巾包扎方法。

【教学设备要求】

三角巾 50 条。

【教学组织】

学员以班为单位，由两名教师组织训练。由一名教师集中讲授一种包扎方法（讲解要点及注意事项）后，两名学员为一组进行互相包扎练习，同时两名教师现场辅导。

【实操训练内容及步骤】

10.1 包扎的目的

①保护伤口，减少污染；

②固定骨折，防止骨折断端活动，以免造成血管和神经的再损伤；

③压迫包扎，止住伤口的出血；

④固定敷料和药物。

10.2 包扎材料

三角巾、绷带、毛巾等，紧急时，可用衣服等布料撕开进行包扎。

三角巾：用边长为 1m 的正方形白布或纱布，将其对角剪开即分成两块三角巾，90°角称为顶角，其他两个角称为底角，外加的一根带子称为顶角系带，斜边称为底边。为了方便不同部位的包扎，可将三角巾折叠成带状，称为条带式三角巾，或将三角巾在顶角附近与底边非中点折叠成燕尾式，称为燕尾式三角巾。三角巾的各部分名称见图 4-27。使用时要求边固定、角拉紧、中心伸展与敷料贴实。常用的有三角式、燕尾式和条带式，燕尾式折叠法（见图 4-28）。

10.3 常用包扎法

（1）头部包扎法

适用于头顶部受伤者。步骤如下（图 4-29）：

①三角巾底边折叠两层（3～4cm，或约二指宽），中点放于前额两眉的上方。

②将顶角拉到枕后，同时三角巾左右两底角经两耳上方拉向头后部交叉，并压住顶角，再返回前额部打结。

③最后将后部多余的三角巾顶角部分塞入后头部的交叉处。

（2）胸部三角巾包扎法

适用于胸部受伤者。步骤如下（图 4-34）：

①将三角巾对折成燕尾式后置于胸前。

②将其底边绕到腰背部打结。

③再将两燕尾角绕过颈后打结。

（3）单肩包扎法

适用于肩部受伤者。步骤如下（图 4-35）：

①将三角巾一底角斜放在胸前对侧腋下，顶角盖住伤侧颈肩部。

②用顶角系带从后经腋下沿三角肌下缘处绕上臂二周后固定。

③将外侧底角折回肩部过后背与另一底角在对侧腋下打结。

（4）上肢三角巾包扎法

适用于上肢受伤者。步骤如下（图 4-33）：

①先用一块三角巾摊开于胸前，一底角置于伤肢对侧颈旁，顶角置于伤肢侧胸部。

②将伤肢置于胸前，肘关节屈曲呈 90°或略小的角度。

③将顶角反折包住伤肢肘关节，同时折起三角巾向上使其下角自伤侧颈旁搭过，并在颈后将两底角打结。

④另用一块三角巾叠成宽带，将伤肢固定于胸壁上。

（5）手部、足部包扎

适用于手背部、足部受伤者。步骤如下（图 4-38、图 4-39）：

①将三角巾一折为二，伤手（足）放中间，手（足）指对准顶角。

②把顶角上翻盖住手背，然后两角在手背交叉，围绕腕关节在手背上打结。

【实操训练注意事项】

包扎的注意事项

①迅速暴露伤口，判断伤情，初步清创处理，敷料全覆盖伤口，并最少超出伤口边缘 3cm。

②伤口内脱出的组织，禁止塞回伤口内。

③无菌操作，禁止用未消毒的水冲洗伤口，先用肥皂水将伤口周围的污泥等洗净，2.5％碘酒、75％酒精或碘伏消毒伤口周围皮肤，再用消毒敷料盖上并包扎固定。

④包扎时要求边固定、角拉紧、中心伸展、敷料贴实、打结要牢靠。

⑤包扎的松紧度要适当，过紧则影响血液循环，过松敷料易松脱或移动。

⑥包扎打结或用别针固定的位置，应在肢体的外侧或前面，避免在伤口处或坐卧受压的地方。

⑦包扎时，指（趾）应暴露在外面，以观察四肢血液循环。

⑧包扎伤口时，动作要迅速、敏捷、谨慎，不要碰撞和污染伤口以免引起疼痛、出血或污染。

⑨常用的包扎材料有三角巾、绷带和毛巾等。如果没有这些现成材料，情况紧急时可就地取材，如撕开衣服进行包扎或利用其他材料包扎。如有条件，最好用消毒敷料全覆盖伤口后再进行包扎。

【实操训练评估方法】

1. 实操评估

两人一组，一人包扎，另一名学员为模拟病人。

教师发出一种包扎的指令后，一组中的学员以另一名学员为模拟病人进行包扎。

学员进行至少 3 个不同部位的包扎，回答至少 3 个问题。

2. 提问评估

教师提出如下问题中的任意 3 题，由一名学员回答：

①包扎的目的是什么？（保护伤口，减少污染；固定骨折，防止骨折断端活动；压迫包扎，止住伤口的出血；固定敷料和药物。）

②包扎时敷料全覆伤口，并最少超出伤口边缘几厘米？（3cm）

③伤口内脱出的组织能否塞回伤口内？（否）

④包扎时指（趾）是否应暴露在外面？（是）

⑤包扎最后打结时是活结还是死结？（活结）

⑥三角巾包扎用于身体的什么部位？（身体的任何部位）

⑦上肢三角巾包扎时，肘关节屈曲多少度？（90°或略小于 90°）

⑧包扎打结在伤口处或坐卧受压的位置吗？（不是）

⑨头部包扎最后在哪里打结？（前额）

⑩单肩包扎最后在哪里打结？（对侧腋下）

【实操训练评估标准】

合格：包扎方法正确、规范，回答问题全部正确或只错 1 题。

不合格：包扎方法错误或错 2 题以上。

11 止血带止血术

【教学目的及要求】

1. 掌握止血带止血法的目的和注意事项。

2. 掌握止血带止血法。

【教学设备要求】

止血带 20 根、三角巾 40 条、绷带、小棒等。

【教学组织】

学员以班为单位，由两名教师组织训练。一名教师集中分次讲授指压动脉止血法、止血带止血法、伤口加压包扎止血法的步骤后，两名学员为一组练习，同时两名教师现场辅导。

【实操训练内容及步骤】

止血带止血法是利用有弹性的胶皮管、较软的布带或三角巾折成的布带等在出血部位的近心端将整个肢体进行绑扎，以阻断通向肢体的动脉血流，使末端没有血液供应，从而达到止血目的。止血带止血法适用于四肢较大动脉出血的止血。有时，在现场找不到胶皮类止血带时，可用听诊器胶管或三角巾、绷带、手帕等代用，但不可用绳索、电线或铁丝等物品代替止血带。

11.1 橡皮止血带止血法

方法：在绑扎部位用毛巾或衣服垫好，用左手的拇指、中指、食指持止血带的一端（距上端 8～10cm），然后用右手拉紧止血带的另一端绕伤肢缠两圈，将止血带的末端放入止血带下面左手的食指、中指之间，最后两指夹住止血带拉回固定（图 4-24）。

11.2 勒紧止血法

方法：用三角巾折叠成带状或用软布带在伤口近心端勒紧止血，第一道绑扎作垫层，第二道压在第一道上面勒紧（图 4-25）。

11.3 绞紧止血法

方法：将绷带卷或将毛巾、纱布折成绷带卷大小放在伤口近心端的动脉干上，用布带子放在其上绕肢体两圈后拉紧，待两端合拢后打一活结，将绞棒插在后一圈的下面提起绞紧，然后将绞棒的一端插入活结内，最后将活结拉紧固定绞棒(图 4-26)。

【实操训练注意事项】

止血带止血法使用不当会引起或加重肢端坏死、急性肾功能不全等并发症。因此，使用止血带应注意如下事项：

①止血带主要用于四肢的动脉出血，如果不是较大的动脉出血，可不必使用止血带止血。

②必须记住或记录开始使用止血带的时间，如果时间较长，应每 1h 内放松一次，每次 1～3min，使肢体在短时间内恢复血液的循环。松解期间，伤口可作加压包扎，加压包扎能够止血时，则可不必再上止血带。若有大血管损伤，出血已很多时，不要轻易松解止血带，以免引起严重后果。

③止血带的松紧，以不流血为度。过松时，起不到止血效果；压迫过紧时，易损伤神经和引起组织坏死。

④上止血带前，先将伤肢抬高片刻，使静脉回流。止血带应安置在距离伤口近些的地方（近心端），但又不要直接接触伤口。

⑤上臂不应扎在中 1/3 处，以免损伤桡神经，引起远端的肢体麻痹，应扎在上臂的上 1/3 或前臂的最上部。前臂和小腿有两根骨骼，止血带对动脉压迫不紧时，止血效果不好；遇此情况时，止血带可安置在上臂或大腿的下 1/3 部位。

⑥安放止血带时，应在肢体上用绷带或布类物品如棉花、毛巾、衣服等包裹在止血带的下面，再将止血带扎紧在绷带等物品的上面，以免损伤神经。

【实操训练评估方法】

1. 实操评估

两人一组进行止血法的操作，其中一名学员为模拟病人，交互进行。

教师发出操作指令后，一组中的学员以另一名学员为模拟患者进行实操训练。

2. 提问评估

①出血形式分哪几种？(动脉出血、静脉出血和毛细血管出血。)

②安放止血带时，应在肢体上用绷带或布类物品等包裹在止血带的下面吗？为什么？(要，以免损伤神经。)

③止血带是不是扎得越紧越好？(不是，以不流血为度。)

④止血带止血法使用不当的并发症是什么？(引起或加重肢端坏死、急性肾功能不全。)

⑤止血带适用哪种情况下的止血？能经常使用吗？(主要用于四肢的动脉出血，如果不是较大的动脉出血，可不必使用止血带止血。)

⑥上止血带前将伤肢抬高片刻的目的是什么？(使静脉回流。)

⑦上臂上止血带不应扎在什么部位？为什么？（上臂中 1/3 处，以免损伤桡神经。)

⑧前臂和小腿有两根骨骼，止血带应扎在什么部位？（上臂或大腿的下 1/3 部位。)

⑨止血带每隔多长时间放松一次？放松多长时间？（每 1h 内放松 1 次，每

次1～3min。）

⑩止血带应安置在距离伤口近心端还是远心端？（近心端。）

⑪止血带止血法有哪几种方法？（橡皮止血带止血法、勒紧止血法、绞紧止血法。）

【实操训练评估标准】

合格：方法正确、部位准确、操作规范，回答问题全部正确或只错 1 题。

不合格：方法错误、部位不正确或错 2 题以上。

12 前臂骨折夹板—三角巾固定术

【教学目的及要求】

掌握前臂骨折夹板—三角巾固定的操作方法。

【教学设备要求】

夹板、绷带、棉垫、三角巾。

【教学组织】

学员以班为单位，由二名教师组织训练。由一名教师集中讲授一种骨折的临时固定后，2～4 名学员为一组，轮流对模拟病人进行骨折固定练习，二名教师分别予以辅导。

【实操训练内容及步骤】

12. 1 前臂夹板—三角巾固定法

方法：用两块长度超过肘关节至手心、宽与前臂相称的夹板分别放在前臂的掌、背两侧，骨折突出部分加垫，掌心内放一团棉花让病人握住，使腕关节稍向背屈，再固定夹板两端，屈肘 90°，用三角巾悬吊于胸前，手略高于肘（图 4-46）。

只有一块夹板时，则放在前臂背侧，然后固定腕、肘两关节（腕部“8”字形固定），再用三角巾将前臂悬挂于胸前。

如无夹板，也可用杂志等卷成筒状包绕前壁固定，再用三角巾悬吊于胸前。

若无三角巾，也可以用衣物、皮带、领带、围巾等悬吊于胸前（图 4-47）。

12. 2 前臂无夹板—三角巾固定法

如不能就地取材，没有夹板，前臂骨折可用两条三角巾固定。方法是先用一块三角巾将伤肢悬吊于胸前，再用另一块三角巾将伤肢固定在胸廓（图 4-48）。

【实操注意事项】

骨折的现场处理原则：骨折的现场处理不是复位，而是固定断端，减轻疼痛，避免组织再损伤和再污染，便于搬运。凡有骨折可疑的病人，均应按骨折处理。对开放性骨折要进行创口包扎，最后进行妥善固定，迅速转运至正规医院治疗。

1. 就地固定，不要随意移动伤员和伤肢，防止增加伤员的再损伤和痛苦。固定物可选用木条、竹片及书本、杂志或硬纸盒等。如不能就地取材，上肢骨折可用三角巾或绷带悬吊并固定在胸前。

2. 对骨折伴有伤口或出血者，应首先作局部止血包扎，然后再固定骨折部位。

3. 对骨折断端穿出皮肤外者，禁止将其纳回伤口内，以免引起严重深部感染和血管、神经损伤，局部可用消毒敷料或干净布料覆盖包扎后再固定。

4. 固定用的夹板，其长度和宽度最好能与伤肢相称，长度必须能包括上下两关节。如用木夹板做固定，夹板不能直接与皮肤接触，要在皮肤和夹板之间，尤其在夹板两端、骨折突起和空隙部位用棉花或衣物等垫好，防止皮肤受压与组织坏死。

5. 四肢骨折固定时，要露出手指、足趾，以便观察四肢末梢血液循环情况。如发现指、趾苍白、发凉、麻木、疼痛、浮肿和青紫色等症状时，则应松开重新固定。

6. 固定时松紧要适当，不应过松或过紧。过松则骨折固定不良，过紧则妨碍血液循环，引起肢体肿胀或产生压迫性溃疡，甚至发生缺血性肌挛缩或肢体坏疽等不良后果。

【实操训练评估方法】

1. 实操评估

2～4 名学员为一组，其中一名学员为模拟骨折者。

教师发出一种骨折的临时固定指令后，一组中的学员以另一名学员为模拟骨折者进行骨折的临时固定。每名学员进行 3 个部位骨折的临时固定。

2. 提问评估

教师提出如下问题中的任意 3 题，由一名学员回答：

①骨折临时固定的目的（原则）是什么？（不是复位，而是固定断端，减轻疼痛，避免组织再损伤和再污染。）

②骨折断端穿出皮肤外者，是否将其纳回伤口内？（否。）

③骨折伴有伤口或出血者，是否应首先作局部止血包扎，然后再固定骨折部位？（是。）

④前臂骨折，固定骨折部位用的夹板长度为多长？（长度超过肘关节至手心。）

⑤夹板能否直接与皮肤接触？（否。）

⑥四肢骨折固定时，是否露出手指、足趾？（是。）

⑦骨折固定时，发现指、趾苍白、发凉、麻木、疼痛、浮肿和青紫色时如何处理？（松开重新固定。）

⑧若无三角巾，可以用衣物、皮带、领带、围巾等悬吊于胸前吗？（能。）

⑨骨折固定物能否选用木条、竹片及书本、杂志或硬纸盒等？（能。）

⑩前臂骨折三角巾悬挂胸前角度是多少？（略小于 90°。）

【实操训练评估标准】

合格：骨折临时固定方法正确、包扎松紧合适，回答问题全部正确或只错 1 题。

不合格：骨折临时固定方法错误或回答问题错 2 题以上。

第 3 篇

练习与测试

判　断　题

1　急救概述

[001] 改善病情、减少患者的痛苦是急救的目的之一。（　）

[002] 稳定患者的情绪、给患者帮助和鼓励是急救的原则之一。（　）

[003] 无线电医疗服务是需要付费的有偿服务。（　）

[004] 120 是我国统一的免费医疗急救电话。（　）

[005] 急救的原则是恢复心跳、呼吸，止血，防止休克。（　）

[006] 情况紧急时，应奋不顾身立即展开施救。（　）

[007] 情况紧急时，应先抢救有大出血、呼吸或心跳停止及昏迷者。（　）

[008] 对危及生命的危急重症患者，不可盲目等待救援或者贸然搬动转运，必须就地抢救。（　）

[009] 挽救和延续伤病员的生命；改善病情，减少伤病员的伤痛；防止病情恶化，预防发生并发症及后遗症是基本急救的原则。（　）

[010] 基本急救的目的是控制出血以及清除中毒物质。（　）

[011] 现场急救的基本任务仅指使伤员保持清醒，减少并发症及后遗症。（　）

[012] 现场急救的基本任务是安全转移伤员。（　）

[013] 船上发生危急病人，在获得援助前，不必采取救治措施。（　）

[014] 船上针对威胁人体生命安全而采取的紧急临时性的医疗救护措施称为基本急救。（　）

[015] 对于外伤病人，要进行分级处理。（　）

[016] 优先抢救有大出血情况、呼吸或心跳停止及昏迷者。（　）

[017] 当患者身处不能进入的封闭场所时，应立即请专业人员打开封闭的场所，进入时应戴上呼吸器并尽快将患者转移到安全地区。（　）

[018] 无线电医疗服务是需要付费的有偿服务。（　）

[019] 一般情况下，只要船舶航行在海岸线附近，若船上出现病患，则均可要求直升机前来救援。（　）

[020] 由于直升机飞行距离有限，机组人员会要求在靠近陆地的地方进行救援。（　）

[021] 若海岸电台不在船上无线电话通信范围内时，可直接使用无线电与当地医院联系以及时取得医疗指导和帮助。（　）

[022] 空载的船只和任何型号的客船在停下靠近时，都会因风力发生偏航，所以在船舶接送医生和病人时，一些船只在工作中仍保持螺旋桨低速旋转。（　）

[023] 由病人携带的任何资料、信件、表格必须清晰易懂。（　）

[024] 为了保护个人隐私，无线电医疗最好采用密码通讯。 （ ）
[025] 在进行医疗联系时，只要把病人受伤情况告诉对方即可。 （ ）
[026] 船员发生急病，用通讯手段向海岸电台求援是唯一的方法。 （ ）
[027] 为了保护个人隐私病人的姓名，在得到医疗建议时，需注意不要透露病人的姓名，除非在医生的报告中需涉及病人的姓名和职务。 （ ）

2 人体结构和功能

[001] 人的胸腔内有心、肺、胃等器官。 （ ）
[002] 肱骨、肋骨、股骨都是长骨。 （ ）
[003] 人体的骨骼肌共有 600 余块，占体重的 50%。 （ ）
[004] 间接连接就是通常所说的关节，是人体骨连接的主要形式。 （ ）
[005] 人体肌肉共有 1600 块。 （ ）
[006] 骨是由骨质、骨膜和骨髓构成的。 （ ）
[007] 幼年时人的骨髓是黄色的，没有造血功能。 （ ）
[008] 骨髓造血功能低下，可导致再生障碍性贫血。 （ ）
[009] 运动系统由骨、骨连接和骨骼肌组成，其主要功能是保护、支持和运动。 （ ）
[010] 运动系统就只有运动功能。 （ ）
[011] 小腿三头肌中线两侧的深部有较大的血管、神经。 （ ）
[012] 小腿三头肌的肌腹中部肌质较厚。 （ ）
[013] 三角肌中 1/3 区中部肌质厚，深部有较大的血管、神经，此处可进行肌内注射。 （ ）
[014] 直接连结是相邻两骨依靠结缔组织或软骨直接连结。 （ ）
[015] 骨按其形态可分为躯干骨、颅骨和四肢骨。 （ ）
[016] 大量出血后，本已失去造血功能的黄骨髓可暂时恢复造血功能。 （ ）
[017] 平时，红骨髓和黄骨髓都有造血功能。 （ ）
[018] 胸锁乳突肌颈丛的浅皮支由该肌后缘中点附近浅出，此处是颈浅部浸润麻醉的阻滞点。 （ ）
[019] 长梭状的肌肉多位于胸腹壁。 （ ）
[020] 附着在骨骼上的肌肉——骨骼肌，是非随意肌。 （ ）
[021] 运动系统中叙述的肌肉均属骨骼肌。 （ ）
[022] 颈肌中主要是胸锁乳突肌。 （ ）
[023] 外踝比内踝略高且偏后。 （ ）
[024] 骨质中的有机质和无机质的比例随年龄的增长而发生变化。 （ ）
[025] 老年人的骨有机质所占比例更大。 （ ）
[026] 肋弓的最低点平对第 2～3 腰椎体之间。 （ ）
[027] 坐骨结节是产科测量骨盆径线的标志。 （ ）
[028] 动脉是把血液从身体各部分送回心脏的血管，静脉是把血液从心脏输送到身

体各部分去的血管。（　　）

[029] 日常所说的血压是指静脉血压。（　　）

[030] 正常人的呼吸频率为每分钟 16～20 次，心跳为每分钟 60～100 次。（　　）

[031] 成人血压一般为 90～140/60～90mmHg。（　　）

[032] 失血 30%，如不急救就可能危及生命。（　　）

[033] O 型血的人可以接受其他各型的血液。（　　）

[034] 纤维蛋白原与凝血有关，球蛋白与免疫有关。（　　）

[035] 淋巴管通常是与静脉相伴行的。（　　）

[036] 人体内的总血量约为体重的 8% 。（　　）

[037] 体循环和肺循环是互不相通的两个循环途径。（　　）

[038] 急性大出血总量超过人体总血量的 20%时，即可发生呼吸及心跳停止。（　　）

[039] 人体的总血量是 4000～5000mL。（　　）

[040] 淋巴管是无数个大小不一的小体，在颈部、腋窝、腹股沟等处最多。（　　）

[041] 心脏位于胸腔正中线稍偏右侧。（　　）

[042] 血管可分为动脉和静脉两类。（　　）

[043] 60kg 体重，他的血量约有 4800mL。（　　）

[044] 一次失血超过 30%时，如不急救可危及生命。（　　）

[045] 身体健康的人一次失血 30%也无影响。（　　）

[046] 动脉血为暗红色，含大量的二氧化碳。（　　）

[047] 血细胞分为红细胞、白细胞和血小板三种。（　　）

[048] 血液在血管内流动循环主要由心脏维持其动力，正常心率为每分钟 60～100 次。（　　）

[049] 血液循环系统由心脏、血管及血液组成。（　　）

[050] 在心脏的房室口和静脉口处有瓣膜，使血流只朝一个方向流动而不返流。（　　）

[051] AB 型血液的人可接受其他各型的血液。（　　）

[052] 心脏每分钟搏动的次数称为心率。（　　）

[053] 脉搏与心跳不同步。（　　）

[054] 血液在体内循环的过程中将二氧化碳、营养物质及激素、抗体带到全身各个组织器官中。（　　）

[055] 促使血液在血管中不停地循环的动力是呼吸器官。（　　）

[056] 一次失血 10%以下对人体没有明显影响。（　　）

[057] 心房接受动脉，心室发出静脉。（　　）

[058] O 型血液只可以输给 O 型的受血者。（　　）

[059] 血红蛋白的特性是：无论含氧量的高低，均可与氧结合。（　　）

[060] 红细胞中血红蛋白的含量过少，叫做贫血。（　　）

[061] 血红蛋白与氧结合后，使血液呈鲜红色，这种含氧丰富、颜色鲜红的血叫静

脉血。 （ ）

[062] 白细胞有五种，比红细胞小。 （ ）

[063] 淋巴结、脾和扁桃体能生成淋巴细胞，以随时清除身体内各种有害物质，并产生抗体。 （ ）

[064] 扁桃体能产生淋巴细胞，具有防御机能。 （ ）

[065] 上呼吸道是指气管以上的呼吸道。 （ ）

[066] 儿童呼吸频率比成人要快。女性又比男性多 1～2 次/min。 （ ）

[067] 根据功能不同，肺实质可分为导气部和呼吸部。 （ ）

[068] 胸腔在正常情况下，呈开放状态与外界相通。 （ ）

[069] 咽、喉以上是下呼吸道。 （ ）

[070] 肺位于胸腔内，左肺三叶，右肺二叶。 （ ）

[071] 相邻肺泡之间的薄层结缔组织称肺泡隔，内含丰富的毛细血管网、较多的弹性纤维和肺泡巨噬细胞。 （ ）

[072] 肺呈半圆锥形，左肺略宽短，右肺稍狭长。 （ ）

[073] 喉由数块喉软骨借关节和韧带连成支架，周围附有喉肌，内面衬以喉粘膜构成。 （ ）

[074] 喉的两侧与颈部大血管、神经和甲状腺相邻。 （ ）

[075] 以软腭与会厌上缘为界，咽分为鼻咽、口咽和喉咽。 （ ）

[076] 咽腔仅是呼吸道的通道。 （ ）

[077] 胸膜腔在正常情况下呈封闭状态，不与外界相通。 （ ）

[078] 呼吸系统由上呼吸道和肺组成。 （ ）

[079] 胆囊不仅能分泌胆汁，还能储存和浓缩胆汁。 （ ）

[080] 大肠参与化学性消化和吸收。 （ ）

[081] 消化腺就是指大唾液腺、肝、胰。 （ ）

[082] 大肠的主要功能是吸收水分，故食物残渣在大肠中停留时间越长就越容易形成便秘。 （ ）

[083] 消化分解部分在大肠中被吸收。 （ ）

[084] 胃是消化道最膨大的部分，其容量约为 1L，上端入口处叫贲门，下端与十二指肠相连部分叫幽门。 （ ）

[085] 暂时贮存食物和对食物进行初步消化是胃的主要功能。 （ ）

[086] 食管是消化道各段中最狭窄的部分，长约 25cm。 （ ）

[087] 小肠是消化道中最长的一段。 （ ）

[088] 消化系统的基本功能是消化食物、吸收其中的营养物质，并将食物残渣排出体外。 （ ）

[089] 大肠的主要功能不是吸收水分。 （ ）

[090] 空肠以下的消化道称为上消化道。 （ ）

[091] 从口腔到十二指肠的这一段称为下消化道。 （ ）

[092] 消化管指的是食道、胃、小肠、大肠。 （ ）

[093] 消化系统由消化管和消化腺两部分组成。（ ）
[094] 胰液内含有分解蛋白质、淀粉及脂肪的各种酶。（ ）
[095] 肝脏的主要功能是代谢、贮存糖元、解毒、分泌胆汁及吞噬防御等。（ ）
[096] 消化系统的主要功能是：摄取食物、进行消化和排出粪便。（ ）
[097] 小肠是消化道中最长的一段，其主要功能是吸收水分形成粪便。（ ）
[098] 肝是人体最大的消化腺。分泌主要的消化液为胆汁。（ ）
[099] 胰腺也是在消化过程中起主要作用的消化腺，仅次于肝。（ ）
[100] 消化腺所分泌的消化液主要是对食物进行物理性消化。（ ）
[101] 大肠的主要功能是贮存食物。（ ）
[102] 脑和脊髓是调节人体各种功能的中枢部分。（ ）
[103] 神经系统的最高级部分是脑干。（ ）
[104] 人喝醉酒而东倒西歪，是酒精使小脑麻痹的结果。（ ）
[105] 大脑是进行思维和意识活动的器官，同时调节人体的随意运动。（ ）
[106] 反射弧由感受器、传入（感觉）神经、中枢、传出（运动）神经核、效应器5部分组成。（ ）
[107] 若小脑受损，则闭目直立不能完成，走路时摇晃不定，不能完成精巧的动作。（ ）
[108] 颅腔和椎管是不相通的。（ ）
[109] 右侧大脑半球管理身体右侧。（ ）
[110] 中脑、脑桥和延髓共同组成脑干。（ ）
[111] 左侧大脑半球管理身体右侧。（ ）
[112] 大脑和小脑均是思维和意识活动的器官。（ ）
[113] 小脑是思维和意识活动的器官。（ ）
[114] 中枢神经系统由脑和脊髓组成。（ ）
[115] 脊神经的后根为感觉性。（ ）
[116] 脊神经的前根为感觉性。（ ）
[117] 大脑半球内部的腔隙称为侧脑室。（ ）
[118] 小脑通过小脑下脚、中脚和上脚与脑干相连。（ ）
[119] 脊髓反射主要是骨骼肌的反射活动，也能完成简单的内脏反射。（ ）
[120] 脊髓是高级反射中枢。（ ）
[121] 脊髓由灰质和白质构成。（ ）
[122] 在脊髓水平切面上，可见灰质围绕中央部，呈“H”形分布；白质位于灰质的周围。（ ）
[123] 脊髓节段与相应序数的椎骨完全对应。（ ）
[124] 在颈膨大以下脊髓变细呈圆锥状，称脊髓圆锥。（ ）
[125] 中枢神经系统中最高级部分是大脑。（ ）

3 病情判定

[001] 测得的血压数是 150/90mmHg，是正常血压。 ( )

[002] 通常用触摸桡动脉的搏动来观察心跳的情况，用触摸颈动脉搏动来判断病人心跳是否停止。 ( )

[003] 正常成年人的口腔体温应是 36～37℃。 ( )

[004] 正常成年人的心跳频率是每分钟 60～100 次。 ( )

[005] 正常成年人呼吸频率为每分钟 16～20 次，脉搏为每分钟 60～100 次。 ( )

[006] 正常人的双侧瞳孔应不等大，对光反射存在。 ( )

[007] 生命体征是评价生命活动存在与否及其质量的指标，包括体温、脉搏、呼吸和血压。 ( )

[008] 体温口测法结果较为准确，为最常用的体温测定方法。 ( )

[009] 采用腋测法时，应用上臂将体温计夹紧，否则测量结果低于实际体温。 ( )

[010] 在紧急情况下，不要反复摸颈动脉搏动来判断心跳是否停止，以免耽误抢救时机。 ( )

[011] 脑死亡是包括脑干在内的所有全脑机能不可逆转的丧失，而植物人的脑干功能尚存在。 ( )

[012] 正常心跳 16～18 次/min。 ( )

[013] 将病人从睡眠中叫醒，很快又睡过去，说明病人意识清晰。 ( )

[014] 所谓意识障碍即患者对自身及周围环境的刺激缺乏必要的感知和应答能力。 ( )

[015] 一般日常所说的血压是静脉血压。 ( )

[016] 测量血压是判断心功能与外周血管阻力的最好办法。 ( )

[017] 血液在流动时对血管壁的压力叫血压。 ( )

[018] 正常成年人一般 4 次心跳，一次呼吸。 ( )

[019] 病人心跳低于 80 次/min，表示心跳不正常。 ( )

[020] 采用腋测法时，须用上臂将体温计夹紧，否则测量结果高于实际体温。 ( )

[021] 嗜睡、昏睡、昏迷以及意识模糊、谵妄等属于意识水平受损。 ( )

[022] 正常人呼吸运动不均匀，但有节律。 ( )

[023] 测量血压时通常连测 2～3 次，取其最低值。 ( )

[024] 心脏收缩时，动脉血压达到最低值，称之为收缩压。 ( )

[025] 正常人脉搏次数比心跳次数稍快。 ( )

[026] 体温表的特点是当表内水银柱升高后可以自动下降。 ( )

[027] 人体温度保持恒定是进行新陈代谢和正常生命活动的必要条件。 ( )

[028] 病人倒在地上或床上，睡眠中叫不醒，大声呼喊病人名字并摇晃身体也毫无

反应，说明病人意识不清。（　）

[029] 一般取病人的桡动脉测定每分钟搏动次数来判断心跳的频率。（　）

[030] 病人呼吸和心跳都停止，表示病人已死亡。（　）

[031] 心电图呈一条直线是判断心跳、呼吸停止及死亡的标准之一。（　）

[032] 对不省人事的患者，禁用仰头抬颏的方法使呼吸道畅通。（　）

4　船上常用急救技术

4.1　心肺复苏术（CPR）

[001] 病人在席梦思床上停止了呼吸和心跳时，应立即找块木板垫于病人身下，并进行心肺复苏。（　）

[002] 做心脏按压时用力过大，不会造成血气胸，反而效果会更好。（　）

[003] 做胸外心脏按压时，应快速、用力按压，按压的频率至少为 100 次/min。（　）

[004] 做口对口呼吸时，不用捏住患者的鼻子。（　）

[005] 胸外按压的位置在胸骨上段。（　）

[006] 多处肋骨骨折、心脏外伤、张力性气胸等患者不可采用胸外按压。（　）

[007] 胸外按压时，抢救者双手的手指交锁或平行重叠压在胸壁上。（　）

[008] 胸外心脏按压时，病人应仰卧在较软的床上，解开衣扣，面部朝上。（　）

[009] 检查病人胸外按压是否有效的方法是血压的恢复。（　）

[010] 人工呼吸是维持病人血液循环的根本方法。（　）

[011] 人工呼吸的有效标志是：胸腔出现扩张，肺部能听到呼吸音。（　）

[012] 发现无意识、无反应者立即启动急救程序，对无呼吸或不正常呼吸（叹息）的成年患者马上做胸外按压。（　）

[013] 无论做哪一种人工呼吸，一定要清理畅通呼吸道。（　）

[014] 做人工呼吸前，应清理呼吸道，无需拉出后坠的舌头。（　）

[015] 施行人工呼吸时，应松解病人领扣及胸腹部衣物。（　）

[016] 若无特殊限制，口对口人工呼吸法最有效。（　）

[017] 成人口对口人工呼吸速率为每 6～8s 吹气一次。（　）

[018] 胸外心脏按压是维持病人呼吸功能的基本方法。（　）

[019] 对心跳、呼吸骤停的病人，应分秒必争地进行紧急复苏。（　）

[020] 心肺复苏 CAB 三步曲主要是指人工胸外按压、开通气道和人工呼吸。（　）

[021] 进行胸外心脏按压时，手掌根部应放在病人胸骨的上 2/3、下 1/3 交界处。（　）

[022] 做胸外心脏按压时，应使患者肋骨下陷 3～5cm 的深度。（　）

[023] 成人口对口吹气时，应尽可能多吹气。（　）

[024] 胸外心脏按压与口对口人工呼吸同时进行，两人操作的比例是，胸外心脏按压∶人工呼吸为 30∶2。（　）

[025] 胸外心脏按压与口对口人工呼吸同时进行，由一人操作的比例是，胸外心脏按压∶人工呼吸为 30∶2。 ( )

[026] 心肺复苏体位是病人仰卧在坚实的平面上，头部不得高于胸部，应与躯干在一个平面上。 ( )

[027] 开放气道是指下颌尖与耳垂的连线与地面呈垂直状态。 ( )

[028] 检查呼吸和心跳的有无不能超过 10s。 ( )

[029] 胸外心脏按压时，按压和放松的时间大致相等，放松时双手离开胸壁。 ( )

[030] 做胸外心脏按压时，按压的深度至少为 5cm。 ( )

[031] 心肺复苏步骤为气道-呼吸-按压（A-B-C）。 ( )

[032] 如果做心脏按压时因操作用力过大，不会造成血气胸，反而效果会更好。 ( )

[033] 心肺复苏有效指征：自主呼吸及心跳恢复，病人面色转红，瞳孔缩小等。 ( )

[034] 电击伤病人进行心肺复苏时，应直至病人清醒或出现尸僵、尸斑为止。 ( )

[035] 人工呼吸的方法一般为五种，其中仰卧压胸法最简便有效。 ( )

[036] 仰卧压胸人工呼吸法是最有效的人工呼吸方法。 ( )

[037] 人工呼吸最简单有效的是仰卧压胸人工呼吸法。 ( )

[038] 口对口人工呼吸法是效果最差的一种方法。 ( )

[039] 人工呼吸时务必保持呼吸道通畅。 ( )

[040] 人工呼吸时头部不必后仰。 ( )

[041] 人工呼吸做 10min 后，如无效果即刻停止进行。 ( )

[042] 进行胸外心脏按压时，双手掌根重叠，右手在下，两手贴合，手指交扣上翘，手掌根部横轴与胸骨长轴确保方向一致。 ( )

[043] 胸外心脏按压时，病人应仰卧在较软的床上，解开衣扣，面部朝上。( )

[044] 胸外按压用力过猛易使脊柱骨折。 ( )

[045] 胸外心脏按压应使胸骨下陷 6～7cm。 ( )

[046] 做胸外心脏按压法时，按压的频率应为 80～100 次/min（二人抢救）。 ( )

[047] 胸外心脏按压时用力部位在手掌根部。 ( )

[048] 心肺复苏是通过人工的方法使病员恢复心跳和呼吸。 ( )

[049] 心肺复苏只有专业医务人员在现场才能施行。 ( )

[050] 颈部有外伤者，可以采用压额提颏法。 ( )

[051] 人工呼吸与心脏按压比例 2∶30。 ( )

[052] 进行胸外心脏按压时，使胸骨下陷≥5cm，随后放松。 ( )

4.2 出血与止血

[001] 体重 50kg 的健康成人约有 4000mL 血液。 ( )

[002] 面部动脉出血，应迅速按压同侧颈总动脉。（　）

[003] 如果急性出血，一次出血量达全身血量的20%时，就可能引起休克；出血量超过全身血量30%时，就可能有生命危险。（　）

[004] 病人大动脉出血时，只要能止血，铁丝也可以用。（　）

[005] 加压包扎法主要用于大动脉、大静脉的出血。（　）

[006] 静脉出血时，血流缓慢，血色鲜红。（　）

[007] 如果前臂出血较重，可以采用指压股动脉的方法止血。（　）

[008] 止血带常用于身体各部位动脉出血时的止血。（　）

[009] 止血带的松紧度是扎得越紧越好，以防脱落。（　）

[010] 止血带扎在伤口的远心端时，止血效果好。（　）

[011] 左下肢动脉出血时，应马上压迫同侧的股动脉。（　）

[012] 手指出血时，可用手指压迫肱动脉。（　）

[013] 止血带主要用于四肢的动脉出血的止血。（　）

[014] 止血带不能直接扎在皮肤上，应先在扎止血带部位的皮肤上加上布垫。（　）

[015] 指压动脉止血法是一种暂时性止血法。（　）

[016] 头顶部出血可以压迫颈总动脉。（　）

[017] 指压法可用于各种情况的止血。（　）

[018] 头部大出血，情况紧急可同时压迫双侧颈动脉。（　）

[019] 正常人的总血量约为5000mL。（　）

[020] 急性出血超过人体总血量的30%时即可引起休克。（　）

[021] 动脉出血的特征是，随心脏搏动血呈喷射状射出，血色暗红。（　）

[022] 伤口有喷射状搏动性出血时，血色鲜红是静脉出血。（　）

[023] 皮肤表面毛细血管出血时，血色鲜红，呈渗出性，可自行止血。（　）

[024] 止血法有：加压包扎止血法、指压动脉止血法和止血带止血法。（　）

[025] 加压包扎止血法用于小动脉、毛细血管出血。（　）

[026] 指压止血法一般用于动脉止血。（　）

[027] 指压止血法是动脉出血时最迅速的一种临时止血法。（　）

[028] 用拇指或食指压迫一侧耳前颞动脉可止住颜面、腮颌部出血。（　）

[029] 头部出血可同时压迫两侧颈动脉。（　）

[030] 用手指在锁骨上沿凹部压迫锁骨动脉可止住肩部与上臂出血。（　）

[031] 肱动脉在上臂中部内侧缘处。（　）

[032] 大腿动脉出血时，可以用拇指压迫大腿根部腹股沟中点处的股动脉止血。（　）

[033] 止血带主要用于四肢静脉出血的止血。（　）

[034] 止血带使用方法不当，可导致伤肢的坏死。（　）

[035] 止血带可用电线、绳索代替。（　）

[036] 上好止血带，不要随意放松，以防出血。（　）

[037] 上臂止血带不应扎在中 1/3 处，以免损伤桡神经，引起远端的肢体麻痹，应扎在上臂的上 1/3 或前臂的最上部。 (　　)

[038] 用止血带止血时，每隔 1.5h 应缓慢放松一次。 (　　)

[039] 头颈部受伤大出血的病人可用止血带止血。 (　　)

[040] 上肢止血带禁止扎在上臂中 1/3 处，应扎在上臂上 1/3 处。 (　　)

[041] 下肢止血带应扎在大腿的中 1/3 与下 1/3 的交界处。 (　　)

[042] 头部受伤及脑出血的病人可用头低腿高法。 (　　)

[043] 头部、下肢出现外伤及骨折并伴有休克时，不可抬高下肢。 (　　)

[044] 头胸部出现较大外伤的出血病人最好采用半坐卧姿势。 (　　)

[045] 压迫颈动脉可止同侧头、面、颈部大出血。 (　　)

[046] 止血带主要用于四肢的动脉出血，如果不是较大的动脉出血，可不必使用止血带止血。 (　　)

[047] 止血带止血法，在现场有时找不到胶皮类止血带，也可用听诊器胶管或者三角巾等代用。 (　　)

[048] 在紧急情况下，铁线也可以做止血带用。 (　　)

[049] 止血带止血法，在现场如找不到胶皮类止血带，也可用绳索、电线等代替。 (　　)

[050] 通常在身体躯干及头颈处出血时采用止血带止血法。 (　　)

[051] 左下肢动脉出血时，应马上压迫同侧的锁骨下动脉。 (　　)

[052] 止血带应安置在伤口的远心端。 (　　)

[053] 指压动脉止血法是临时用手指（手掌）压迫出血伤口的远心端以阻断动脉血流达到止血目的。 (　　)

[054] 上止血带时间过长，易造成肢体坏死。 (　　)

[055] 止血带每次放松时间为 60min。 (　　)

[056] 止血带应安置在距离伤口近些的地方（远心端）。 (　　)

[057] 扎止血带止血后通常不需要定时放松。以防止不必要的出血。 (　　)

[058] 静脉出血呈暗红色。 (　　)

[059] 绑扎止血带，务必要记录开始应用的时间。 (　　)

[060] 毛细血管性出血呈渗透状、鲜红色。 (　　)

[061] 伤口加压包扎止血法的松紧程度以既能止血又能保障受伤肢体血液循环为适宜。 (　　)

[062] 敷料加压包扎止血，可以用黄土、棉花或者香灰等止血。 (　　)

[063] 勒紧止血法是用三角巾折叠成带状或用软布带在伤口远心端勒紧止血。 (　　)

[064] 采用止血带止血时，上臂应绑扎在中 1/3 处。 (　　)

[065] 出血可分为动脉出血和毛细血管出血两种。 (　　)

[066] 指压止血法主要用于大静脉出血。 (　　)

[067] 动脉出血危险性最大。 (　　)

[068] 动脉出血呈暗红色、喷射状。 ( )
[069] 正常人一次失血 10%（400～500mL 以下）对人体无明显影响。 ( )
[070] 如果前臂出血较重，这时可以指压股动脉止血。 ( )
[071] 加压包扎止血时，仍应扎止血带，以确保止血效果。 ( )
[072] 急性大出血总量超过人体总血量的 20%时，即可发生呼吸及心跳停止。 ( )

4.3 包扎的方法

[001] 包扎敷料要能全盖伤口并最少超出伤口边缘 3cm。 ( )
[002] 螺旋反折包扎法主要用于肘、膝、踝、肩、髋等部位的包扎。 ( )
[003] 回反包扎法常用于头部和断肢包扎。 ( )
[004] 包扎前应将伤口内脱出的组织、内脏、骨骼等塞回伤口内。 ( )
[005] 包扎的目的是为了保护伤口，减少污染，固定骨折，止血等。 ( )
[006] 三角巾包扎法可适用于身体各处的包扎，并可作止血带用。 ( )
[007] 包扎前，伤口必须敷药。 ( )
[008] 包扎前，伤口应在自来水下冲洗干净。 ( )
[009] 三角巾包扎并不是身体任何部位都适合。 ( )
[010] 三角巾头部包扎时在前额打结。 ( )
[011] 上肢任何部位的损伤，都可用三角巾将伤肢固定于胸前。 ( )
[012] 回反包扎法适用于四肢的粗细不等部位的包扎。 ( )
[013] 环形包扎用于螺旋反折法包扎的开始和结束。 ( )
[014]"8"字形包扎法多用于粗细不均匀部位的包扎。 ( )
[015] 现场包扎伤口前，对伤口内的异物、骨折碎片都应清除，以防感染。( )
[016] 凝结在伤口上的血块，在包扎时应把它洗掉。 ( )
[017] 包扎时，打结不可在发炎区和伤处。 ( )
[018] 使用三角巾时，平结打在身体任何部位均可。 ( )
[019] 四肢包扎固定时应露出指（趾）末端。 ( )
[020] 三角巾包扎法适用于身体任何部位。 ( )
[021] 螺旋反折包扎法，主要用于粗细不等的四肢。 ( )
[022]"8"字形包扎法多用于四肢关节处的包扎。 ( )
[023] 环形绷带法用于各种绷带法的开始和结束。 ( )
[024] 四肢关节部位的绷带包扎，一般使用螺旋反折包扎法。 ( )
[025] 包扎肢体时，一般从粗端向细端包。 ( )
[026] 三角巾包扎只适用于头部的包扎。 ( )

4.4 骨折固定术

[001] 对骨折断端已露出伤口外者，应立即将其纳回伤口内，以免引起创口感染。 ( )
[002] 骨折固定时，只要不绑扎得过紧，夹板内无需加垫布。 ( )
[003] 骨折严重时，可能出现休克或发烧。 ( )

[004] 骨折已错位、变形时，应立即进行复位，以防畸形愈合。 ( )
[005] 发生骨折或怀疑骨折的病人，应立即扶回房间。 ( )
[006] 固定骨折的夹板长度超过创口上、下两端即可。 ( )
[007] 开放性骨折也应先固定后搬运。 ( )
[008] 肢体骨折时，应采取用健侧肢体一同捆扎的方法固定。 ( )
[009] 上肢骨折固定后，手指苍白、青紫、疼痛时，要给予止痛药和消炎药。 ( )
[010] 上肢骨折固定后，手指苍白、青紫、疼痛时，要及时松解夹板，重新固定。 ( )
[011] 为方便检查病情，脊椎损伤病人可采用半坐卧位。 ( )
[012] 大腿骨折固定时，大腿外侧夹板的长度应从腋部到踝关节。 ( )
[013] 固定用的夹板，长度必须包括上、下两关节。 ( )
[014] 四肢骨折包扎时，应将伤肢全部包扎固定。 ( )
[015] 固定前臂骨折时，只要固定骨折部位，不需将上、下关节固定。 ( )
[016] 小腿骨折者，如只有一夹板，该夹板应放在小腿后方固定，脚与小腿固定呈直角。 ( )
[017] 下肢骨折，如无固定夹板材料时可在两腿之间塞入枕头、衣服等，临时利用健侧肢体方法将两下肢缠在一起固定。 ( )
[018] 骨折同时伴有出血时，应先止血后固定骨折部位。 ( )
[019] 骨折固定时，只需要固定骨折部位，不可将上、下关节固定。 ( )
[020] 前臂骨折用夹板固定时，夹板应放于掌侧固定。 ( )
[021] 在海上航行时，一旦发生骨折，不要进行复位，立即进行临时固定。( )
[022] 伤者骨折出血时，应不做任何处理而立即送医院抢救。 ( )
[023] 在处理开放性骨折伤口时，应将伤口骨折端纳回伤口内，以防感染和伤口扩大。 ( )
[024] 在非紧急环境下，怀疑患者有骨折，若要搬运，应先处理出血、休克及固定骨折部位。 ( )
[025] 如头部、下肢出现外伤骨折并伴有休克者，不可抬高下肢。 ( )
[026] 对于上肢骨折患者，若情况允许，可让患者自行行动。 ( )
[027] 骨折病人患肢疼痛可服止痛药。 ( )
[028] 骨折固定时，只要不缚太紧，夹板就无需加垫布。 ( )
[029] 骨折伤口有出血时，应首先固定骨折部位。 ( )
[030] 上肢骨折可用三角巾将伤肢固定于胸前。 ( )
[031] 夹板固定骨折部位时，为防止骨折断端活动应尽可能扎紧，才能保证伤肢的愈合。 ( )
[032] 固定骨折时，上、下关节均应该固定。 ( )
[033] 夹板固定骨折部位时，夹板与皮肤应留有一定的空隙，作检查用。 ( )
[034] 骨折是指骨的连续性发生中断。 ( )

[035] 在确定伤员有骨折后，首先应将伤员搬运至安全区域，然后再做固定。 ( )

[036] 骨折后在现场做临时固定是骨折急救中最重要的一项工作。 ( )

[037] 肋骨骨折固定时，病人应尽量吸气。 ( )

[038] 前臂骨折固定时的夹板长度应由肘到指，宽与前臂相称。 ( )

[039] 根据骨折的程度，骨折可以分为闭合性骨折和开放性骨折。 ( )

[040] 伤后超过 2～3 周骨折，称为陈旧性骨折。 ( )

[041] 健康骨骼受各种不同疾病的作用而发生的骨折，称为病理性骨折。 ( )

[042] 夹板固定骨折时，夹板与皮肤直接紧贴为好。 ( )

4.5 伤员和病人的搬运

[001] 病人发生急病或受伤，在救护之前尽量在原地少动，除非留在原地会有危险。 ( )

[002] 搬运病人前要先对外伤进行止血、包扎、固定，保持呼吸通畅，然后才能搬动。 ( )

[003] 脊柱损伤时，可采取背负法、环抱法、拖行法搬运病人。 ( )

[004] 对颈椎损伤的患者，在搬运时应使头部固定于中立位，防止颈部旋转。 ( )

[005] 未做固定的骨折病人，严禁运送。 ( )

[006] 搬运脊柱骨折的病人时，只要保护好受伤部位，用什么担架抬都不重要。 ( )

[007] 搬运脊椎骨折病员时，要一人抬头，一人抬腿。 ( )

[008] 不论何种伤病员，均不可用帆布担架搬运，以免加重病情。 ( )

[009] 转运骨盆骨折病人时，应用布带将其捆在担架上。 ( )

[010] 骨盆骨折病人用多头带或绷带包扎后即可转运。 ( )

[011] 用直升机转运躺在担架上的病人时，必须用皮带将其固定，防止在吊装时滑落。 ( )

[012] 在船上由于舱口通道较狭窄，为安全、方便地搬运伤员，一般应采用罗伯逊担架。 ( )

[013] 单人徒手搬运伤员包括：衣服拖行，腋下拖行，毛毯拖行，爬行搬运，肩负法等。 ( )

[014] 徒手搬运颈椎损伤的伤员时，要有专人托扶头部。 ( )

[015] 搬运前，应对伤病员先进行伤情判断，并初步对伤情进行急救处理。( )

[016] 在搬运过程中动作要慢、轻。 ( )

[017] 罗伯逊担架可以垂直运送伤者。 ( )

5 环境及理化因素损伤

5.1 溺水

[001] 对溺水者做人工呼吸之前，应清理其口、鼻内的异物，包括假牙。 ( )

[002] 俯卧压背法主要用于溺水者的抢救。 ( )
[003] 溺水者清醒后，可给以温热饮料服用，酒也可以。 ( )
[004] 溺水者致死的主要原因是水进入呼吸道而发生的窒息。 ( )
[005] 溺水者无论呼吸道有无阻塞，均应先行倒水。 ( )
[006] 溺水者在 4～7min 内将被溺死。 ( )
[007] 1h 内人工呼吸不见效即可停止。 ( )
[008] 为预防溺水者发生吸入性肺炎，有条件时应用抗菌素。 ( )
[009] 抢救溺水者不在于空水处理，而在于有效的心脑复苏处理。 ( )
[010] 对救起的溺水者，判断有无心跳的方法是用手触摸桡动脉或颈动脉有无搏动。 ( )
[011] 溺水者被营救上岸后，如无心跳及呼吸，应立即送医院，无需就地做心肺复苏。 ( )
[012] 溺水者被救后，若有微弱心跳但无呼吸时，可适当饮些热饮料。 ( )
[013] 发现溺水患者，抢救第一步是倒水，以倒出呼吸道及胃内积水，再进行其他抢救。 ( )
[014] 溺水、触电患者，均应立即转送医院抢救。 ( )
[015] 抢救溺水者，不论其有无呼吸及心跳，应先进行充分的倒水动作。 ( )
[016] 对溺水者不可轻易放弃抢救，一定要坚持至呼吸、心跳恢复或者出现尸斑为止。 ( )

5.2 中暑

[001] 中暑的病人可以在 38～42℃的温水中浸泡解暑。 ( )
[002] 先兆中暑者，可以服用清凉饮料。 ( )
[003] 严重中暑者，体温升高至 39．5℃以上，这可能是热射病型的中暑。 ( )
[004] 人体长时间处在 34℃以上的环境中就可能发生中暑。 ( )
[005] 中暑者除到通风地方休息外，也可以喝凉开水。 ( )
[006] 目前采用的降温药物主要是冬眠灵。 ( )
[007] 热射病可引起脑膜及脑组织充血，体温不升或微升。 ( )
[008] 中暑病人在转送过程中，应保持呼吸道通畅。 ( )
[009] 先兆中暑者，不可以服用清凉含盐饮料。 ( )
[010] 对中暑的病员常用 38～42℃的温水浸泡解暑。 ( )
[011] 目前中暑高热主要采用的降温药物是扑热息痛。 ( )
[012] 在高温环境中，由于繁重的体力劳动而分泌过量的汗液，没有及时补充水和盐也可能中暑。 ( )
[013] 中暑者除到通风地方休息外，也可以喝凉开水。 ( )
[014] 严重中暑病人仅以体温高达 40℃为主要特征。 ( )
[015] 严重中暑者，体温升高 40℃以上，这可能是热射病型的中暑。 ( )
[016] 中暑应以预防为主。 ( )

5.3 烧烫伤

[001] 烧伤病人口渴时，不要给予含盐饮料。 ( )

[002] 二度烧伤的患者应剪破水泡后进行包扎。 ( )

[003] 三度烧伤病人，常因剧痛而发生休克。 ( )

[004] 烧伤深度的估计采用三度四分法。 ( )

[005] 三度烧伤剧痛病人可给予杜冷丁肌注。 ( )

[006] 疼痛剧烈、有水泡、愈后无疤痕、有色素沉着的烧伤是深二度烧伤。( )

[007] 在着火现场，伤员不能奔跑、呼叫及用手拍打火焰。 ( )

[008] 紧急情况下，烧伤创面可用任何油膏、万花油等涂搽。 ( )

[009] 中、大面积的烧伤紧急处理后，应送往医院。 ( )

[010] 烧伤既可以引起继发性休克，又可引起原发性休克。 ( )

[011] 一度烧伤的症状是皮肤肿胀，有水泡，有疼痛感。 ( )

[012] 二度烧伤的症状是皮肤紫绀、水肿、有水泡、疼痛明显。 ( )

[013] 三度烧伤是皮肤焦痂呈皮革样、苍白、炭化或焦黄干燥、感觉消失。( )

[014] 烧伤的总面积超过10%属二度烧伤。 ( )

[015] 烧伤深度采用三度四分法，即一度、二度、浅三度、深三度。 ( )

[016] 大面积烧伤病人口渴时，应给予大量开水口服。 ( )

[017] 酸碱及其他化学品烧伤的创面，不能用清水冲洗。 ( )

[018] 手掌法常用于小面积或分散的烧伤估算。 ( )

[019] 头、面、颈部烧伤占体表总面积的18%。 ( )

[020] 双上肢烧伤占体表总面积的18%。 ( )

[021] 烧烫伤面积的估算包括三度四分法。 ( )

[022] 自身烧伤后应立即呼叫，奔跑，以求他人救助。 ( )

[023] 自身着火后，可迅速脱去衣服。 ( )

5.4 强酸、强碱损伤

[001] 对误服强酸或强碱者，应立即进行洗胃，以免加重中毒。 ( )

[002] 人体皮肤不慎感触有毒物品，应立即用大量清水冲洗。 ( )

[003] 对酸碱及其他化学品灼伤的创面，决不能用清水冲洗。 ( )

[004] 如果眼睛被化学性液体溅伤，应立即将面部放入盛有清洁水的水盆内眨眼睛进行清洗。 ( )

[005] 皮肤被强酸液烧伤时，最好用湿纱布裹起来。 ( )

[006] 危险品对人的危害一般是由误服、吸入和接触三种方式造成的，对受毒物刺激的眼鼻，应绝对禁止用清水反复冲洗。 ( )

[007] 眼鼻接触有毒物的患者，可用大量清水和生理盐水冲洗。 ( )

[008] 强酸接触中毒可用2%～5%碳酸氢钠溶液中和，强碱接触中毒可用2%醋酸中和。 ( )

[009] 对于吸入强酸、强碱损伤的病人，呼吸困难者可能出现肺水肿，应进行胸外心脏按压。 ( )

[010] 误服强酸、强碱中毒后，可采取洗胃、饮清水等措施。（ ）

[011] 对于吸入性强酸、强碱损伤病人转移时，应解开上衣，保持呼吸通畅。（ ）

5.5 电击伤

[001] 电击伤不但可以造成心跳停止，也可以造成烧伤。（ ）

[002] 低电压常引起心室纤颤，高电压则多引起心跳和呼吸停止。（ ）

[003] 溺水者常出现“假死”状态，而触电者不出现“假死”状态。（ ）

[004] 触电部位皮肤烧伤面积大，但组织破坏很浅。（ ）

[005] 触电严重者常于触电后有抽搐与休克症状。（ ）

[006] 遭电击者有时会发出一声尖叫，是因呼吸肌突然发生强烈痉挛造成的。（ ）

[007] 触电伤员脱离电源后，若呼吸、心跳停止，应就地抢救。（ ）

[008] 溺水、触电患者，均应立即转送医院抢救。（ ）

[009] 触电后呼吸、心跳停止，心肺复苏是最主要的措施。（ ）

[010] 电击的烧伤面积小、愈合快。（ ）

[011] 电击伤皮肤组织坏死者应当进行清创术，及时切除焦痂，必要时用抗菌素预防破伤风，用抗毒素预防感染。（ ）

6 常见急症

6.1 高热

[001] 对高热的病人可用30%～50%的酒精擦浴。（ ）

[002] 对高热病人进行物理降温时，体温不可降太低，一般控制在37～38℃为宜。（ ）

[003] 对高烧的病人，可用70%～75%的酒精涂擦以降低体温。（ ）

[004] 高热病人用酒精擦浴颈部、腋下、腹股沟等处，是因为方便。（ ）

[005] 测得体温是39.5℃，这是低热状态。（ ）

[006] 对高热病人可在其前额、颈枕部、腋下、大腿根部等处冷敷或擦浴。（ ）

[007] 高热患者应多饮开水，多盖被褥，以利出汗、降温。（ ）

[008] 发热只有少数是由各种致病微生物在人体抵抗力下降的情况下侵犯人体所引起的。（ ）

[009] 非感染性发热比较常见。（ ）

[010] 由细菌、病毒引起的发热属于非感染性发热。（ ）

[011] 由急性传染病引起的发热属于感染性发热。（ ）

[012] 高热患者的胃肠蠕动下降。（ ）

[013] 发热通常是一种独立疾病。（ ）

[014] 发热对判断病情、评价疗效和估计预后均有重要参考价值。（ ）

[015] 发热只需要对症治疗，不必寻找病因。（ ）

[016] 由感染引起的高热必须用足量的抗毒素等进行治疗。（ ）

[017] 发热是机体抵抗疾病的生理性自我防御反应。（　　）
[018] 腋下温度 37.3～38℃，称为中度热。（　　）
[019] 对于体温在 38℃以下的病人，用退烧药效果最好。（　　）

6.2　晕厥

[001] 昏厥的原因是脑暂时性缺血所产生的短暂意识丧失。（　　）
[002] 对昏迷的病人应保持呼吸道通畅并及时吸痰。（　　）
[003] 如果病人已经昏迷或腹痛较重已一天未进食，为增强其抗病能力，可给病人进食。（　　）
[004] 由于蹲的时间过长，突然站立会造成暂时性脑缺血，因而会出现昏厥。（　　）
[005] 昏厥的病人一般恢复较快，不留后患症。（　　）
[006] 晕厥知觉恢复后，可给以冷饮。（　　）
[007] 由强烈刺激诱发的单纯性晕厥较为多见。（　　）
[008] 晕厥多是某些严重急病的表现。（　　）
[009] 昏厥是没有预兆的。（　　）
[010] 昏厥病人常发生于卧位。（　　）
[011] 体位性低血压性昏厥多由蹲坐时间较久，突然坐起、站起所致。（　　）
[012] 对于晕厥的病人，应针刺或用手掐合谷穴，以促其苏醒。（　　）

6.3　休克

[001] 休克病人主要临床表现是脉搏细而快、血压升高、面色苍白、少尿。（　　）
[002] 休克是由于脑暂时性的缺血、缺氧造成的。（　　）
[003] 因心肌梗塞而引起的休克是过敏性休克。（　　）
[004] 休克血压降至 80/60mmHg 以下，脉压差小于 30mmHg。（　　）
[005] 让休克患者保持的最佳体位是头高脚低位。（　　）
[006] 休克可以发生在不同的疾病中。（　　）
[007] 心律失常、心力衰竭、心源性休克均是心肌梗死的并发症。（　　）
[008] 休克发病的基本原因是组织的缺血、缺氧。（　　）
[009] 休克病人在急救时不可抬高下肢。（　　）
[010] 心源性休克又称神经性休克。（　　）
[011] 过敏性休克多见于药物过敏和血清过敏。（　　）
[012] 休克是由于脑暂时性的缺血、缺氧造成的。（　　）
[013] 一旦发现病人处于休克状态，必须迅速送病人去医院。（　　）

7　救生艇筏上常见疾病

[001] 晕船时最好是多运动，多喝水。（　　）
[002] 人体长时间在低温水中浸泡，就可能会造成冻伤。（　　）
[003] 严重冻伤病人应立即用火烤，尽快让其复温。（　　）
[004] 冻伤的病人，可以用酒精搓受伤部位。（　　）

[005] 小面积冻伤可以用温暖的手去轻轻地抚摩，不需要其他的治疗。 (　　)

[006] 凡体温过低者，都可浸浴于38～45℃的温水中。 (　　)

[007] 脱水患者，应立即大量饮淡盐水。 (　　)

[008] 皮肤充血、发红或紫绀，有痒痛烧灼感是冻伤的临床表现。 (　　)

[009] 四肢冻伤者应马上用热水袋热敷复温。 (　　)

[010] 对重复进行热水浸泡的冻伤病人，如有疼痛可给适量止痛药服用。 (　　)

[011] 乘船时的体位、过饱饮食也与晕船有关。 (　　)

[012] 晕船的人服用茶苯海明后禁止机械操作。 (　　)

[013] 晕船的人在有风浪时，应进食一些清淡易消化的食物，要吃饱，防止过度疲劳。 (　　)

[014] 曾患化脓性迷路炎和迷路缺陷的人经常发生晕船。 (　　)

[015] 视线不断变更更容易引起晕船。 (　　)

[016] 发生多次晕船的人，以后一上船，即使船体未动，也会因条件反射地引起晕船。 (　　)

[017] 青光眼、哮喘及前列腺肥大者，晕船时，可以口服茶苯海明。 (　　)

[018] 90%的人经过锻炼可以提高抗晕船能力，对晕船的适应能力可永久获得。 (　　)

[019] 寒冷引起的局部组织损伤称为冻伤，是落水人员死亡的主要原因。 (　　)

[020] 冻僵是严重的全身性疾病。 (　　)

[021] 严重冻伤病人应立即用火烤，尽快让其复温。 (　　)

[022] 冻伤者可将冻伤部位浸泡在38～42℃的温水中5～7min，可迅速恢复局部血液循环。 (　　)

[023] 一、二度冻伤冲洗后可涂冻伤膏。 (　　)

[024] 三、四度冻伤进行冲洗后可涂冻伤膏。无须消毒、包扎、保暖。 (　　)

[025] 救起体温较低者，给予酒精饮料使其暖和。 (　　)

[026] 冻伤是寒冷环境引起体温过低发生的以神经系统和心血管损害为主的严重的全身性疾病。 (　　)

[027] 在赤露的肢体上涂以石蜡油或者单柠酸油膏等可预防日晒。 (　　)

[028] 穿着深色的衣服可以预防日晒。 (　　)

[029] 若皮肤被晒伤的水泡已破裂，则应撒以消炎粉或涂以单柠酸膏，而后用纱布轻轻包扎好，不要移动。 (　　)

[030] 若皮肤被晒伤并起泡发炎，则应将水泡弄破。 (　　)

[031] 人体脱水后应少量分多次饮水，并适量加食盐较好。 (　　)

[032] 饥饿时间较长，人会出现浮肿。 (　　)

[033] 人饥饿时，心率会变快。 (　　)

8　急救箱和常用急救药品

[001] 急救箱内有杜冷丁。 (　　)

［002］大船上的急救箱内没有配备手术刀。（　　）

［003］急救箱不需要专人负责。（　　）

［004］碘酊不能与酒精混用。（　　）

［005］硝酸甘油舌下含服起效快，用于心绞痛发作。（　　）

［006］大面积烧伤可用紫药水涂擦患处。（　　）

［007］颅脑外伤引起的脑水肿，可用甘露醇降颅压。（　　）

［008］船员在工作中饮酒，可以提高兴奋性，提高工作效率。（　　）

［009］长期酗酒容易产生生理依赖和心理依赖。（　　）

［010］药物滥用与“吸毒”无本质的区别。（　　）

［011］药物滥用可导致药物成瘾，引发严重的公共卫生和社会问题。（　　）

［012］药物滥用是指反复、大量地使用具有依赖性特性或依赖性潜力的药物。（　　）

［013］船上急救箱要有专人负责管理，箱子要锁好，以防药品丢失。（　　）

［014］急救箱内的药品包括口服药和外用药两种。（　　）

［015］胶皮止血带属于急救箱内的耗材。（　　）

［016］CPR 呼吸面罩、多功能颈托是船舶急救箱必备的器械。（　　）

［017］急救箱内有缝针及缝线、胶皮止血带、手电筒、小夹板、针灸针等器械。（　　）

［018］急救箱内的物品无需建立药品帐卡，但是需要定期检查。（　　）

［019］急救箱内的物品不要求位置固定，但应取用方便。（　　）

［020］急救箱应放在通风干燥的地方，避免遭受高温、日晒、水浸，还要远离火源。（　　）

［021］急救箱不需要专人负责。（　　）

［022］血容量扩充剂用于治疗各种失血、脱水、创伤和烧伤、感染等引起的休克。（　　）

［023］吗啡、杜冷丁是止痛药，任何人都可保管和使用。（　　）

［024］肾上腺素用于治疗青霉素所引起的过敏性休克时，只能由医生使用或在医生指导下使用。（　　）

［025］葡萄糖注射液常采用5％、10％葡萄糖注射液静脉滴注，其中10％葡萄糖注射液为等渗溶液。（　　）

［026］山莨菪碱的作用与阿托品相似，用于治疗胃、肠、胆绞痛，中毒性休克，眩晕等。（　　）

［027］氨茶碱可用于治疗心绞痛、心源性肺水肿。（　　）

［028］诺氟沙星主要用于治疗敏感菌所致的泌尿道感染、呼吸道感染、肠道感染、前列腺炎和胆道感染及皮肤感染等。（　　）

［029］氟哌酸不宜空腹服用。（　　）

［030］红霉素肠溶片是广谱抗菌素，主要用于治疗上呼吸道感染、鼻窦炎、蜂窝组织炎、破伤风以及梅毒、淋病。（　　）

[031] 盐酸小檗碱（黄连素）片为广谱抗菌素，常用于治疗肠道炎症。（ ）

[032] 肝炎病人应禁酒。（ ）

[033] 醉酒多数不需治疗，但由于皮肤血管扩张，需注意保暖。因常有呕吐，需注意防止窒息。（ ）

[034] 酒精中毒主要表现为中枢神经系统的兴奋和对胃的刺激。（ ）

[035] 患者对部分药物依赖，常因意识恍惚、丧失警觉、失去机械操作的敏捷性，导致航海事故的发生，造成过失性犯罪。（ ）

[036] 药物滥用者慢性中毒的死亡率甚高。（ ）

[037] 药物滥用会造成智力减退、判断力下降、工作效率降低、责任感丧失，使身心健康受到严重摧残。（ ）

[038] 极浓的乙醇将抑制延髓中枢，引起呼吸、循环功能衰竭，严重者可导致死亡。（ ）

选 择 题

1 急救概述

[001] 基本急救的目的之一是________。
A. 求援　B. 弄清情况　C. 改善病情

[002] 救援是海上急救的________。
A. 原则之一　B. 目的之一　C. 主要方法

[003] 无线电医疗服务是由________的。
A. 海岸电台独立主办
B. 当地医疗机构独立主办
C. 海岸电台和当地医疗机构联合主办

[004] 基本急救知识是要求________知识。
A. 高级船员掌握的　B. 每一个船员掌握的　C. 船医掌握的

[005] 无线电医疗服务的对象是________。
A. 海上船舶　B. 岸上机构　C. 所有医疗机构

[006] 无线电医疗服务咨询时，________提供已采取的急救措施。
A. 应该　B. 随便　C. 不必

[007] 转送病人时，________优先转送和救治。
A. 重症　B. 中度伤员　C. 轻伤员

[008] 弄清患者情况后，着手进行急救时，总的原则包括：________。
①恢复心跳呼吸；②停止出血；③防止休克现象发生
A. ①②③　B. ①②　C. ②③

[009] 现场急救的原则除了采取恢复呼吸、心跳，控制出血，去除中毒物质外，还应________。
A. 固定骨折部位　B. 阻止危害因素的进一步作用
C. 急救医院抢救

[010] 现场急救的基本任务是________。
A. 以救命为主　B. 减少伤残　C. 安全转移伤病

[011] 120 医疗急救服务由________组成。
A. 若干个急救中心　B. 若干个急救站
C. 急救中心和若干个急救站

[012] 120 医疗急救服务的特点：________。
①辐射到城市的各个区域；②反应迅速；③抢救及时
A. ①　B. ②③　C. ①②③

[013] 在国际信号规则中，有________字母开头的三字母信号是供船舶之间有关业务通信用的，必要时可以查阅和利用。

A. S　　B. H　　C. M

[014] 医疗指导业务已在许多国家建立，每天服务时间是________。

A. 12h　　B. 8h　　C. 24h

[015] 用船舶接送医生和病人，需要________的航海技术。

A. 非常高　　B. 较好　　C. 一般

[016] 船舶接送医生和病人时，大型油轮和其他一些船舶需要________才能使发动机准备就绪，所以应尽快发出信号。

A. 10min　　B. 20min　　C. 30min 到 1h

[017] 船舶接送医生和病人，一般由________提供照明、登船设备，并指明最佳位置。

A. 小船　　B. 大船　　C. 任意船只

[018] 无线电医疗交换信息最好采用________。

A. 本国语言　　B. 密码　　C. 双方熟悉的语言

[019] 无线电求援是海上急救中的________。

A. 原则之一　　B. 目的之一　　C. 外来援助部分

[020] 海上急救外来援助最常见的方式为________。

A. 直升机救援　　B. 无线电医嘱和直升机救援

C. 船-船之间人员转送

[021] 无线电医嘱通过________，直接由各港口的医生发出。

A. 无线电报　　B. 无线电话　　C. 无线电话、无线电报

2　人体结构和功能

[001] 整个人体可分为________。

A. 头、颈、躯干三大部分

B. 头、躯干、四肢三大部分

C. 头、颈、躯干、四肢四大部分

[002] 下列说法正确的是________。

A. 几种功能接近的组织联合起来担负某种任务，叫做器官

B. 几种组织结合在一起执行一定的功能，叫做器官

C. 几种组织结合在一起担负某种任务，叫做系统

[003] 人的腹腔内有________器官。

A. 胃、肠、心、肝、肾

B. 肺、胃、子宫、膀胱

C. 胃、肝、肾、脾

[004] 本身没有消化功能，只能吸收水分的是________。

A. 大肠　　B. 胃　　C. 小肠

[005] 进行思维和意识活动的中枢神经系统是________。
A. 小脑　　B. 脑干　　C. 大脑

[006] 血红蛋白具有运输氧的功能，它存在于________中。
A. 红细胞　　B. 白细胞　　C. 血小板

[007] 下列说法________是正确的。
A. 运动系统主要由骨和骨连接两部分组成
B. 运动系统主要由骨、骨连接及骨骼组成
C. 运动系统主要由骨、骨连接及骨骼肌组成

[008] 按骨的形状分，肱骨属于________。
A. 长骨　　B. 短骨　　C. 不规则骨

[009] 人体内的循环系统包括________。
A. 血液循环系统和体循环系统
B. 血液循环系统和淋巴系统
C. 淋巴系统和体循环系统

[010] 与血液凝固有关的血浆蛋白是________。
A. 白蛋白　　B. 球蛋白　　C. 纤维蛋白

[011] 血小板的作用是________。
A. 止血、凝血　　B. 造血　　C. 防御

[012] 促使血液在血管中不停地循环的动力是________。
A. 大脑　　B. 血压　　C. 心脏

[013] 静脉血的血色是________。
A. 鲜红　　B. 暗红　　C. 黑色

[014] 人体的血液体循环路径是________。
A. 左心室—动脉—毛细血管—静脉—右心房
B. 左心室—静脉—毛细血管—动脉—右心房
C. 右心房—动脉—毛细血管—静脉—左心室

[015] ________是淋巴器官。
A. 肝　　B. 脾　　C. 肾

[016] 最大的淋巴器官是________。
A. 扁桃体　　B. 脾　　C. 肝

[017] 平静时，人呼吸频率一般是________。
A. 成年女性大于儿童
B. 成年男性大于成年女性
C. 儿童大于成年女性

[018] ________是分泌消化液的消化腺。
A. 小肠　　B. 肝脏　　C. 食道

[019] 正常成人每立方毫米血细胞中白细胞含量为________个。
A. 5000～6000　　B. 7000～9000　　C. 4000～10000

［020］喜、怒、哀、乐等情绪是由________发生的情绪性反应。
A. 间脑　B. 小脑　C. 脑干

［021］血小板的平均寿命为________。
A. 与人的寿命相同　B. 10d　C. 瞬间

［022］一次失血________，可引起人体活动障碍。
A. 10%　B. 20%　C. 30%

［023］神经系统是指________。
A. 中枢神经系统　B. 周围神经系统
C. 中枢神经系统和周围神经系统

［024］中枢神经系统与周围神经系统的关系是________。
A. 周围神经系统通过中枢神经系统起作用
B. 中枢神经系统通过周围神经系统起作用
C. 周围神经系统调节中枢神经系统

［025］关于大脑的正确描述是________。
A. 大脑由小脑、中脑、间脑构成
B. 左侧大脑半球管理身体右侧，右侧大脑半球管理身体左侧
C. 左侧大脑半球管理身体左侧，右侧大脑半球管理身体右侧

［026］扁桃体能产生淋巴细胞，具有________。
A. 消化功能　B. 防御功能　C. 解毒功能

［027］正常人体的总血量占体重的________。
A. 5%～6%　B. 7%～8%　C. 9%～10%

［028］四肢骨不包括哪一种骨________。
A. 肱骨　B. 腓骨　C. 尺骨　D. 胸骨

［029］肱骨位于________。
A. 上臂　B. 中臂　C. 前臂

［030］腓骨位于________。
A. 胫骨内侧　B. 胫骨外侧　C. 胫骨内外侧

［031］运动系统的器官重量约占成人体重的________。
A. 40%　B. 50%　C. 60%

［032］________的肌肉位于孔裂的周围，收缩时可以关闭孔裂。
A. 长梭状　B. 扁平　C. 环形

［033］________的肌腱呈扁平状，为腱膜。
A. 长梭状的肌肉　B. 扁平的肌肉　C. 环形的肌肉

［034］关节一般由________三个部分构成。
A. 关节头、关节软骨和关节窝
B. 关节头、关节软骨和关节腔
C. 关节面、关节囊和关节腔

［035］骨髓充满于________的髓腔和骨松质的间隙内。

A. 短骨　　B. 扁骨　　C. 长骨

[036] ________富含血管、神经、成骨细胞和破骨细胞，对骨的生长、发育、修复和改造起重要作用。

A. 骨膜　　B. 骨质　　C. 骨髓

[037] ________主要构成容纳重要器官的腔壁。

A. 短骨　　B. 扁骨　　C. 不规则骨

[038] 在运动中，________起杠杆作用。

A. 骨骼肌　　B. 骨　　C. 关节

[039] 临床上，________常被用来确定内脏器官、血管和神经的位置。

A. 肌性标志或骨性标志　　B. 骨骼

C. 骨骼肌

[040] 胸肌中的________与上肢活动及呼吸有关。

A. 胸小肌　　B. 胸大肌　　C. 锁骨下肌

[041] 下列________是运动的主动部分。

A. 骨骼肌　　B. 骨　　C. 骨连结

[042] ________封闭胸廓下口，成为胸腔底和腹腔的顶，同时也参与呼吸运动。

A. 胸肌　　B. 膈肌　　C. 腹肌

[043] ________中有大量的钙盐和磷酸盐沉积，是人体钙、磷的贮存库，参与人体的钙磷代谢。

A. 骨膜　　B. 骨基质　　C. 骨髓

[044] 运动系统的功能是________。

A. 运动功能　　B. 运动、支持功能　　C. 运动、支持、保护功能

[045] ________收缩时，可以使肩胛骨向脊柱靠拢。

A. 颈肌　　B. 背阔肌　　C. 斜方肌

[046] 桡骨茎突比尺骨茎突低________ cm，这种位置关系可用于鉴别桡、尺骨下段是否骨折。

A. 1　　B. 2　　C. 3

[047] 正常情况下，当人体侧卧、髋关节屈________时，坐骨结节与髂前上棘的连线（Nelaton 线）恰好通过大转子尖。

A. 30°～60°　　B. 45°～60°　　C. 90°～120°

[048] 胸锁乳突肌后缘与锁骨形成的夹角处向外________ cm，是锁骨下静脉锁骨上入路穿刺的进针点。

A. 0.5～1.0　　B. 1.0～1.5　　C. 2.0～2.5

[049] 内踝前方________ cm 处有大隐静脉通过，此处可作静脉穿刺。

A. 1.0～1.5　　B. 2.0～2.5　　C. 3.0～3.5

[050] 竖脊肌外侧缘与第________肋形成的夹角称脊肋角。

A. 10　　B. 11　　C. 12

[051] 测量血压时，通常将听诊器的胸件置于________的稍内侧。

A. 肱二头肌腱　　B. 肱三头肌腱　　C. 三角肌腱

[052] 两侧肩胛骨下角的连线平对第 7 ________棘突。

A. 腰椎　　B. 胸椎　　C. 颈椎

[053] 骶角为第________骶椎下关节突向下的突起，在骶管裂孔的两侧，是骶管麻醉进针的定位标志。

A. 5　　B. 6　　C. 7

[054] 成人人体骨骼共有________。

A. 216 块　　B. 226 块　　C. 206 块

[055] 按骨的形状分，椎骨属于：________。

A. 长骨　　B. 短骨　　C. 不规则骨

[056] 骨是由________组成。

A. 骨质、骨密质、骨松质

B. 骨膜、骨质、骨髓

C. 骨质、骨骼肌、骨髓

[057] 肱骨属于长骨，位于人体的________。

A. 上肢　　B. 下肢　　C 躯干

[058] 骨与骨之间的间接连结就是通常所说的关节，它是人体骨连结的________形式。

A. 次要　　B. 主要　　C. 特殊

[059] 胃肠道的肌肉是________。

A. 随意肌

B. 非随意肌

C. 随意肌和非随意肌共同组成

[060] 臀大肌是常用的肌内注射部位。为避免损伤经过其深面得坐骨神经，臀大肌的肌内注射部位应在臀部________部位注射。

A. 内上象限（内上 1/4 处）

B. 外下象限（外下 1/4 处）

C. 外上象限（外上 1/4 处）

[061] 成人骨有机质和无机质的比例约为________。

A. 1∶1　　B. 4∶5　　C. 3∶7

[062] ________能完成咳嗽、呕吐、排便等功能。

A. 胸肌　　B. 膈肌　　C. 腹肌

[063] 上肢肌中________收缩可屈前臂。

A. 肱二头肌　　B. 肱三头肌　　C. 肩带肌

[064] 上肢肌中________收缩可伸前臂。

A. 肱二头肌　　B. 肱三头肌　　C. 肩带肌

[065] 在髋关节后面的是________，有伸直大腿的作用。

A. 髋肌　　B. 大腿肌　　C. 臀大肌

［066］下肢肌中________能伸小腿。

A. 髋肌　　B. 股四头肌　　C. 臀大肌

［067］下肢肌中________收缩可以使足跟离地。

A. 腓肠肌　　B. 股四头肌　　C. 大腿肌

［068］骨质主要由________组成。

A. 有机质　　B. 无机质　　C. 有机质和无机质

［069］当肘关节屈至________时，肱骨内上髁、肱骨外上髁和尺骨鹰嘴形成一等腰三角形。

A. 30°　　B. 60°　　C. 90°

［070］骨质中无机质的主要作用是使骨________。

A. 有韧性　　B. 坚硬　　C. 有弹性

［071］肌肉的重量占体重的________。

A. 40%　　B. 50%　　C. 60%

［072］________位于耳垂至眶下缘间的骨桥，是颌面部骨折的好发部位。

A. 颧骨　　B. 翼点　　C. 乳突

［073］翼点在颧弓中点上方约________ cm 处，是颞窝前下部的骨质薄弱区。

A. 2　　B. 3　　C. 4

［074］颞窝前下部的骨质薄弱区常形成“________”形的缝，其内面有脑膜中动脉的前支通过。

A. Z　　B. H　　C. S

［075］________两侧平对第 2 肋，是计数肋的重要标志。

A. 胸骨角　　B. 肋弓　　C. 乳突

［076］________是临床上进行腹部触诊时常用的标志。

A. 胸骨角　　B. 肋弓　　C. 剑突

［077］________是心包穿刺的常用部位。

A. 左剑肋角　　B. 右剑肋角　　C. 左、右肋弓

［078］第________颈椎棘较长，常作为计数椎骨序数的标志。

A. 5　　B. 6　　C. 7

［079］第________腰椎棘突平两侧髂嵴最高点的连线。

A. 4　　B. 5　　C. 6

［080］骨质中的有机质主要是________，赋予骨韧性和弹性。

A. 胶原纤维粘多糖蛋白

B. 磷酸钙

C. 碳酸钙

［081］扁桃体能产生淋巴细胞，属于________。

A. 消化系统　　B. 防御系统　　C. 解毒系统

［082］人体内的循环系统包括________。

A. 血液循环系统和体循环系统

B. 血液循环系统和淋巴系统

C. 淋巴系统和体循环系统

[083] 血液在血管中不停循环的动力是：________。

A. 呼吸　　B. 脉搏　　C. 心脏

[084] 血液循环可分为体循环和肺循环，他们之间是________。

A. 不相通的　　B. 部分相通的　　C. 相通的

[085] 心率低于每分钟________次的称之为心动过缓。

A. 60　　B. 70　　C. 80

[086] 血液呈淡黄色，半透明，含水量达________。

A. 60%～70%　　B. 70%～80%　　C. 91%～92%

[087] ________是血液循环的辅助系统。

A. 呼吸系统　　B. 消化系统　　C. 淋巴系统

[088] 淋巴系统的主要功能是运输淋巴液进入________中。

A. 静脉　　B. 动脉　　C. 毛细血管

[089] 一个体重 50kg 的人，其血液总量约为________ mL。

A. 4000　　B. 5000　　C. 6000

[090] 动脉血为鲜红色，含________丰富。

A. 氧　　B. 二氧化碳　　C. 铁

[091] 血液呈红色，血液由________组成。

A. 红细胞、白细胞和血小板

B. 血浆和红细胞

C. 血浆和血细胞

[092] 血浆中的________含有多种抗体，能与一些致病因素起反应，破坏致病因素，对人体有保护作用。

A. 白蛋白　　B. 球蛋白　　C. 纤维蛋白

[093] 血浆蛋白又分为白蛋白、球蛋白和纤维蛋白原三种，其中________含量最多，对维持血浆胶体渗透压有很大作用。

A. 白蛋白　　B. 球蛋白　　C. 纤维蛋白原

[094] 心率高于每分钟________次的叫做心动过速。

A. 70　　B. 80　　C. 100

[095] 血浆中的________相对分子质量很大，与血液凝固相关。

A. 白蛋白　　B. 球蛋白　　C. 纤维蛋白

[096] 心脏每分钟搏动的次数称为心率。心率的正常变动范围是________次/min。

A. 50～60　　B. 60～100　　C. 100～110

[097] 心脏被中隔为左、右两半，即________。

A. 右心房和左心房

B. 右心室和左心室

C. 右心房、右心室和左心房、左心室

[098] 正常人每立方毫米血液中含血小板________万个。

A. 1～10　　B. 10～30　　C. 30～40

[099] 血细胞中________最小。

A. 红细胞　　B. 白细胞　　C. 血小板

[100] 血红蛋白与氧分离后，使血液呈________色。

A. 鲜红　　B. 淡红　　C. 暗红

[101] 红细胞之所以呈红色，是因为含有血红蛋白。血红蛋白是一种含________的蛋白质。

A. 铁　　B. 锌　　C. 铜

[102] 红细胞的平均寿命约为________天。

A. 40　　B. 120　　C. 200

[103] 正常成年人每立方毫米血液中含有红细胞的数量，男性为________万个。

A. 200～300　　B. 300～400　　C. 400～550

[104] 体循环动脉内流动的血液含氧量和营养物质________。

A. 少　　B. 多　　C. 不确定

[105] ________是把血液从身体各部分送回心脏的血管。

A. 动脉　　B. 静脉　　C. 毛细血管

[106] ________内含有大量的吞噬细胞，能吞噬衰老的血细胞，也能吞噬异物。

A. 淋巴管　　B. 淋巴结　　C. 脾

[107] 浅淋巴管跟浅静脉一起走，主要收集________的淋巴液。

A. 皮肤　　B. 肌肉　　C. 内脏

[108] 在安静状态下，人体每滴血在血管中完成肺循环约需________ s。

A. 10　　B. 20　　C. 30

[109] 喉位于颈前部正中，喉咽部的前方，相当于第________颈椎的高度。

A. 2～3　　B. 4～6　　C. 7～8

[110] ________是呼吸道的起始部分。

A. 鼻　　B. 咽　　C. 气管

[111] 鼻可分为________ 3 部分。

A. 外鼻、鼻腔和鼻甲

B. 外鼻、鼻甲和鼻旁窦

C. 外鼻、鼻腔和鼻旁窦

[112] 咽是一个前后略扁的漏斗形肌性管道，位于第________颈椎的前方。

A. 1～6　　B. 5～7　　C. 7～8

[113] 肺可分为实质和间质两部分，肺实质由________构成。

A. 结缔组织、血管

B. 支气管树和肺泡

C. 淋巴管和神经

[114] 下列系统中有吸入氧气和排除二氧化碳功能的是________。

A. 呼吸系统　　B. 消化系统　　C. 泌尿系统

[115] 气体交换处在________。

A. 心脏内　　B. 血管内　　C. 肺泡

[116] 肺泡为多面形囊泡，每侧肺约有________亿个，是进行气体交换的场所。

A. 1～2　　B. 3～4　　C. 5～6

[117] 肺泡管是________的分支，管壁上连有许多肺泡。

A. 呼吸性细支气管　　B. 终末细支气管　　C. 细支气管

[118] 呼吸性细支气管是________的分支，管壁上有少数肺泡的开口，故管壁不完整。

A. 小支气管　　B. 细支气管　　C. 终末细支气管

[119] 每条________及其各级分支和其所属的肺泡构成一个肺小叶。

A. 肺段支气管　　B. 小支气管　　C. 细支气管

[120] 咽包括前壁、侧壁和后壁，其中________不完整。

A. 后壁　　B. 侧壁　　C. 前壁

[121] 导气部的功能是________。

A. 进行气体交换

B. 传送气体

C. 既能传送气体又能进行气体交换

[122] ________既是气体的通道，又是发音器官。

A. 喉　　B. 鼻　　C. 咽

[123] 胸膜腔位于________与胸腔内壁之间。

A. 肺　　B. 胃　　C. 肝

[124] 肺的前缘和下缘薄而锐利，左肺前缘下部分有一明显的凹陷，称________。

A. 肺尖　　B. 肺根　　C. 心切迹

[125] ________是主支气管、肺动脉、肺静脉、支气管血脉、淋巴管和神经等出入肺的部位。

A. 肺门　　B. 膈面　　C. 肋面

[126] ________位于膈的上方和纵隔两侧。

A. 肺　　B. 胃　　C. 肝

[127] 气管和主支气管是连结________与肺之间的通气管道。

A. 鼻　　B. 咽　　C. 喉

[128] 心、肺位于________。

A. 腹腔内　　B. 胸腔内　　C. 盆腔内

[129] 当小支气管分支的口径为________ mm 左右时，称为细支气管。

A. 1　　B. 2　　C. 3

[130] 中央管位于灰质的中央，纵贯脊髓的全长，向上连通第________脑室。

A. 二　　B. 三　　C. 四

[131] 脊髓表面有________条纵沟，前面正中纵行的深沟称为前正中裂，后面正中

纵行的浅沟称为后正中沟。

A. 2　　B. 4　　C. 6

[132] 脑干中的________严重受损可引起心跳与呼吸停止、血压下降而导致死亡。

A. 中脑　　B. 延髓　　C. 脑桥

[133] 主要分布于内脏、心血管好腺体等组织中，分别管理平滑肌、心肌的运动和腺体的分泌的神经是________。

A. 自主神经　　B. 脑神经　　C. 脊神经

[134] 脊髓位于椎管内，上端在枕骨大孔处与________相连，下端在成人约平对第1腰椎体下缘。

A. 间脑　　B. 延髓　　C. 脑桥

[135] 前庭蜗神经属于________神经。

A. 感觉性　　B. 运动性　　C. 混合性

[136] 脊神经有________。

A. 30对　　B. 31对　　C. 32对

[137] 脑干在脑的中央部位，由间脑、中脑、桥脑和延髓组成，其中________。

A. 间脑是生命中枢，控制心跳、呼吸、血压等

B. 中脑是生命中枢，控制心跳、呼吸、血压等

C. 延髓是生命中枢，控制心跳、呼吸、血压等

[138] 调节躯体平衡的器官是________。

A. 间脑　　B. 小脑　　C. 大脑

[139] 小脑在脑干的________。

A. 前方　　B. 上方　　C. 后方

[140] 神经系统是指________ _。

A. 中枢神经系统

B. 周围神经系统

C. 中枢神经系统和周围神经系统

[141] 神经系统的活动极为复杂，其最基本的活动方式是________。

A. 感觉　　B. 运动　　C. 反射

[142] 面神经属于________神经。

A. 感觉性　　B. 运动性　　C. 混合性

[143] 脊髓呈前后略扁的圆柱状，并可见膨大处为________。

A. 颈膨大一处

B. 腰骶膨大一处

C. 颈膨大和腰骶膨大两处

[144] 滑车神经属于________神经。

A. 感觉性　　B. 运动性　　C. 混合性

[145] 调节人体各种功能的中枢部分是________。

A. 脑、脊髓　　B. 心　　C. 肺

［146］脑神经中的纤维有________等。

A. 躯体感觉纤维和内脏感觉纤维

B. 躯体运动纤维和内脏运动纤维

C. 躯体感觉纤维、内脏感觉纤维、躯体运动纤维和内脏运动纤维

［147］脊神经出椎间孔后立即分为________。

A. 脊膜支、交通支、后支和前支

B. 脊膜支、交通支

C. 后支和前支

［148］脊神经的前根由________发出的轴突所组成。

A. 躯体运动神经元和躯体感觉神经元

B. 躯体感觉神经元和内脏感觉神经元

C. 躯体运动神经元和内脏运动神经元

［149］大脑半球中深埋在________内的一些灰质核团称基底核。

A. 灰质　　B. 髓质　　C. 皮质

［150］________是大脑最发达的部分。

A. 端脑　　B. 脑干　　C. 间脑

［151］________大部分被大脑半球遮盖，仅有部分腹侧部露于脑底。

A. 小脑　　B. 脑干　　C. 间脑

［152］延髓和脑桥的背面与________相连。

A. 小脑　　B. 脑干　　C. 中脑

［153］脊髓内的________是联系脑与身体各部间的传导通路的中继站。

A. 灰质　　B. 中央管　　C. 上行、下行纤维束

［154］脊髓中的________主要由长的上行（感觉）纤维束和下行（运动）纤维束及短的固有束组成。

A. 灰质　　B. 中央管　　C. 白质

［155］脊髓中的________主要由神经元胞体组成。

A. 灰质　　B. 中央管　　C. 白质

［156］三叉神经属于________神经。

A. 感觉性　　B. 运动性　　C. 混合性

3　病情判定

［001］体温测定时，温度最高的部位是________。

A. 口腔　　B. 肛门　　C. 腋下

［002］呼吸有无的判断方法是：________。

①看胸腹部有无起伏；②听有无呼吸气流通过；③体察有无呼气气流的吹拂感

A. ①②　　B. ②③　　C. ①②③

［003］两侧瞳孔均为针尖大小见于：________。

①有机磷农药中毒；②吗啡中毒；③脑干出血

A. ①② B. ②③ C. ①②③

[004] 两侧瞳孔一大一小见于________。

A. 脑中风 B. 严重颅脑外伤 C. 以上都是

[005] 判断心跳、呼吸停止的标准是：________。

①神志丧失；②颈动脉搏动消失；③呼吸停止；④瞳孔扩大、固定

A. ①② B. ①②③ C. ①②③④

[006] 可作为死亡判断的现象是：________。

①心跳停止；②呼吸停止；③瞳孔扩大、固定；④眼角膜混浊

A. ①② B. ①②③ C. ①②③④

[007] 在脑中风、严重颅脑外伤时，两侧瞳孔________，表明发生了脑水肿、脑疝，病情危重，需要立即抢救。

A. 一大一小 B. 均为针尖大小 C. 显著扩大

[008] 危重病人的呼吸检查方法是________。

A. 观察其胸腹部有无起伏

B. 用小棉花放在鼻孔旁，观察棉花吹动次数

C. 以耳朵贴近其口鼻部听有无呼吸声音和感觉有无气流拂面

[009] 以两手指触摸伤员颈动脉脉搏是________的测定方法。

A. 心跳 B. 呼吸 C. 意识

[010] 测量血压时，应将袖带内的气体排除，平整地缠在右上臂的中 1/3 处，下缘距肘窝________ mm，松紧适度。

A. 10～20 B. 20～30 C. 40～50

[011] 神志不清的呕吐病人应采取：________。

A. 半卧位 B. 头高足低位 C. 平卧位，头偏向一侧

[012] 下列情况属于不正常的是：________。

A. 体温 37℃ B. 瞳孔缩小 C. 血压 90～140/60～90mmHg

[013] 脑溢血病人的瞳孔为：________。

A. 不发生明显变化 B. 双侧瞳孔放大 C. 不对称，病灶侧较大

[014] 健康成人安静时呼吸频率为每分钟________。

A. 16～20 次 B. 12～16 次 C. 20～24 次

[015] 日常指的血压是体循环的________。

A. 静脉血压 B. 收缩压 C. 动脉血压

[016] 下列测心率方法中常用哪项？________。

A. 扪股动脉搏动

B. 在心前区用听诊器听

C. 扪挠动脉或颈动脉

[017] 检查病人有无呼吸较方便的方法是________。

A. 用听诊器　　B. 检查有无知觉　　C. 用棉丝放到鼻孔处

[018] 检查病人伤情时，应注意：________。
①呼吸和心跳；②瞳孔和意识
A. ①　　B. ②　　C. ①②

[019] 检查病人有无呼吸，应________。
A. 触摸病人颈部动脉搏动
B. 观察胸、腹有无起伏
C. 查看瞳孔

[020] 呼吸与脉搏的比例为________。
A. 1∶2　　B. 1∶3　　C. 1∶4

[021] 正常瞳孔特点为正圆形，直径________ mm。
A. 3～4　　B. 4～5　　C. 5～6

[022] 处于昏迷状态的病人，危险的并发症是：________。
A. 呼吸道梗塞　　B. 发热　　C. 褥疮

[023] 测血压时，一般测右上臂，血压计高度最好________。
A. 与心脏同高　　B. 比心脏略高　　C. 比心脏略低

[024] 正常血压值：一般以测________为标准。
A. 颈动脉　　B. 肺动脉　　C. 肱动脉

[025] 体温每升高 1℃，脉搏增快________次/min。
A. 10～20　　B. 5～10　　C. 5～8

[026] 用肛测法测量体温，其正常值比口腔温度高________℃。
A. 0.3～0.5　　B. 0.5～0.8　　C. 0.8～1.0

[027] 用腋测法测量体温，体温正常值为________℃。
A. 36.3～37.2　　B. 37～38　　C. 36～37

[028] 用腋测法测量体温，测定时间为________ min。
A. 5　　B. 10　　C. 15

[029] 用口测法测量体温，测定时间为________ min。
A. 5　　B. 10　　C. 15

[030] 病人濒临死亡或已经死亡时，两侧瞳孔________。
A. 一大一小
B. 均为针尖大小
C. 显著扩大，直径 4～5mm

[031] 在急剧中毒及脑干出血时，两侧瞳孔________，表明病情危重，必须立即抢救。
A. 一大一小　　B. 均为针尖大小　　C. 显著扩大

[032] 体温测量前，应将体温计的汞柱甩到________℃以下，否则测量结果高于实际体温。
A. 36　　B. 37　　C. 38

[033] 下列哪项属于死亡征象？________。
A. 血压下降　　B. 脉搏微弱　　C. 心跳、呼吸停止

[034] 死亡征象包括________。
①心跳、呼吸停止；②死亡面容、角膜混浊；③尸体僵直、尸斑腐败
A. ①　　B. ①②　　C. ①②③

[035] 当病人突然病发时，应最先观察的是________。
A. 意识　　B. 呼吸　　C. 脉搏（心跳）

[036] 脑死亡的判断：________。
①深昏迷；②脑干反射消失；③无自主呼吸
A. ①　　B. ①②　　C. ①②③

4 船上常用急救技术

4.1 心肺复苏术（CPR）

[001] 人工呼吸有效的标志是________。
A. 瞳孔扩大　　B. 颈动脉搏动　　C. 呼吸恢复

[002] 用人工呼吸法时每分钟要进行________。
A. 8～12 次　　B. 16～20 次　　C. 20～24 次

[003] 做心脏按压时，应使胸骨下陷________。
A. 1～2cm　　B. 3～4cm　　C. 5～6cm

[004] 如果病人在席梦思床上发生心跳骤停，________就地进行胸外心脏按压。
A. 可以　　B. 不可以　　C. 不清楚

[005] 发现下列________情况，即应立即做胸外按压。
A. 无意识、无反应者
B. 无呼吸或不正常呼吸
C. 二者均是

[006] 做心肺复苏时，病人应仰卧在________。
A. 席梦思床垫上　　B. 地板上　　C. 沙发上

[007] 胸外心脏按压成功最主要的标志是________。
A. 颈动脉搏动　　B. 瞳孔扩大　　C. 肤色好转

[008] 胸外心脏按压成人每分钟应施压________。
A. 40 次　　B. 50 次　　C. 100 次

[009] 胸外心脏按压常见的损伤是________。
A. 脊椎骨折　　B. 肋骨骨折　　C. 休克

[010] 如同时进行人工呼吸与胸外按压，一般是胸外按压 30 次，人工呼吸________。
A. 1 次　　B. 2 次　　C. 3 次

[011] 做人工呼吸时，为保持呼吸道通畅，假牙________。
A. 不用拿出　　B. 应该拿出　　C. 可拿可不拿

[012] 最简便、有效的人工呼吸法是________。

A. 口对口呼吸　　B. 仰卧压胸　　C. 俯卧压背

[013] 下列哪种操作不正确？________。

A. 尽可能减少对按压的干扰或中断

B. 按压后应使胸廓充分回弹

C. 心脏按压时，按压比放松的时间长

[014] 胸外按压后使胸廓充分回弹，其目的是________。

A. 造成胸腔内负压

B. 促使静脉血液回流至心脏

C. 以上都是

[015] 心脏按压有效的主要标志为________。

A. 皮肤颜色好转　　B. 瞳孔缩小　　C. 脉搏可以摸到

[016] 一人法进行心肺复苏时，胸外心脏按压与人工呼吸的比例是________。

A. 16∶18　　B. 30∶2　　C. 5∶1

[017] 二人法进行心肺复苏时，胸外心脏按压与人工呼吸的比例是________。

A. 12∶1　　B. 8∶1　　C. 30∶2

[018] 心脏按压有效时，患者表现为：________。

①肤色转红；②瞳孔缩小；③颈动脉可摸到搏动

A. ①②③　　B. ①②　　C. ②③

[019] 下列________种操作是正确的。

A. 反复触摸颈动脉，确定心跳停止后就可以进行胸外按压

B. 用担架搬运病人时，可以间断 10s 进行心跳和呼吸的检查

C. 无论单人还是两人施救，成人徒手心肺复苏按压通气比均为 30 ∶ 2

[020] 胸外按压时，下列________种操作不正确。

A. 发现无意识、无呼吸时，应开始行胸外按压 30 次，而后 2 次通气

B. 如 2 人以上急救时，每 2min 轮换 1 次或 5 个循环后轮换

C. 只有专业人员检查脉搏后，才可以进行胸外按压，也只有经过判断呼吸的“看、听、感觉”流程后，才能施行胸外按压

[021] 胸外按压的频率为每分钟________。

A. 50 次　　B. 100 次　　C. 120 次

[022] 下列哪项不是胸外心脏按压的有效标志________。

A. 瞳孔放大　　B. 动脉搏动　　C. 肤色转红

[023] 以下何种病人可做口对口人工呼吸？________。

A. 吞服剧毒物者

B. 口鼻受伤严重缺损者

C. 一氧化碳中毒

[024] 人工呼吸是用人工的方法使机体得到氧气和呼出________。

A. 一氧化碳　　B. 氮气　　C. 二氧化碳

[025] 下列患者不采用口对口人工呼吸的是：________。

A. 溺水　　B. 触电　　C. 剧毒毒物中毒

[026] 做口对口人工呼吸时应将病人的头后仰，目的是________。

A. 便于操作　　B. 防止呕吐　　C. 打开气道

[027] 在心跳、呼吸停止时，采取的急救措施称为________。

A. 人工呼吸　　B. 胸外心脏按压　　C. 心肺复苏术

[028] 胸外心脏按压术的着力点在病人两乳连线和胸骨柄交界点，即胸骨中下________处。

A. 1/4　　B. 1/3　　C. 1/2

[029] 进行标准基础生命支持和高级生命支持，心脏持续无任何反应达________ min 以上或虽进行基础生命支持抢救，不能达到有效，可以终止心肺复苏术。

A. 10　　B. 20　　C. 30

[030] 开始进行 CPR 前，能确定心跳停止达________ min 以上者，可以终止心肺复苏术。

A. 5　　B. 10　　C. 15

[031] 进行复苏效果判断要求迅速，时间为________ s 以内。

A. 5～10　　B. 10～20　　C. 20～30

[032] 心肺复苏目前国际上通用一个周期为 5 个循环，约________ min。

A. 1　　B. 2　　C. 3

[033] 伤病员经抢救后，有自主呼吸及心跳但仍处于昏迷状态时，应将伤病员放置于________的体位。

A. 平躺　　B. 俯卧　　C. 侧卧

[034] 开放气道后，应立即给予人工呼吸________次。

A. 1　　B. 2　　C. 3

[035] 开放气道的方法中，________适用于颈部有外伤或者颈椎损伤时的抢救。

A. 压额提颏法　　B. 双手抬颌法　　C. 仰头抬颈法

[036] 压额提颏法是将一只手的小鱼际压住病人的前额，另一只手的食、中指放在病人下颌中点偏内 1～2cm，使下颌骨上抬与地面呈________。

A. 30°　　B. 60°　　C. 90°

4.2　出血与止血

[001] 下肢上止血带后应每隔________放松一次。

A. 40min 以内　　B. 1h 以内　　C. 1h 以上

[002] 腋窝下动脉出血时，应压迫________止血。

A. 股动脉　　B. 肱动脉　　C. 锁骨下动脉

[003] 指压止血法主要用于________的止血。

A. 动脉出血　　B. 静脉出血　　C. 毛细血管出血

[004] 在紧急情况下，________可作止血带用。

A. 绳索　　B. 绷带　　C. 铁线

[005] 下肢出血时，止血带应扎在肢体出血部位的________。

A. 上部　　B. 中部　　C. 下部

[006] 前臂出血时，应按压________。

A. 肱动脉　　B. 锁骨下动脉　　C. 股动脉

[007] 止血带适用于________。

A. 头部出血时　　B. 前臂骨折时　　C. 下肢动脉出血时

[008] 加压包扎止血法，主要用于四肢损伤时________的止血。

A. 大动脉出血　　B. 较大静脉出血　　C. 较小血管出血或渗血

[009] 伤口内有异物时，不能用________止血。

A. 加压包扎止血法　　B. 止血点加压法　　C. 止血带法

[010] 上止血带前，将伤肢抬高的目的是________。

A. 使静脉血回流　　B. 使血管舒展　　C. 使受伤皮肤放松

[011] 止血带常用于四肢________的止血。

A. 动脉出血　　B. 静脉出血　　C. 毛细血管出血

[012] 外伤出血呈喷射状和鲜红色的应是________。

A. 静脉出血　　B. 动脉出血　　C. 毛细血管出血

[013] 扎止血带后，每次放松的时间为________ min。

A. 0.5～1　　B. 1～3　　C. 4～5

[014] 上肢止血带应扎在伤肢伤口的________。

A. 上部　　B. 伤口处　　C. 下部

[015] 大腿动脉出血可压迫________止血点。

A. 肱动脉　　B. 颈动脉　　C. 股动脉

[016] 体重为 50kg 的人，出血量约________时，可能引起休克。

A. 1000mL　　B. 800mL　　C. 1200mL

[017] 小腿出血时，止血带应扎在________。

A. 出血部位以上　　B. 大腿下 1/3　　C. 大腿

[018] 与动脉出血不符的是________。

A. 出血快　　B. 血量多　　C. 血色暗红

[019] 下肢动脉出血应选择的止血方法是________。

A. 指压大腿根部　　B. 加压包扎　　C. 止血带止血

[020] 颞动脉止血可止住同侧________。

A. 头顶出血　　B. 面部出血　　C. 颈部出血

[021] 腋窝及肩部动脉出血时，应用拇指立即压迫________。

A. 颈动脉　　B. 肱动脉　　C. 锁骨下动脉

[022] 用拇指或食指压迫一侧耳前动脉属于________。

A. 颞动脉指压止血　　B. 颈动脉指压止血　　C. 颌下动脉指压止血

[023] 四肢动脉出血，最迅速的一种临时止血方法是________。

A. 止血带止血　　B. 指压法止血　　C. 加压包扎止血

[024] 肱动脉止血可止住同侧________。

A. 手、前臂和上臂下段出血

B. 下臂出血

C. 上臂出血

[025] 加压包扎止血法用于________的止血。

A. 大动脉出血

B. 静脉出血

C. 小动脉及毛细血管出血

[026] 毛细血管出血的止血应采用________。

A. 止血点点压法　　B. 加压包扎法　　C. 止血带止血法

[027] 背部受伤出血时，应用________止血法。

A. 止血带　　B. 止血点　　C. 直接加压

[028] 扎止血带后，每次放松的时间为________。

A. 1～3min　　B. 3～6min　　C. 30～60s

[029] 上肢止血带应________放松一次。

A. 20min 以内　　B. 1h 以内　　C. 1h 以上

[030] 指压颈动脉可止住同侧________。

A. 头、面、颈部出血　　B. 肩部出血　　C. 上肩出血

[031] 面部动脉出血时，可用拇指立即压迫________止血点。

A. 颌外动脉　　B. 下颌动脉　　C. 锁骨下动脉

[032] 上肢上臂严重出血时，可压________止血点。

A. 颈动脉　　B. 肱动脉　　C. 锁骨下动脉

[033] 指压止血法止血后，对动脉出血的患者________立即改用其他止血法止血。

A. 不需要　　B. 需要　　C. 两者皆可

[034] 腹股沟出现较大的出血时，最好的止血法是________。

A. 加压包扎　　B. 止血带止血　　C. 指压止血

[035] 急救严重骨折伴有大出血的休克病人时，首先应处理________。

A. 休克　　B. 出血　　C. 骨折

[036] 止血带止血法使用不当会引起________。

①肢端坏死；②神经损伤；③急性肾功能不全

A. ①②　　B. ②③　　C. ①②③

[037] 止血带止血法的种类包括________。

①橡皮止血带止血法；②勒紧止血法；③绞紧止血法

A. ①②　　B. ②③　　C. ①②③

[038] 在肢体的关节部位下端出血时，采用________止血。

A. 敷料加压包扎止血法

B. 屈肢加垫止血法

C. 指压止血法

[039] 急性大出血必须立即制止，病人应________，防止发生休克。

A. 俯卧　　B. 平卧　　C. 侧卧

[040] 当受伤引起大出血，失血量达到________时就会有生命危险。

A. 20%　　B. 30%　　C. 40%

[041] 止血方法中，________通常在四肢血管断裂出血量大的情况下使用。

A. 指压止血法

B. 伤口加压包扎止血法

C. 止血带止血法

[042] 动脉出血的出血点多________。

A. 在伤口近心端　　B. 在伤口远心端　　C. 不明显

[043] 加压包扎止血法用于________。

A. 较小血管引起的出血

B. 毛细血管出血

C. 大动脉出血

[044] 止血带每隔多长时间放松一次？________。

A. 20min　　B. 60min　　C. 80min

[045] 止血带止血法，哪项是错误的________。

A. 上好止血带后做出显著标志

B. 上臂止血带扎在中 1/3 处

C. 上止血带前抬高患肢

[046] 颞动脉止血法的出血部位是________出血部位。

A. 头顶　　B. 面部　　C. 颈部

[047] 指压动脉止血法的原则是________施压止血。

A. 出血部位上　　B. 出血部位远心端　　C. 出血部位近心端

[048] 一侧头面部出血可压迫________。

A. 面动脉　　B. 股动脉　　C. 颈总动脉

[049] 压迫颈动脉能止住头、面、颈部大出血，压迫时可采用________。

A. 同时压迫两侧颈总动脉

B. 压迫出血对侧的颈总动脉

C. 压迫出血一侧的颈总动脉

[050] 在紧急情况下，________可作止血带材料。

A. 绳索　　B. 绷带　　C. 铁线

[051] 手指出血时应压迫手指的________。

A. 远端　　B. 近心端　　C. 中部

[052] 采用止血带止血时，如果时间较长，应每________ h 内放松一次，每次 1～3min，使肢体在短时间内恢复血液循环。

A. 0.5　　B. 1　　C. 1.5

[053] 面动脉指压止血法用于同侧________的止血。

A. 头顶　　B. 面部　　C. 颈部

[054] 面动脉指压止血法是指急救者一手固定伤员的头部，另一手的食指或拇指在伤侧的下颌角前________ cm 的凹陷处可触及有一动脉搏动，压迫此点可止血。

A. 0.5～1.0　　B. 1.0～1.5　　C. 1.5～3

[055] 锁骨下动脉指压止血法是指用拇指在伤侧的锁骨的上窝中部摸到锁骨下动脉搏动点后，将拇指向下内后方对向________肋骨压迫即可止血。

A. 一　　B. 二　　C. 三

[056] ________指压止血法用于手、前臂的临时止血。

A. 尺、桡动脉　　B. 颈总动脉　　C. 肱动脉

[057] 手部小动脉出血的临时止血，应用双手拇指压迫患侧的手腕横纹后方________ cm 的两侧动脉跳动处，即可达到止血的目的。

A. 1～2　　B. 2～3　　C. 4～5

[058] 伤口处骨折，不适宜用________止血法。

A. 指压　　B. 止血带　　C. 伤口加压

[059] 下肢动脉出血可压何处止血点？________。

A. 肱动脉　　B. 颈动脉　　C. 股动脉

[060] 绞紧止血法属于________。

A. 指压止血法

B. 伤口加压包扎止血法

C. 止血带止血法

[061] 止血带能有效地止住四肢的出血，对头、颈、躯干部的出血________。

A. 立即用止血带　　B. 不能用止血带　　C. 都不对

[062] 前臂和小腿有两根骨骼，止血带对动脉压迫不紧时，止血效果不好；遇此情况时，止血带可以安置在上臂或大腿的________部位。

A. 上 1/3　　B. 中 1/3　　C. 下 1/3

[063] 静脉出血时呈________。

A. 渗出状　　B. 喷射状　　C. 流出状

[064] 动脉出血时的血色为________。

A. 暗红色　　B. 鲜红色　　C. 红色

[065] 外伤性出血，出血速度最快的是：________。

A. 静脉出血　　B. 动脉出血　　C. 毛细血管出血

[066] 毛细血管出血呈________。

A. 渗出状　　B. 喷射状　　C. 流出状

[067] 外伤出血是鲜红色的应是：________。

A. 静脉出血　　B. 动脉出血　　C. 毛细血管出血

4.3 包扎的方法

[001] “8”字形包扎适用于________。

A. 粗细不等的肢体 B. 四肢关节 C. 胸腹部

[002] 头部受伤常用的包扎方法是________。

A. “8”字形包扎 B. 回反包扎 C. 螺旋反折包扎

[003] 需用螺旋反折包扎的是________。

A. 肘、膝、踝、肩、髋等

B. 头部和断肢包扎

C. 小腿和前臂

[004] 一般外伤伤口的处理应________。

A. 立即涂抹抗菌素软膏

B. 立即清洗伤口

C. 不需敷药，立即用消毒敷料包扎

[005] 三角巾多用于________情况的包扎。

A. 胸部大面积伤 B. 手指外伤 C. 表面皮肤损伤

[006] 三角巾用于头部包扎时，应从________包起。

A. 枕后 B. 前额 C. 耳侧

[007] 三角巾用于头部风帽式包扎时，最后应在________打结。

A. 枕后 B. 前额 C. 耳侧

[008] 三角巾用于面部面具式包扎时，最后应在________打结。

A. 枕后 B. 前额 C. 耳侧

[009] 三角巾用于面颌部包扎时，最后应在________打结。

A. 枕后 B. 前额 C. 耳侧

[010] 上肢三角巾包扎时，最后应将伤肢固定在________。

A. 胸壁上 B. 体侧 C. 腹部

[011] 三角巾用于胸部包扎时，应从________包起。

A. 背部 B. 胸部 C. 体侧

[012] 三角巾用于下肢包扎时，应从________包起。

A. 大腿 B. 髂前 C. 臀部

[013] 各种包扎的开始都应施用________。

A. 环形包扎法 B. 螺旋反折包扎法 C. “8”字形包扎法

[014] 包扎伤口时，敷料的大小应超过创伤边缘________。

A. 3cm B. 5cm C. 7.5cm

[015] 腕部外伤时需用________包扎法。

A. “8”字形 B. 螺旋反折 C. 环形

[016] 绷带螺旋反折包扎法通常用于________包扎。

A. 胸部 B. 头部 C. 四肢

[017] 做绷带“8”字形包扎时，应________。

A. 一圈向上，一圈向下

B. 每圈反折一次

C. 每圈来回反折

[018] 适合做绷带“8”字形包扎的部位是________。

A. 胸部　　B. 肩部　　C. 四肢

[019] 回反包扎适宜的部位是________。

A. 胸部　　B. 肩部　　C. 头部

[020] 断肢包扎适宜用________。

A. 回反包扎　　B. “8”字形包扎　　C. 风帽式包扎

[021] 上肢前臂大面积外伤可采用________。

A. 环形包扎　　B. 螺旋反折包扎　　C. 蛇形包扎

[022] 胸背部出现较大外伤时，采用________包扎法。

A. “8”字形　　B. 螺旋形　　C. 三角巾

[023] 船上常用包扎材料是________。

A. 纱布　　B. 三角巾　　C. 床单

[024] 外伤肢体的包扎法应先在________的基础上进行其他包扎。

A. 蛇形包扎　　B. 环形包扎　　C. 螺旋包扎

[025] 包扎四肢时，应________肢体。

A. 由细往粗处包扎　　B. 由粗往细处包扎　　C. 从中间往两头包扎

[026] 环形绷带包扎法多用于________。

A. 粗细不等的肢体

B. 四肢关节

C. 各种绷带包扎法的开始和终末

[027] 如果需要由一处迅速伸至另一处，或做简单的固定，采用________。

A. 环形包扎法　　B. 蛇形包扎法　　C. 螺旋形包扎法

[028] 每周绷带必须覆盖前一周绷带的________。

A. 1/2　　B. 1/3　　C. 1/4

[029] 最常用的包扎方法是________。

A. 绷带包扎法　　B. 三角巾包扎法　　C. 环形包扎法

[030] 包扎的目的是________。

①保护伤口，减少污染；②固定敷料、药品和骨折位置；③压迫止血及减轻疼痛

A. ①②　　B. ②③　　C. ①②③

[031] 面颌包扎的三角巾为长带，宽约________ cm。

A. 10　　B. 20　　C. 30

[032] 单肩包扎最后在________打结。

A. 同侧腋下　　B. 对侧腋下　　C. 对侧肩部

[033]“8”字形绷带包扎适用于________。

A. 关节部位　　B. 小腿部位　　C. 前臂

[034] 腕部外伤时需要哪种包扎法？________。

A. 环形包扎法

B. 螺旋反回形包扎法

C. “8”字形包扎法

[035] 绷带包扎具有________的作用。

①固定伤口处敷料、药物；②压迫止血和受伤肢体活动

A. ①　　B. ②　　C. ①②

[036] 臀部包扎最后在________打结。

A. 大腿根部　　B. 同侧腰髂部　　C. 对侧腰髂部

[037] 三角巾包扎适用于________。

A. 头部　　B. 四肢　　C. 任何部位

[038] 三角巾作手部包扎时，应从何处包起？________。

A. 手腕　　B. 手掌　　C. 手指

[039] 对于包扎与身体直径基本相同的部位应采用________。

A. 环形包扎法　　B. 螺旋形包扎法　　C. 蛇形包扎法

[040] 三角巾包扎法适用于________，具有使用灵活、容易掌握等特点。

A. 身体任何部位　　B. 一般伤口　　C. 各关节部位

4.4 骨折固定术

[001] 骨折后需用夹板固定时，最好用________。

A. 铁条　　B. 树枝　　C. 木棍

[002] 当小腿骨折，只有一块夹板时，夹板应放在小腿的________。

A. 前侧　　B. 后侧　　C. 内侧

[003] 闭合性骨折的病人应先________。

A. 防休克　　B. 止痛　　C. 固定

[004] 一般骨折固定后，应注意观察________。

A. 血压脉搏

B. 神志面色

C. 患肢末端的血液循环情况

[005] 骨折后________内可手法复位。

A. 1～2 周　　B. 2～3 周　　C. 3～4 周

[006] 大腿骨折时，外侧固定夹板长度应是________。

A. 由腋下至脚跟　　B. 由腹股沟至脚跟　　C. 由腰至脚跟

[007] 小腿骨折时，固定用的夹板应放在________。

A. 小腿的下方　　B. 小腿的前侧　　C. 小腿的内、外两侧

[008] 上肢骨折固定后，手指苍白、青紫、疼痛，应马上________。

A. 给止痛药　　B. 给消炎药　　C. 放松夹板

[009] 固定骨折的代用材料有________。

A. 铁条　　B. 铝片　　C. 木棍

[010] 下列最适宜用手法复位的骨折是________。

A. 新鲜骨折　　B. 陈旧骨折　　C. 病理性骨折

[011] 下肢骨折无固定材料时，可行的方法是________。

A. 背患者赶去就医

B. 抱患者赶去就医

C. 将健肢与伤肢一起固定后送医院就医

[012] 肋骨骨折的固定材料可选用________。

A. 夹板　　B. 绷带　　C. 枕头

[013] 锁骨骨折的固定材料首选________。

A. 三角巾　　B. 绷带　　C. 夹板

[014] 大腿骨折时，用一长由腋下至脚跟的夹板固定于________。

A. 内侧　　B. 外侧　　C. 后侧

[015] 不属于骨折临床表现的是________。

A. 畸形　　B. 无休克　　C. 骨擦音

[016] 开放性骨折的病人有大出血时，应先________。

A. 止血　　B. 固定　　C. 止痛

[017] 骨折的临床特点包括：________。

①明显肿胀；②疼痛压痛；③功能障碍不能活动；④出现畸形；⑤出现骨擦音

A. ②③④　　B. ①②③④　　C. ①②③④⑤

[018] 下列哪项不一定是骨折的特征？________。

A. 肿胀　　B. 畸形　　C. 异常活动

[019] 骨折固定后发现远端肢体苍白、青紫、疼痛，此时应________。

A. 注射止痛剂

B. 服用药物

C. 松开固定物重新固定

[020] 骨折急救夹板固定时，下列固定材料中最好选用：________。

A. 铁条　　B. 树枝　　C. 合适的木板

[021] 骨折固定时________。

A. 只需固定骨折部位

B. 需增加固定其中一个关节

C. 需增加固定上下两个关节

[022] 对怀疑脊柱损伤的患者不能________。

A. 随意移动　　B. 硬板搬动　　C. 三人法搬运

[023] 对开放性骨折病人急救时应________。

A. 将暴露在伤口外的骨折纳回伤口内

B. 先止血后固定

C. 安慰病人

[024] 骨折患者伴有伤口出血，应________。

A. 先局部加压包扎止血，再固定骨折部位

B. 先固定骨折再止血

C. 止血包扎

[025] 闭合性骨折的病人应先________。

A. 防休克　　B. 止痛　　C. 固定

[026] ________骨折时，有呼吸时剧痛，呼吸表浅的症状，严重时有呼吸困难、咳血等情况。

A. 上臂　　B. 锁骨　　C. 肋骨

[027] ________骨折时，在两侧腋下放置棉花后，用“8”字形绷带固定。

A. 上臂　　B. 锁骨　　C. 肋骨

[028] 掌骨骨折用一长度为________、宽度相当于手掌的夹板置于掌侧。

A. 由手指根部至手腕　　B. 由指至前臂中部　　C. 由指尖至手腕

[029] 指骨骨折时，用一与手指等宽、长度为________的小夹板放于掌侧，用绷带做固定。

A. 由指尖至手指根部　　B. 由指尖至掌心　　C. 由指尖至手腕

[030] 小腿骨折时，夹板长度为________。

A. 整个小腿　　B. 由大腿中部至足跟　　C. 由大腿中部至脚踝

[031] 前臂骨折固定只有一块夹板时，最常放于________固定。

A. 背侧　　B. 掌侧　　C. 掌侧或背侧

[032] 用一块夹板固定上臂骨折，夹板应放在上臂的________。

A. 外侧　　B. 内侧　　C. 前侧

[033] 开放性骨折的现场处理首先应________。

A. 固定　　B. 复位　　C. 止血

4.5　伤员和病人的搬运

[001] 脊柱外伤时，________项是错误的。

A. 搬运不当可能造成死亡或截瘫

B. 胸腰部外伤可用衣物、沙袋等放至胸腰部两旁，再用绷带一起捆绑固定在担架上

C. 颈部外伤可用衣物、沙袋等做成颈托作临时固定，使头部与身体形成直线

D. 脊柱外伤时需要 2 人配合将病人抬上担架搬运

[002] 搬运病人时，________项是错误的。

A. 搬运病人时，将病人置于最适当的体位，既不影响呼吸，又可随时观察病情

B. 搬运病人时，抬担架人员行动要一致，上下台阶应始终保持担架平稳

C. 现场可临时选用木板、床板等制作简易担架，但应尽量使用正规标准

担架

D. 在人员担架等未准备妥当时，应积极徒手搬运伤员，尤其是神志不清的病人

[003] 当伤员体型大或者是处于人事不省的状态时，单人搬运伤员最方便易行的方法为________。

A. 拖行法　　B. 背负法　　C. 环抱法

[004] 怀疑脊柱外伤时，可选用________项所述方法搬运。

A. 三人配合搬运，一人托住肩胛部，一人托住腰臀部，一人托住伸直和并拢的双下肢，三人同时抱住病人，轻抬轻放

B. 三人搬运，即一人抬双下肢，一人抱胸，一人抱住腋下拖动病人

C. 两人利用椅子搬运，一人抬椅背，一人抬椅腿

D. 两人徒手搬运，一人抬双下肢，一人抬后背

[005] 运送脊椎骨折的病人时，应选用________。

A. 帆布担架　　B. 绳网担架　　C. 木板

[006] 脊椎骨折病人搬运时，应采用________。

A. 一人搬运法　　B. 两人搬运法　　C. 三人搬运法

[007] 怀疑有脊椎骨折的伤员要求卧在________休息。

A. 沙发床上　　B. 硬板床上　　C. 弹簧床上

[008] 怀疑病人脊椎损伤时，________。

A. 骨折处尽量避免移动

B. 不能让病人站立和坐起

C. 尽快补足营养和水分

[009] 运送骨盆骨折或脊椎骨折的病人时，应选用________。

A. 帆布担架　　B. 绳网担架　　C. 木板

[010] 罗伯逊担架搬运伤员时，________容易受伤。要十分小心，不要弯曲。

A. 手臂　　B. 腿部　　C. 颈部

[011] 骨盆骨折病人应________人搬运。

A. 1　　B. 2　　C. 3

[012] 颈椎骨折应________人搬运。

A. 2　　B. 3　　C. 4

5 环境及理化因素损伤

5.1 溺水

[001] 溺水者苏醒后，不应饮用________。

A. 热茶　　B. 姜汤　　C. 白酒

[002] 溺水者苏醒后，首先应预防________。

A. 吸入性肺炎　　B. 感冒　　C. 气管炎

[003] 溺水者吸入淡水和海水对血液的影响是________。

A. 相同的

B. 相同的，即稀释

C. 不同的，即淡水稀释而海水浓缩

[004] 神志不清的溺水者应________。

A. 给予流食　　B. 不给饮食　　C. 给温热饮料

[005] 抢救溺水者，如果腹部较大应采取________。

A. 口对口人工呼吸法　B. 仰卧压胸法　　C. 俯卧压背法

[006] 溺水者腹中有大量水，呼吸、心跳停止时，应先进行________。

A. 俯卧压背法人工呼吸

B. 清洁口腔

C. 人工呼吸和胸外心脏按压

[007] 溺水者营救出水后，现场急救工作首先要做的是________。

A. 注射强心针

B. 清洁口腔畅通气道

C. 人工呼吸和心脏按压

[008] 溺水者被营救出水后，倒水动作正确的是________。

A. 将溺水者仰卧，腹部下垂

B. 将溺水者俯卧，腹部垫高

C. 将溺水者平卧，头部下垂

[009] 下列溺水者需要倒水的是________。

A. 无呼吸道阻塞　　B. 呼吸道阻塞　　C. 凡是溺水者

[010] 溺水者清醒后的恢复应取________。

A. 静卧恢复　　B. 运动恢复　　C. 营养恢复

[011] 溺水者自动呼吸恢复后，首先应________。

A. 静卧休息　　B. 活动四肢　　C. 注射抗生素

[012] 溺水者倒水以________为度。

A. 倒出口、咽、气管内的水

B. 倒出腹内的水

C. 倒出口、咽内的水

[013] 对溺水者的抢救关键是________。

A. 清除腹内的水　　B. 保温　　C. 有效的心肺复苏处理

[014] 对溺水者进行人工呼吸前，应________。

A. 清除呼吸道异物

B. 保持伤员的体温

C. 解开病人领扣和胸腹部衣服

[015] 溺水者胸腹中有大量的水，并且心跳、呼吸停止，此时应先进行________。

A. 口对口人工呼吸　　B. 清理口腔和倒水　　C. 做胸外心脏按压

[016] 溺水者腹中有大量的水，有心跳，但呼吸停止，应先进行________。

A. 俯卧压背人工呼吸

B. 清洁口腔和倒水

C. 胸外心脏按压与口对口人工呼吸

[017] 溺水患者苏醒后使用抗菌素，应连用________ d。

A. 2 B. 3 C. 5

[018] 下列不属于溺水者临床表现的是________。

A. 面、唇、四肢青紫

B. 眼睛充血、发红并稍突出

C. 胸闷、心悸

[019] 下列哪种药品是中枢兴奋药：________。

A. 人丹 B. 可拉明 C. 吗啡

[020] 海水淹溺容易造成________。

A. 肺水肿 B. 血液稀释 C. 溶血

[021] 溺水病人呼吸心跳已停止，抢救中最重要的一项措施是________。

A. 注射强心剂

B. 心肺复苏

C. 时刻观察病情变化情况

[022] 溺水者的临床表现不包括________。

A. 皮肤苍白、发绀、湿冷

B. 面部浮肿

C. 意识丧失，脉搏、心跳微弱

5.2 中暑

[001] 高温环境容易引发________。

A. 窒息 B. 中暑 C. 昏迷

[002] 十滴水主要用于________造成的头晕、恶心、呕吐及胃部不适。

A. 中暑 B. 胃溃疡 C. 晕车、晕船

[003] 中暑时最适合的饮料是________。

A. 含糖、盐的清凉饮料

B. 凉开水

C. 凉汽水

[004] 中暑患者体温基本不升高的是________。

A. 轻度中暑 B. 热射病 C. 日射病

[005] 电焊工长时间持续作业而导致的中暑是________。

A. 热射病 B. 热痉挛 C. 日射病

[006] 长时间受强烈太阳直晒，可能导致________。

A. 热痉挛 B. 热射病 C. 日射病

[007] 在通风不良的高温环境下工作可引起________。

A. 窒息 B. 昏迷 C. 中暑

［008］热痉挛最易发生在________。

A. 腓肠肌　　B. 肱二头肌　　C. 腹直肌

［009］在高热环境中工作时，人体大量出汗而又不补充盐分，以致体内盐分过少易引起________。

A. 热射病　　B. 日射病　　C. 热痉挛

［010］中暑病人才会出现高热症状。

A. 日射病　　B. 热射病　　C. 热痉挛

［011］对于伴有高烧的中暑患者，应给予________。

A. 清凉饮料　　B. 热茶姜汤　　C. 大量糖盐水

［012］重度中暑患者的体温________。

A. 不升　　B. 达 40℃以上　　C. 略高

［013］重度中暑中________最常见。

A. 热痉挛　　B. 热衰竭　　C. 热（日）射病

［014］如及时离开高温环境，可以很快恢复的中暑是________。

A. 先兆中暑　　B. 轻度中暑　　C. 重度中暑

［015］重度中暑中________是一种致命性急症，临床表现为高热和神志障碍。

A. 热痉挛　　B. 热衰竭　　C. 热射病

［016］下列不属于先兆中暑临床表现的是________。

A. 头昏、耳鸣　　B. 胸闷、心悸　　C. 面色苍白、血压下降

［017］予以脱离高温现场后对症处理即可，不必转送就医的中暑患者是________患者。

A. 热痉挛　　B. 轻症中暑　　C. 热射病

［018］在现场急救后，观察病情变化并予以对症处理，一般不必转送就医的中暑患者是________患者。

A. 轻症中暑　　B. 热射病　　C. 热衰竭

［019］现场急救后应当立即转送上一级医院继续治疗的中暑患者是________患者。

A. 热射病　　B. 热痉挛　　C. 热衰竭

［020］中暑病情紧急时，可将氯丙嗪 25mg 及异丙嗪 25mg 稀释于 100～200mL 葡萄糖溶液或生理盐水中，在________ min 内滴注完毕。

A. 10～20　　B. 25～30　　C. 30～40

5.3　烧烫伤

［001］有红、肿、热、痛，感觉过敏，痊愈后无疤痕的是________。

A. 一度烧伤　　B. 三度烧伤　　C. 二度烧伤

［002］烧伤病人口渴时可给予________。

A. 白开水　　B. 含盐饮料　　C. 清凉饮料

［003］对烧伤面积较大的病人应________。

A. 不做处理　　B. 用干净被单包裹　　C. 外涂烧伤药膏

［004］烧伤创面可用________。

A. 万花油等涂搽　　B. 盐水冲洗　　C. 红药水涂抹

[005] 烧伤痊愈后会造成________残废。

A. 一度　　B. 浅二度　　C. 深二度

[006] 局部皮肤紫绀、水肿、有水泡、疼痛明显是________。

A. 一度烧伤　　B. 二度烧伤　　C. 三度烧伤

[007] 烧伤达真皮浅层，部分生成层健在，是________烧伤。

A. 一度　　B. 浅二度　　C. 深二度

[008] 一度烧伤和二度烧伤在水泡未破的情况下，减轻疼痛的方法是________。

A. 冷敷　　B. 泡在冷水中　　C. 以上均可

[009] 烧伤面积计算可采用________。

A. 手掌法　　B. 三度四分法　　C. 三度三分法

[010] 衣服着火后，正确的处置方法是________。

A. 用手扑打火焰

B. 奔跑呼救

C. 脱去衣服或就地打滚

[011] 对烧伤后的剧痛处理，正确的是________。

A. 包扎止痛　　B. 用杜冷丁止痛　　C. 浸泡在冷水中止痛

[012] 对烧伤创面的处理，可用________。

A. 红药水　　B. 生理盐水　　C. 碘酒

[013] 对三度烧伤的病人，现场抢救时应将创面________。

A. 涂上红药水或紫药水

B. 涂上酱油

C. 用干净衣服或被单包起来

[014] 烧伤深度可采用________法判断。

A. 三度三分　　B. 三度四分　　C. 四度四分

[015] 处理烧伤的主要目的是________。

A. 脱离现场，消除病因

B. 预防感染

C. 防止休克，减轻疼痛

[016] 烧伤深度分为________。

A. 一度　　B. 二度　　C. 三度

[017] 烧伤面积估计时，一个手掌面积等于本人总体表面积的________。

A. 1%　　B. 2%　　C. 3%

[018] 烧伤局部红肿、疼痛并起水泡，该烧伤为________烧伤。

A. 一度　　B. 二度　　C. 三度

[019] 烧伤下肢局部发黑，痛觉不明显，该烧伤为________。

A. 一度烧伤　　B. 二度烧伤　　C. 三度烧伤

[020] 三度烧伤的伤员感觉是________。

A. 无疼痛　　B. 轻微疼痛　　C. 明显疼痛

[021] 一、二度烧伤，减轻疼痛的方法是________。

A. 在自来水下冲洗　　B. 泡在冷水中、冷敷　　C. 以上皆是

[022] 化学品致伤时创面处理应立即________。

A. 包扎　　B. 涂烧伤药膏　　C. 用大量清水冲洗

[023] 对被强酸、强碱及其他化学药品烧伤的病人，应迅速脱去衣服并________。

A. 用纱布敷料包扎　　B. 用大量清水冲洗　　C. 涂上红药水消毒

[024] 烧伤伤员口渴时，可给以________。

A. 白开水　　B. 白糖水　　C. 含盐饮料

[025] 身上着火燃烧时，自救措施不能采用________。

A. 就地打滚　　B. 用手扑灭火焰　　C. 马上脱衣服

[026] 后背和臀部烧伤占体表总面积的________。

A. 9%　　B. 10%　　C. 18%

[027] 前胸烧伤占体表总面积的________。

A. 1%　　B. 9%　　C. 18%

[028] 一侧上肢皮肤烧伤，其面积占全身体表面积的________。

A. 18%　　B. 4.5%　　C. 9%

[029] 二度烧伤现场处理是否要剪破水泡？________。

A. 要　　B. 不要　　C. 随意

[030] 二度烧伤表现为________。

A. 疼痛、红斑　　B. 焦痂形成　　C. 疼痛、水疱

[031] 烧伤后应口服________。

A. 大量白开水　　B. 含盐饮料　　C. 咖啡

[032] 对烧伤后的剧痛现场处理，正确的是________。

A. 包扎止痛

B. 杜冷丁止痛，但有颅脑伤或呼吸功能障碍禁用

C. 创面涂抹消炎膏

[033] 烧伤病人转移前现场处理应________。

A. 涂烧伤软膏

B. 涂万花油

C. 用消毒敷料或干净床单包盖

[034] 烧伤后有大量水疱是________。

A. 一度烧伤　　B. 二度烧伤　　C. 三度烧伤

5.4　强酸、强碱损伤

[001] 食入性强碱中毒可饮用________。

①食醋；②稀果汁；③清水

A. ①②　　B. ②③　　C. ①②③

[002] 眼球充血、怕光、流泪，皮肤红肿、烧灼等是________的症状。

A. 食物中毒

B. 接触性强酸强碱中毒

C. 吸入性CO中毒

[003] 咽喉干燥、疼痛、声音嘶哑、咳嗽，严重者呼吸困难等是________的症状。

A. CO中毒　B. 石油中毒　C. 吸入性强酸强碱中毒

[004] 强酸强碱食入性中毒，表现为________。

A. 消化道严重灼伤，病人感到剧烈的烧灼痛

B. 眼球充血、怕光、流泪，皮肤红肿、烧灼等

C. 咽喉干燥、疼痛，声音嘶哑，咳嗽，严重者呼吸困难

[005] 吸入性强酸强碱中毒患者的急救可________。

A. 用大量清水冲洗皮肤

B. 用温水含漱或雾化吸入

C. 洗胃

[006] 食入性强酸强碱中毒患者的急救可________。

A. 饮大量清水

B. 用温水含漱或雾化吸入

C. 洗胃

[007] 接触性强酸中毒患者急救时，用大量清水冲洗皮肤后，可用________。

A. 碳酸氢钠溶液中和　B. 醋酸中和　C. 植物油中和

[008] 食入性强酸强碱中毒患者的急救不能________。

A. 饮大量清水　B. 用醋酸中和　C. 洗胃

[009] 食入性强碱中毒患者的急救________用强酸中和。

A. 能　B. 不能　C. 随意

[010] 食入性强酸中毒患者的急救不宜________。

A. 饮大量清水　B. 用醋酸中和　C. 用碳酸氢钠中和

[011] 食入性强酸中毒患者的急救可用________。

A. 碳酸氢钠中和　B. 牛奶　C. 醋酸中和

[012] 洗胃法属于________。

A. 解毒法　B. 中和法　C. 去毒法

[013] ________中毒患者可催吐。

A. 煤油　B. 强酸强碱　C. 有机磷

[014] 食入性强酸中毒不宜饮用________。

A. 碳酸氢钠　B. 鸡蛋清　C. 牛奶

[015] 误食毒物后用解毒法抢救，可采用________的方法。

A. 催吐　B. 中和　C. 冲洗

[016] ________可做口对口人工呼吸。

A. 吞服剧毒物者

B. 口鼻受伤严重缺损者

C. 一氧化碳中毒者

[017] 食入性强酸、强碱损伤患者若喉头水肿而致呼吸困难，可用________减轻喉头水肿，必要时做气管切开治疗。

A. 十滴水　　B. 地塞米松　　C. 硫酸阿托品

[018] 对被强酸、强碱及其他化学品烧伤的病人，应迅速脱去衣服并________。

A. 用纱布敷料包扎　　B. 用大量清水冲洗　　C. 涂红芭水

[019] 强酸、强碱接触性损伤应用大量流动清水彻底冲洗被酸或碱污染的皮肤与伤口至少________ min。

A. 5　　B. 10　　C. 15

[020] 食入性强酸中毒患者的急救不宜________。

A. 饮大量清水　　B. 用醋酸中和　　C. 用碳酸氢钠中和

[021] 眼部强酸、强碱损伤应用大量清水冲洗受伤害的眼睛至少________ min。

A. 5　　B. 10　　C. 20

5.5　电击伤

[001] 触电者脱离电源的方法是________。

A. 用木棍挑开电线　　B. 用手拉开电线　　C. 用铁棍挑开电线

[002] 低电压触电常引起________。

A. 心室纤颤　　B. 心跳停止　　C. 呼吸停止

[003] 电击伤是由于电流通过人体而引起________。

A. 心血管系统损伤

B. 神经系统损伤

C. 组织损伤和功能障碍

[004] 当人体触电后，往往会立即出现________。

①心室纤颤；②持续抽搐

A. ①　　B. ②　　C. ①②

[005] 电击伤能造成局部组织________。

A. 面积很大的烧伤　　B. 小而深的烧伤　　C. 很浅的烧伤

[006] 对电灼伤创面，应________。

①特别重视消毒包扎，减少污染；②对创面周围皮肤进行消毒处理后包扎

A. ①　　B. ②　　C. ①②

[007] 电击后________ h，常出现严重室性心律失常、肺水肿、胃肠道出血、弥散性血管内凝血、烧伤处继发细菌感染等症状。

A. 1～2　　B. 10～20　　C. 24～48

[008] 高压电击特别是雷击时，出现的全身表现有________。

A. 意识丧失、心脏、呼吸骤停

B. 痛性肌肉收缩、惊恐

C. 抽搐与休克

6 常见急症

6.1 高热

[001] 如果病人高烧时需用冷水袋外敷的方法降温，冷水袋应放在病人的________为好。

A. 颈部　　B. 腹部　　C. 肘部

[002] ________是人体正常的腋下体温。

A. 37℃　　B. 36.5℃　　C. 37.5℃

[003] 对高热病人实施物理降温，其体温应降至________。

A. 37～38℃　　B. 38℃以上　　C. 37℃以下

[004] 高热是指口腔温度在________以上。

A. 38℃　　B. 39℃　　C. 37℃

[005] 下列情况属于不正常的是________。

A. 体温 37℃

B. 瞳孔缩小

C. 血压 90～140/50～90mmHg

[006] 对发热在 40℃的病人做物理降温时，一般降至________时要停止降温（肛温）。

A. 37℃　　B. 38℃　　C. 39℃

[007] 高热是指体温在________以上的人体状况。

A. 38℃　　B. 39℃　　C. 41℃

[008] 对高热病人可用________物理降温。

①冷敷法；②冰袋法；③擦浴法

A. ①　　B. ③　　C. ①②③

[009] 高热患者的一般处理包括________。

①卧床休息；②进食易消化的食物；③补充维生素 B 及维生素 C；④在空调房间降温

A. ①③④　　B. ①②④　　C. ①②③

[010] 对于高热引起头痛、烦躁不安的患者，可适当使用________进行治疗。

A. 阿司匹林　　B. 扑热息痛　　C. 镇静剂

[011] 人体出现高热症状时，必须立即处理，过高的体温可引起________等症状。

①惊厥；②抽风；③神志不清；④休克

A. ①②③　　B. ①③④　　C. ①②③④

[012] 超高热是指体温在________℃以上。

A. 39　　B. 40　　C. 41

[013] 热射病高温患者经现场急救后________。

A. 给予饮水和休息

B. 继续观察病情变化对症处理

C. 应立即转送上一级医院继续治疗

6.2 晕厥

[001] 对昏迷的病人应保持________。

A. 不变体位　　B. 呼吸道通畅　　C. 正常活动

[002] 有短暂的意识障碍，循环衰竭的时间短且程度较轻，易于恢复的是________。

A. 晕厥　　B. 休克　　C. 昏迷

[003] 暂时性脑缺血易发生________。

A. 昏迷　　B. 昏厥　　C. 休克

[004] 对昏厥的病人应保持________。

A. 平卧位　　B. 头低脚高位　　C. 头高脚低位

[005] 昏厥的症状一般为________。

A. 眼前发黑并出现短暂的意识丧失

B. 心慌出汗、失语

C. 失去知觉，并且呼吸、心跳停止

[006] 根据晕厥发病的原因不同可以分为：血管舒缩障碍性晕厥、心源性晕厥、脑源性晕厥、血液成分异常性晕厥。其中以________最为常见。

A. 心源性晕厥　　B. 脑源性晕厥　　C. 血管舒缩障碍性晕厥

[007] 血管神经性晕厥又叫做________。

A. 血管舒缩障碍性晕厥

B. 血液成分异常性晕厥

C. 心源性晕厥

[008] 多由疼痛、精神紧张、舱室空气不流通、闷热、饥饿、疲劳等所致的晕厥是________。

A. 普通晕厥　　B. 体位性低血压晕厥　　C. 排尿性晕厥

[009] 下列症状中，意识丧失较持久且不易恢复的是________。

A. 晕厥　　B. 休克　　C. 昏迷

6.3 休克

[001] 脑出血而发生休克的病人，不应采取________卧床姿势。

A. 平卧位　　B. 头低脚高位　　C. 头高脚低位

[002] 属于感染性休克的原因有________。

A. 败血症　　B. 大手术　　C. 心肌炎

[003] 属于过敏性休克的原因有________。

A. 心包积液　　B. 破伤风抗毒素　　C. 精神创伤

[004] 休克病人的体征之一是________。

A. 尿量减少　　B. 皮肤潮红　　C. 血压明显上升

[005] 休克病人不能用的体位是________。

A. 去枕平卧　　B. 头高脚低　　C. 下肢抬高 30°

[006] 能引起心源性休克的是________。
A. 烫伤　　B. 大出血　　C. 心肌梗塞

[007] 休克的主要症状有________。
A. 神志改变　　B. 尿量增加　　C. 脉搏慢而有力

[008] 休克病人在________情况下不可抬高下肢。
A. 头部外伤骨折　　B. 下肢一般出血　　C. 面色苍白

[009] 一般血压降至________ mmHg 为休克。
A. 90/60　　B. 80/60　　C. 80/50

[010] 胃、十二指肠溃疡出血引起的休克应尽快________。
A. 止痛　　B. 止血　　C. 补液

[011] 因心肌梗塞而引起的休克是________。
A. 过敏性休克　　B. 失血性休克　　C. 心源性休克

[012] 由外伤、剧痛、脑脊髓损伤及麻醉意外等引起的休克是________。
A. 心源性休克　　B. 神经性休克　　C. 过敏性休克

[013] 中毒性休克是指________ 休克。
A. 感染性　　B. 心源性　　C. 过敏性

[014] 大血管破裂、消化道大出血或内脏破裂等所引起的休克是________。
A. 心源性休克
B. 低血容量性休克
C. 感染性休克

[015] 船上以________休克较为多见。
A. 心源性和失血性　　B. 感染性　　C. 过敏性

[016] 神志清楚的休克患者，不能喝________，有条件时可以吸氧。
A. 糖盐水　　B. 淡盐水　　C. 白开水

[017] 能引起心源性休克的是________。
A. 烫伤　　B. 大出血　　C. 心肌梗塞

[018] 注射青霉素造成的休克为________。
A. 心源性休克　　B. 中毒性休克　　C. 过敏性休克

[019] 休克时，脉细弱速，一般心率在每分钟________次以上。
A. 120　　B. 100　　C. 80

7　救生艇筏上常见疾病

[001] 冻伤病人可以用________的方法复温。
A. 酒精搓　　B. 火烤　　C. 温水浸泡

[002] 腿长时间泡在冷水中，易发生________。
A. 体温过低　　B. 水浸足　　C. 冻伤

[003] 体温过低者救离水面后，用温水复温的时间不得超过________。
A. 30min　　B. 60min　　C. 20min

［004］严重冻伤者，需用温水浸泡的方法复温，所需温水的温度为________。

A. 38～42℃　　B. 45～50℃　　C. 55～60℃

［005］神志不清的脱水者，为改善脱水，________让其饮水。

A. 不可　　B. 可　　C. 随便

［006］饥饿的患者被救后，先给予________。

A. 半流质饮食　　B. 流质饮食　　C. 普通饮食

［007］局部皮肤紫绀、水肿、有水泡、疼痛明显是________。

A. 一度冻伤　　B. 二度冻伤　　C. 三度冻伤

［008］冻伤的肢体急救时，应________。

A. 用火烘　　B. 用雪团搓擦　　C. 在常温中复温

［009］对严重冻伤的病人，恢复体温的方法是________。

A. 用火烘　　B. 用热水袋　　C. 逐渐复温

［010］冻伤病人清醒后应给________。

A. 清凉饮料　　B. 热茶　　C. 糖、盐水

［011］冻伤的病人在38～42℃的水中复温时间不超过________。

A. 45min　　B. 30min　　C. 20min

［012］晕船常用药是________。

A. 吗啡　　B. 苯海拉明　　C. 安乃近

［013］对于晕船情绪不稳者，处理有误的是________。

A. 口服安定2.5～10mg，也可肌注10mg

B. 用苯巴比妥治疗

C. 用甲氧氯普胺治疗

［014］咽部不适，唾液分泌增加，吞咽动作频繁是________晕船的表现。

A. 轻型　　B. 中度型　　C. 重型

［015］头痛剧烈、厌食、恶心、呕吐反复发生是________晕船的表现。

A. 轻型　　B. 中度型　　C. 重型

［016］呕吐出胆汁或血液，有脱水现象是________晕船的表现。

A. 轻型　　B. 中度型　　C. 重型

［017］下列属于重型晕船的表现是________。

A. 嗜睡、面色苍白

B. 呕吐反复发生

C. 面色苍白，四肢厥冷

［018］下列人中可能发生晕船的是________。

A. 丧失内耳前庭功能的聋哑人

B. 前庭器官发育不全的婴儿

C. 失眠、疲劳的人

［019］晕船呕吐时，可用________10mg口服或肌注进行治疗。

A. 甲氧氯普胺　　B. 硝酸甘油　　C. 苯巴比妥

[020] 冻伤后，约1周，症状消失，表皮逐渐脱落，不留瘢痕属于________冻伤。

A. 一度　　B. 二度　　C. 三度

[021] 不留瘢痕的冻伤包括________。

①一度冻伤；②二度冻伤；③三度冻伤；④四度冻伤

A. ①　　B. ①②③　　C. ①②

[022] 冻伤若无感染，2～3周后水泡干枯结痂痊愈是________冻伤。

A. 一度　　B. 二度　　C. 三度

[023] ________冻伤往往会留下伤残和功能障碍。

A. 二度　　B. 三度　　C. 四度

[024] 皮肤由苍白逐渐变为蓝色，再变成黑色，感觉消失，坏死组织脱落有创面的冻伤属于________冻伤。

A. 二度　　B. 三度　　C. 四度

[025] 当冻僵的患者血液温度降至________℃以下时，可能引起重要器官，如神经系统的损伤。

A. 25　　B. 27　　C. 30

[026] 冻僵患者的体温为________℃时，可用毛毯或被褥裹好身体，使患者在温暖条件下逐渐自行复温。

A. 32～33　　B. 31　　C. 27

[027] 治疗冻伤的方法有________。

A. 炉火烘烤　　B. 按摩器按摩　　C. 体温加热

[028] 如皮肤被晒伤并已起泡发炎，可涂以________。

A. 石蜡油或者单柠酸油膏

B. 酒精

C. 碘酒

[029] 饥饿患者的进食程序一般为________。

A. 流食→半流食

B. 流食→半流食→普食

C. 无所谓

[030] 饥饿患者被救后，应先给予________。

A. 半流质食物　　B. 牛奶或甜饮料　　C. 普通饮食

8　急救箱和常用急救药品

[001] 红汞不得与________混合使用。

A. 酒精　　B. 生理盐水　　C. 碘酊

[002] 常用于清洗创口的药是________。

A. 生理盐水　　B. 红汞　　C. 龙胆紫

[003] 双氧水________清洗大面积烧伤创面。

A. 能用于　　B. 不能用于　　C. 应该用于

[004] 红药水用于皮肤伤口与黏膜的消毒，与它不能同用的外用药物是________。

A. 双氧水　　B. 碘酒　　C. 酒精

[005] 硝酸甘油片主要用于________。

A. 心绞痛　　B. 降压　　C. 抗过敏

[006] 氨茶碱主要用于________。

A. 止痛　　B. 平喘　　C. 镇静

[007] ________可用于止血。

A. 云南白药　　B. 安乃近　　C. 四环素

[008] 复方氨基比林的主要作用是________。

A. 降血压　　B. 解热镇痛　　C. 消炎

[009] 阿托品的主要作用是________。

A. 解痉止痛　　B. 止血　　C. 抗菌

[010] 菌痢患者可选用的药物是________。

A. 利血平　　B. 阿斯匹林　　C. 黄连素

[011] 可治疗中暑的药物是________。

A. 泰胃美　　B. 庆大霉素　　C. 人丹

[012] 十滴水可用于________。

A. 胃肠不适　　B. 伤口消毒　　C. 细菌感染

[013] 应由医生或船长保管的药品包括________。

A. 葡萄糖注射液　　B. 杜冷丁　　C. 可拉明

[014] 患者发热可选用的药品是________。

A. 硝酸甘油　　B. 安定　　C. 阿司匹林

[015] ________是强心药。

A. 西地兰　　B. 可拉明　　C. 安络血

[016] ________是兴奋药。

A. 人丹　　B. 可拉明　　C. 吗啡

[017] 外伤清洗伤口可用________。

A. 紫药水　　B. 双氧水　　C. 碘酒

[018] 双氧水用于清洗创面并有________。

A. 防腐作用　　B. 止痛作用　　C. 除臭收敛作用

[019] 可用于静脉滴注的药物是________。

A. 酒精　　B. 吗啡　　C. 生理盐水

[020] 生理盐水主要用于________。

A. 皮肤黏膜消毒　　B. 器械消毒　　C. 清洗伤口

[021] 注射前，皮肤消毒选用________。

A. 双氧水　　B. 生理盐水　　C. 酒精

[022] 不用医生或船长保管的药物是________。

A. 吗啡　　B. 可拉明　　C. 杜冷丁

[023] 患者青霉素过敏，心脏骤停，应紧急注射________。

A. 肾上腺素　　B. 可拉明　　C. 多巴胺

[024] 患者突发心前区疼痛，可选用________。

A. 阿托品　　B. 泰胃美　　C. 硝酸甘油

[025] 外伤清洗伤口可用________。

A. 生理盐水　　B. 双氧水　　C. 碘酒

[026] 红药水用于皮肤伤口、皮肤黏膜消毒时，与它不能同时使用的外用药为________。

A. 双氧水　　B. 碘酒　　C. 紫药水

[027] 十滴水主要用于________。

A. 中暑　　B. 胃溃疡　　C. 晕车晕船

[028] 用酒精消毒的注射部位皮肤直径应在________。

A. 2cm　　B. 4cm　　C. 5cm 以上

[029] 慢性酒精中毒引起的危害是________。

①抑制大脑和神经；②损害各组织细胞；③产生生理依赖和心理依赖

A. ①②　　B. ②③　　C. ①②③

[030] 药物滥用的危害表现在________。

①强迫性觅药行为；②戒断反应；③精神障碍

A. ①②　　B. ②③　　C. ①②③

[031] 船上急救箱所配备的器械和药物可根据船员与乘客的________进行调整。

A. 人数　　B. 要求　　C. 健康状况

[032] 船用急救箱应放在________。

A. 他人不易发现的地方

B. 随便放何处

C. 固定醒目的地方

[033] 下列属于急救箱内耗材的是________。

A. 三角巾、绷带　　B. 大小止血钳　　C. 氧气瓶

[034] 下列不属于降压药品的是________。

A. 硝苯吡啶　　B. 卡托普利　　C. 安络血

[035] ________主要用于治疗心搏骤停、心源性休克、阿托品无效的缓慢型心律失常、阿一斯综合症等。

A. 人丹　　B. 异丙肾上腺素　　C. 可拉明

[036] 异丙肾上腺素以 0.5%溶液气雾吸入用于治疗________。

A. 心源性休克

B. 阿托品无效的缓慢型心律失常

C. 哮喘

[037] ________主要用于治疗各种类型的休克及低血压、心衰、肾衰等。

A. 西地兰　　B. 多巴胺　　C. 硝酸甘油

[038] ________又名间羟胺，用于治疗心源性、过敏性、中毒性或外伤性休克。

A. 阿拉明　　B. 可拉明　　C. 多巴胺

[039] 胃溃疡患者慎用的降压药品是________。

A. 利血平　　B. 心痛定　　C. 开博通

[040] ________是目前临床上应用最为广泛的强心药。

A. 西地兰　　B. 地高辛　　C. 可拉明

[041] 强心药的安全范围小，一般治疗量约为中毒量的________。

A. 1/4　　B. 1/5　　C. 1/2

[042] 地高辛为________类强心药。

A. 快速　　B. 中速　　C. 慢速

[043] 高血压和动脉硬化患者慎用________。

A. 肾上腺素　　B. 多巴胺　　C. 阿拉明

[044] 不仅能用于治疗精神紧张、焦虑不安、失眠或躁动，还能用于治疗癫痫大发作或持续状态的药品是________。

A. 杜冷丁　　B. 安定　　C. 复方氨基比林

[045] 西地兰使用时是________注射。

A. 皮下　　B. 肌肉　　C. 静脉

[046] ________主要用于治疗淹溺、窒息、过敏等原因引起的心跳骤停。

A. 杜冷丁　　B. 可拉明　　C. 肾上腺素

[047] 下列药品不属于中枢兴奋剂的是________。

A. 洛贝林　　B. 可拉明　　C. 吗啡

[048] 安眠药中毒应使用________。

A. 回苏灵　　B. 人丹　　C. 杜冷丁

[049] ________是兴奋药。

A. 人丹　　B. 可拉明　　C. 吗啡

[050] 庆大霉素是________。

A. 降压药　　B. 解热镇痛药　　C. 抗菌药

[051] ________的苯巴比妥起镇静作用。

A. 小剂量　　B. 中剂量　　C. 大剂量

[052] 肌肉注射0.1～0.2g苯巴比妥，必要时4～6h后可重复使用，该治疗方法中苯巴比妥起________作用。

A. 镇静　　B. 催眠　　C. 抗惊厥

[053] 中剂量的苯巴比妥起________作用。

A. 镇静　　B. 催眠　　C. 抗惊厥

[054] 下列药品中主要用于缓解剧痛，治疗心脏性哮喘、脑水肿的药品是________。

A. 盐酸吗啡　　B. 去痛片　　C. 安定

[055] 下列药品中应由医生或船长保管的药品是________。

①盐酸吗啡；②杜冷丁；③可拉明

A. ②③　　B. ①③　　C. ①②

[056] 复方氨基比林一日极量为________ mL。

A. 6　　B. 8　　C. 10

[057] 复方阿司匹林的主要作用是________。

A. 降血压　　B. 解热镇痛　　C. 消炎

[058] 有解热、镇痛、抗风湿作用，常用于牙痛、关节痛、神经痛、肌肉痛的药品是________。

A. 去痛片　　B. 杜冷丁　　C. 安定

[059] 下列药品主要用于治疗呼吸衰竭的是________。

A. 人丹　　B. 硝酸甘油　　C. 洛贝林

[060] 跌打损伤常用药是________。

A. 安乃近　　B. 安络血　　C. 云南白药

[061] 用于治疗由敏感菌所导致的呼吸道、尿道和胆道感染的药品是________。

A. 阿莫西林　　B. 阿司匹林　　C. 杜冷丁

[062] 血容量扩充剂每天可静脉滴入________ mL。

A. 100～150　　B. 150～200　　C. 250～500

[063] 治疗颅脑外伤、脑水肿或者急性肾功能衰竭时，每次用________ 250mL 静脉注射或快速滴注。

A. 20%甘露醇　　B. 5%碳酸氢钠　　C. 11.2%乳酸钠

[064] 轻、中度脱水或严重腹泻时，应用________。

A. 甘露醇　　B. 葡萄糖注射液　　C. 口服补液盐Ⅱ

[065] 下列属于解热镇痛药品的是________。

A. 云南白药　　B. 路丁　　C. 阿司匹林

[066] 患者发热可选用的药品是________。

A. 硝酸甘油　　B. 安定　　C. 复方氨基比林片

[067] 下列属于降血压药品的是________。

A. 氨茶碱　　B. 利血平　　C. 安乃近

[068] 葡萄糖氯化钠注射液用以补充人体所需的水、葡萄糖、钠和氯等。它由________组成。

A. 5%葡萄糖注射液和 1.0%氯化钠

B. 10%葡萄糖注射液和 0.9%氯化钠

C. 5%葡萄糖注射液和 0.9%氯化钠

[069] 下列不是止血药品的是________。

A. 阿司匹林　　B. 安络血　　C. 止血敏

[070] 生理盐水的浓度为________%。

A. 0.9　　B. 1　　C. 5

[071] 有机磷中毒时，用________进行急救。

A. 阿托品　　B. 阿司匹林　　C. 杜冷丁

[072] 十滴水主要是用于哪种情况造成的头昏、恶心、呕吐及胃部不适？________。

A. 中暑　　B. 胃溃疡　　C. 晕车晕船

[073] 皮肤消毒应用碘酒的浓度为________。

A. 0.4%　　B. 2%　　C. 6%

[074] 病人因患细菌性食物中毒应服用哪种药________。

A. 安乃近　　B. 硝酸甘油　　C. 痢特灵

[075] 用于治疗各种过敏性疾病、虫咬、药物过敏的药品是________。

A. 十滴水　　B. 西地兰　　C. 扑尔敏

[076] 下列药品主要用于治疗荨麻疹、皮肤瘙痒、过敏性鼻炎的是________。

A. 多巴胺　　B. 赛庚啶　　C. 庆大霉素

[077] 不仅可用于治疗过敏性疾病，还可用于治疗晕船、晕车所引起的恶心、呕吐的药物是________。

A. 苯海拉明　　B. 扑尔敏　　C. 甲氧氯普胺

[078] 异丙嗪（非那更）主要用于荨麻疹、哮喘等，一般25mg ________注射。

A. 皮下　　B. 肌肉　　C. 静脉

[079] 用于治疗心绞痛和急慢性左心衰的药品是________。

A. 杜冷丁　　B. 可拉明　　C. 消心痛

[080] 速效救心丸主要用于________。

A. 降压　　B. 心绞痛　　C. 抗过敏

[081] ________是替代血浆的一种较理想的液体。

A. 葡萄糖注射液　　B. 血容量扩充剂　　C. 葡萄糖氯化钠注射液

[082] 下列药物中，________可用于止血。

A. 安乃近　　B. 止血敏　　C. 四环素

[083] 用于治疗敏感菌所导致的呼吸道、尿道、皮肤和软组织、中耳炎、生殖器官、前列腺等部位的感染的药品是________。

A. 西地兰　　B. 头孢氨苄　　C. 可拉明

[084] 下列药品不属于止喘药的是________。

A. 氨茶碱　　B. 喘定　　C. 阿托品

[085] 能以气雾形式吸入的止喘药是________。

A. 舒喘宁　　B. 喘定　　C. 氨茶碱

[086] 阿托品的主要作用是________。

A. 抗菌　　B. 止血　　C. 解痉止痛

[087] 可治疗中暑的药物是________。

A. 泰胃美　　B. 广大霉素　　C. 人丹

[088] 下列不属于夏季常用防暑药的是________。

A. 风油精　　B. 清凉油　　C. 苯海拉明

[089] ________可用于皮肤、粘膜或创面的消毒。

A. 碘伏　B. 酒精　C. 生理盐水

[090] ________为温和刺激的消毒防腐药，有抑菌、消炎、消肿和轻度镇痛的作用。

A. 人丹　B. 鱼石脂　C. 碘酒

[091] 用安络血治疗出血时，________注射，每次 5～10mg，每日 2 次。

A. 皮下　B. 肌肉　C. 静脉

[092] ________的长期滥用，会导致慢性中毒性精神病的发生。

A. 阿片　B. 杜冷丁　C. 苯丙胺

[093] ________滥用者常有便秘、恶心、呕吐等症状，甚至有呼吸困难等不良反应。

A. 阿片　B. 苯丙胺　C. 可拉明

基本测试（一）

一、判断题

[001] 情况紧急时，应奋不顾身立即展开施救。（ ）

[002] 有较大出血并伴有休克的患者，应先处理出血后再处理休克。（ ）

[003] 上肢骨折固定后，手指苍白、青紫应松开夹板，重新固定。（ ）

[004] 人工呼吸的有效标志是胸腔出现扩张，肺部能听到呼吸音。（ ）

[005] 对酸、碱烧伤的患者，局部涂紫药水后，用湿布覆盖。（ ）

[006] 骨折患者患肢疼痛可服用止痛药。（ ）

[007] 休克患者的主要症状是面色苍白，四肢冰冷，血压下降，尿量减少。（ ）

[008] 为预防患者休克，一般情况下可将患者下肢抬高约 20cm。（ ）

[009] 情况紧急时，应先抢救有大出血、呼吸或心跳停止及昏迷者。（ ）

[010] 对危及生命的危急重症患者，不可盲目等待救援或者贸然搬动转运，必须就地抢救。（ ）

[011] 意识不清的呕吐者，最好采用半坐卧姿势。（ ）

[012] 加压包扎止血法用于小动脉、毛细血管出血时的止血。（ ）

[013] 在紧急情况下，不要反复摸颈动脉搏动来判断心跳是否停止，以免耽误抢救时机。（ ）

[014] 急救中暑者，应尽快设法使患者的体温降低至 37℃以下。（ ）

[015] 成人口对口人工呼吸速率为每 6～8s 吹气一次。（ ）

[016] 误服强酸、强碱中毒，可以催吐和洗胃。（ ）

[017] 骨折固定时，只要固定骨折部位，不可将上、下关节固定。（ ）

[018] 伤口包扎时，打结不可在发炎区和伤处。（ ）

[019] 成人口对口吹气时，应尽可能多吹气。（ ）

[020] 前臂出血严重时，可采用指压肱动脉止血法。（ ）

[021] 胸外心脏按压与口对口人工呼吸同时进行，两人操作的比例是，胸外心脏按压∶人工呼吸为 30∶2。（ ）

[022] 对心跳存在，呼吸停止的患者，在做人工呼吸时，需同时进行胸外心脏按压。（ ）

[023] 头、胸部出现较大外伤的病人最好采用半坐卧姿势。（ ）

[024] 二度冻伤的症状是皮肤紫绀，水肿，有水泡形成，疼痛明显。（ ）

[025] 做胸外心脏按压时，应快速、用力按压，按压的频率至少为 100 次/min。（ ）

二、选择题

[001] 机体遭受体外或体内有害因素的作用后，迅速产生生理机能严重障碍的一种

综合征叫________。

A. 休克　　B. 昏厥　　C. 昏迷

[002] 三度烧伤伤员的感觉是________。

A. 无疼痛　　B. 轻微疼痛　　C. 明显疼痛

[003] 腹股沟出现较大的出血，最好的止血法是________法。

A. 加压包扎　　B. 止血带止血　　C. 指压止血

[004] 轻度中暑病人一般应采用________。

A. 物理降温　　B. 药物降温　　C. 自行降温

[005] 对呛水致呼吸停止，伴胸部擦伤的伤员，应采取________人工呼吸。

A. 俯卧压背法　　B. 仰卧压胸法　　C. 口对口

[006] 肱动脉止血可止住同侧________。

A. 手、前臂和上臂出血

B. 上臂出血

C. 手、前臂出血

[007] 烧伤深度分为________。

A. 一度　　B. 二度　　C. 三度

[008] 面部动脉出血时，可用拇指立即压迫________止血点。

A. 颞动脉　　B. 下颌动脉　　C. 锁骨下动脉

[009] 固定骨折的代用材料有________。

A. 铁条　　B. 铝片　　C. 木棍

[010] 冻伤病人在38～42℃的水中复温时间不超过________。

A. 60min　　B. 30min　　C. 20min

[011] 转送病人时，________优先转送和救治。

A. 重症　　B. 中度伤员　　C. 轻伤员

[012] 用酒精消毒的注射部位皮肤直径应为________。

A. 2cm　　B. 4cm　　C. 5cm 以上

[013] 外伤清洗伤口可用________。

A. 紫药水　　B. 双氧水　　C. 碘酒

[014] 身上着火燃烧时的自救措施不能采用________。

A. 就地打滚　　B. 用手扑灭火焰　　C. 马上脱去衣服

[015] 被酸碱及其他化学品烧伤的伤员应迅速脱去衣服并________。

A. 用纱布敷上包扎　　B. 用大量清水冲洗　　C. 上红药水消毒

[016] 对口、鼻均已严重损伤，心跳存在，呼吸停止的患者，应采用________。

A. 口对口人工呼吸法　B. 俯卧压背法　　C. 胸外心脏按压

[017] 采用“8”字形包扎时，每周绷带的缠绕应遮盖前周绷带宽度的________为宜。

A. 1/3～1/4　　B. 1/2～2/3　　C. 1/4～1/5

[018] 休克的主要症状有________。

A. 神志淡漠　　B. 四肢无力　　C. 脉搏慢而有力

[019] 一、二度烧伤，减轻疼痛的方法是________。

A. 在自来水下冲洗

B. 在冷水中浸泡、冷敷

C. 以上皆可

[020] 三度烧伤现场抢救时，应将其创面________。

A. 涂上红药水或紫药水

B. 涂上酱油

C. 用干净衣服或被单包起来

[021] 发现下列________情况，即应马上做胸外按压。

A. 无意识、无反应者

B. 无呼吸或不正常呼吸

C. 二者均是

[022] 溺水者腹中有大量的水，心跳存在，呼吸停止，在进行倒水后，下列的呼吸方法最好选择________人工呼吸。

A. 口对口　　B. 俯卧压背法　　C. 仰卧压胸法

[023] 休克患者在________情况下不可抬高下肢。

A. 头部外伤骨折　　B. 下肢一般出血　　C. 面色苍白

[024] 上止血带前，将伤肢抬高片刻的目的是________。

A. 使静脉血回流　　B. 使血管舒展　　C. 使受伤皮肤放松

[025] 胸外按压后使胸廓充分回弹，其目的是________。

A. 造成胸腔内负压

B. 促使静脉回流至心脏

C. 以上都是

基本测试（二）

一、判断题

[001] 做胸外心脏按压时，按压的深度至少为 5cm。 (　　)

[002] 船上出现骨折患者时，应立即将其抬到医务室。 (　　)

[003] 胸外心脏按压的有效标志是面色好转，瞳孔缩小，脉搏可以摸到。 (　　)

[004] 环形绷带包扎法用于各种绷带包扎法的开始和和终末。 (　　)

[005] 溺水者被救上岸后，心跳停止，此时瞳孔缩小，对光反射消失。 (　　)

[006] 眼、鼻接触有毒物品的患者，可用大量清水或生理盐水冲洗。 (　　)

[007] 一度烧伤可经常用酒精棉球轻轻按擦。 (　　)

[008] 给严重冻伤者复温时，要注意中心部加温，不要单纯四肢加温，以防止大量冷血回流损伤重要脏器的功能。 (　　)

[009] 触电伤员脱离电源后，呼吸、心跳停止，应立即就地抢救。 (　　)

[010] 小腿骨折者，如只有一块夹板，该夹板应放在小腿后面固定，脚与小腿固定呈直角。 (　　)

[011] 烧伤面积一般可用伤者自己的手作估计，手指合拢时每一个手掌的面积约等于总体表面积的 1%，如果烧伤的总面积超过 10%，则属于三度烧伤。 (　　)

[012] 头部出血，可同时压迫两侧总动脉。 (　　)

[013] 心肺复苏 CAB 主要是指人工胸外按压、开通气道和人工呼吸。 (　　)

[014] 皮肤接触危险品毒物时，可用大量清水冲洗。 (　　)

[015] 对溺水呛水患者的抢救，不在于倒水，而在于有效的心肺复苏处置。(　　)

[016] 头部、下肢出现外伤及骨折并伴有休克者，不可抬高下肢。 (　　)

[017] 轻症中暑患者，应尽快给予含盐饮料。 (　　)

[018] 二度烧伤是局部红肿、剧痛并起水泡。 (　　)

[019] 上肢前臂大面积外伤，可采用螺旋反折包扎法。 (　　)

[020] 烧伤深度估计的口诀是：一度红斑，二度水泡，三度焦痂。 (　　)

[021] 肱动脉在上臂中部内侧缘处。 (　　)

[022]“8”字形包扎法常用于四肢关节处的包扎。 (　　)

[023] 下肢止血带应扎在大腿的中 1/3 与下 1/3 的交界处。 (　　)

[024] 病人呼吸和心跳都停止，表示病人已死亡。 (　　)

[025] 病人倒在地上或床上，睡眠中叫不醒，大声呼喊病人名字并摇晃身体也毫无反应，说明病人意识不清。 (　　)

二、选择题

[001] 脑干在脑的中央部位，由间脑、中脑、桥脑和延髓组成，其中________。

A. 间脑是生命中枢，控制心跳、呼吸、血压等

B. 中脑是生命中枢，控制心跳、呼吸、血压等

C. 延髓是生命中枢，控制心跳、呼吸、血压等

[002] 胸外心脏按压常见的损伤是________。

A. 脊椎骨折　　B. 肋骨骨折　　C. 休克

[003] 溺水者腹中有大量的水，有心跳，呼吸停止，应先进行________。

A. 俯卧压背人工呼吸

B. 清洁口腔和空水

C. 胸外心脏按压与口对口人工呼吸

[004] 晚期休克的主要症状是________。

A. 四肢无力　　B. 血压明显下降　　C. 血压正常或偏低

[005] 下列________种操作是正确的。

A. 反复触摸颈动脉，确定心跳停止后就可以进行胸外按压

B. 无论单人还是两人施救，成人徒手心肺复苏按压通气比均为 30 ∶ 2

C. 用担架搬运病人时，可以间断 10s 进行心跳和呼吸的检查

[006] 在通风不良的高热环境下工作可引起________。

A. 窒息　　B. 昏迷　　C. 中暑

[007] ________可做口对口人工呼吸。

A. 吞服剧毒物者　　B. 一氧化碳中毒者　　C. 口鼻受伤严重缺损者

[008] 脊柱骨折病人搬运时，应采用________。

A. 一人搬运法　　B. 两人搬运法　　C. 三人搬运法

[009] 弄清患者情况后，着手进行急救时，总的原则包括：________。

①恢复心跳呼吸；②停止出血；③防止休克现象发生

A. ①②③　　B. ①②　　C. ②③

[010] 对胸、背部出现严重损伤的伤员，做人工呼吸时应选择________。

A. 俯卧压背法　　B. 口对口人工呼吸法　　C. 仰卧压胸法

[011] 患者胸部无起伏运动，口鼻没有气体呼出，表示________。

A. 呼吸衰竭　　B. 呼吸停止　　C. 呼吸正常

[012] 包扎四肢时应从肢体的________。

A. 中间往两边包　　B. 细端往粗端包　　C. 粗端往细端包

[013] 下肢止血带每隔________放松一次。

A. 20min 以内　　B. 1min 以内　　C. 1min 以上

[014] ________的病人体温会高热。

A. 日射病　　B. 热射病　　C. 热痉挛

[015] 胸外按压时，下列________种操作不正确。

A. 发现无意识、无呼吸时，应开始行胸外按压 30 次，而后 2 次通气

B. 如 2 人以上急救时，每 2min 轮换 1 次或 5 个循环后轮换

C. 只有专业人员检查脉搏后，才可以进行胸外按压；也只有经过判断呼吸

的“看，听，感觉”流程后，才能施行胸外按压

[016] 伤员疑有脊椎骨折，要平卧在________。

A. 沙发上　　B. 硬板床上　　C. 钢丝床上

[017] 一般外伤伤口的处理应________。

A. 立即涂抹抗菌素软膏

B. 立即清洗伤口

C. 不需敷药，立即用消毒敷料包扎

[018] 慢性酒精中毒引起的危害是________。

①抑制大脑和神经；②损害各组织细胞；③产生生理依赖和心理依赖

A. ①②　　B. ②③　　C. ①②③

[019] ________滥用者常有便秘、恶心、呕吐症状，甚至有呼吸困难等不良反应。

A. 阿片　　B. 苯丙胺　　C. 可拉明

[020] 处理伴有高烧的中暑患者时，应使患者的体温降至摄氏（肛温）________。

A. 37℃　　B. 38℃　　C. 40℃

[021] 做俯卧压背法人工呼吸时，两手掌应放在病人的________。

A. 肩部　　B. 肩胛下部　　C. 腰部

[022] 加压包扎止血法主要用于四肢损伤________的止血。

A. 大动脉出血　　B. 静脉出血　　C. 毛细血管出血

[023] 人体的血液体循环路径是________。

A. 左心室—动脉—毛细血管—静脉—右心房

B. 左心室—静脉—毛细血管—动脉—右心房

C. 右心房—动脉—毛细血管—静脉—左心室

[024] 判断心跳、呼吸停止的标准是：________。

①神志丧失；②颈动脉搏动消失；③呼吸停止；④瞳孔扩大、固定

A. ①②　　B. ①②③　　C. ①②③④

[025] 死亡征象包括________。

①心跳、呼吸停止；②死亡面容、角膜混浊；③尸体僵直、尸斑腐败

A. ①　　B. ①②　　C. ①②③

基本测试（三）

一、判断题

[001] 进行胸外心脏按压时，患者应仰卧在软床或沙发床上，解开衣服，面部向上。（　）

[002] 做人工呼吸前，应清理呼吸道，无需拉出患者后坠的舌头。（　）

[003] 肋弓的最低点平对第 2～3 腰椎体之间。（　）

[004] 在脊髓水平切面上，可见灰质围绕中央部，呈“H”形分布；白质位于灰质的周围。（　）

[005] 胸膜腔在正常情况下呈封闭状态，不与外界相通。（　）

[006] 急救箱应放在通风干燥的地方，避免遭受高温、日晒、水浸，还要远离火源。（　）

[007] 止血带可以用绳索代替。（　）

[008] 正常人的呼吸频率为每分钟 16～20 次，心跳为每分钟 60～100 次。（　）

[009] 大面积烧伤病人口渴时，应给予大量冷开水饮服。（　）

[010] 施行人工呼吸时，无需松解病人领扣及胸腹部衣服。（　）

[011] 对酸碱烧伤的患者局部涂紫药水后用湿布覆盖。（　）

[012] 脑死亡是包括脑干在内的所有全脑机能不可逆转的丧失，而植物人的脑干功能尚存在。（　）

[013] 皮肤表面的毛细血管出血，血质鲜红，呈渗出性，可自行止血。（　）

[014] 对吞服剧毒物中毒呼吸停止的患者，应立即做口对口人工呼吸。（　）

[015] 眼鼻接触有毒物品的患者，可用大量清水或淡盐水冲洗。（　）

[016] 对神志不清的患者，不要给予进食，但可给予饮料。（　）

[017] 意识不清的患者，一般应取平卧位，头偏向一侧。（　）

[018] 药物滥用是指反复、大量地使用具有依赖性特性或依赖性潜力的药物。（　）

[019] 二氧化碳中毒，是由于二氧化碳高浓度吸入所致。（　）

[020] 中暑急救时，应尽快设法将患者的体温降低至 37℃以下。（　）

[021] 船员在工作中饮酒，可以提高兴奋性，提高工作效率。（　）

[022] 二度烧伤经剪破水泡后再用消毒敷料包扎。（　）

[023] 踝关节扭伤，要立即热敷。（　）

[024] 患者对部分药物依赖，常因意识恍惚、丧失警觉、失去机械操作的敏捷性，导致航海事故的发生，造成过失性犯罪。（　）

[025] 溺水和冻僵者，清醒后可给予清凉饮料。（　）

二、选择题

[001] 喜、怒、哀、乐等情绪是由________发生的情绪性反应。
A. 间脑　B. 小脑　C. 脑干

[002] 测量血压时，通常将听诊器的胸件置于________的稍内侧。
A. 肱二头肌腱　B. 肱三头肌腱　C. 三角肌腱

[003] 胸膜腔位于________与胸腔内壁之间。
A. 肺　B. 胃　C. 肝

[004] 骨折的临床特点包括：________。
①明显肿胀；②疼痛压痛；③功能障碍不能活动；④出现畸形；⑤出现骨擦音
A. ②③④　B. ①②③④　C. ①②③④⑤

[005] 做胸外心脏按压时，手掌根部应放在胸骨体的________。
A. 上 1/3 处　B. 中 1/3 处　C. 上 2/3 与下 1/3 交界处

[006] 心肺复苏目前国际上通用一个周期为 5 个循环，约________ min。
A. 1　B. 2　C. 3

[007] 急救严重冻伤患者时，可将病人放置在________的水中进行复温。
A. 40℃　B. 50℃　C. 60℃

[008] 下列哪项属于死亡征象？________。
A. 血压下降　B. 脉搏微弱　C. 心跳呼吸停止

[009] 食入性强酸中毒不宜饮用________。
A. 碳酸氢钠　B. 鸡蛋清　C. 牛奶

[010] 现场抢救严重大面积烧伤的病人时，应________。
A. 不做处理　B. 用干净床单包扎　C. 敷用烫伤药物

[011] 前臂和小腿有两根骨骼，止血带对动脉压迫不紧时，止血效果不好；遇此情况时，止血带可以安置在上臂或大腿的________部位。
A. 上 1/3　B. 中 1/3　C. 下 1/3

[012] 热射病高温患者经现场急救后________。
A. 给予饮水和休息
B. 继续观察病情变化对症处理
C. 应立即转送上一级医院继续治疗

[013] 对高热病人可用________物理降温。
①冷敷法；②冰袋法；③擦浴法
A. ①　B. ③　C. ①②③

[014] 上肢扎止血带时，应扎在上肢伤口的________。
A. 上部　B. 伤口处　C. 下部

[015] 下列哪种药品是中枢兴奋药：________。
A. 人丹　B. 可拉明　C. 吗啡

[016] 暂时脑部缺血引起________。

A. 严重休克　　B. 心绞痛　　C. 昏厥

[017] ________两侧平对第 2 肋，是计数肋的重要标志。

A. 胸骨角　　B. 肋弓　　C. 乳突

[018] 胸外按压后使胸廓充分回弹，其目的是________。

A. 造成胸腔内负压

B. 促使静脉回流至心脏

C. 以上都是

[019] 溺水者腹腔中有大量的水，并且心跳、呼吸停止，此时应先进行________。

A. 口对口人工呼吸　　B. 清洁口腔和倒水　　C. 胸外心脏按压

[020] 脑干在脑的中央部位，由间脑、中脑、桥脑和延髓组成，其中________。

A. 间脑是生命中枢，控制心跳、呼吸、血压等

B. 中脑是生命中枢，控制心跳、呼吸、血压等

C. 延髓是生命中枢，控制心跳、呼吸、血压等

[021] 饥饿的患者被救后，先给予________。

A. 半流质饮食　　B. 流质饮食　　C. 普通饮食

[022] ________主要用于治疗淹溺、窒息、过敏等原因引起的心跳骤停。

A. 杜冷丁　　B. 可拉明　　C. 肾上腺素

[023] 上臂的下部出血，最好压迫________止血点。

A. 肱动脉　　B. 颈动脉　　C. 锁骨下动脉

[024] 一般骨折固定后，应注意观察患者的________。

A. 血压脉搏

B. 神志面色

C. 患肢末端的血液循环情况

[025] 转送病人时，________优先转送和救治。

A. 重症患者　　B. 中度伤员　　C. 轻伤员

基本测试（四）

一、判断题

[001] 血液在体内循环的过程中将二氧化碳、营养物质及激素、抗体带到全身各个组织器官中。（ ）

[002] 情况紧急时，应先抢救有大出血、呼吸或心跳停止及昏迷者。（ ）

[003] 药物滥用与“吸毒”无本质的区别。（ ）

[004] 对危及生命的危急重症患者，不可盲目等待救援或者贸然搬动转运，必须就地抢救。（ ）

[005] 二度烧伤的症状是皮肤紫绀、水肿、有水泡形成，疼痛明显。（ ）

[006] 危险品对人的危害一般是由误服、吸入和接触三种方式造成的。对受毒物刺激的眼、鼻，应绝对禁止用清水反复冲洗。（ ）

[007] 晚期休克患者常表现为脉搏细弱或摸不到，尿量减少或无尿，血压下降。（ ）

[008] 休克病人的体位一般应平卧或稍抬高下肢。（ ）

[009] 对进行温热水浸泡的冻伤病人，如有疼痛，应给予止痛镇静剂。（ ）

[010] 对吞服剧毒物中毒呼吸停止的病人，不能做口对口人工呼吸。（ ）

[011] 成人口对口吹气时，应尽可能多吹气。（ ）

[012] 用指在锁骨上沿凹部压迫锁骨下动脉，可止住同侧肩部、腋窝与上臂出血。（ ）

[013] 扎止血带后，应做明显标志，注明扎止血带的时间。（ ）

[014] 吗啡、杜冷丁是止痛药，任何人都可保管和使用。（ ）

[015] 醉酒多数不需治疗，但由于皮肤血管扩张，需注意保暖。因常有呕吐，需注意防止窒息。（ ）

[016] 勒紧止血法是用三角巾折叠成带状或用软布带在伤口远心端勒紧止血。（ ）

[017] 在船上由于舱口通道较狭窄，为方便且安全搬运伤员，一般应采用罗伯逊担架。（ ）

[018] 若海岸电台不在船上无线电话通信范围内时，可直接使用无线电与当地医院联系以及时取得医疗指导和帮助。（ ）

[019] 发现无意识、无反应者立即启动急救程序，对无呼吸或不正常呼吸（叹息）的成年患者马上做胸外按压。（ ）

[020] 情况紧急时，应奋不顾身立即展开施救。（ ）

[021] 对误食毒物的中毒者，可采用洗胃及催吐的方法。（ ）

[022] 对头部外伤较重，下肢骨折的患者，为防止患者休克应垫高其下肢

20～30cm。（　　）

[023] 下肢骨折，如无固定夹板时，可在两腿之间垫上布、衣服等，临时利用健侧肢体将两下肢缠在一起固定。（　　）

[024] 当患者身处不能进入的封闭场所时，应立即请专业人员打开封闭的场所，进入时应戴上呼吸器并尽快将患者转移到安全地区。（　　）

[025] 船上出现骨折病人时，应立即将其抬到医务室。（　　）

二、选择题

[001] 对心跳、呼吸停止的患者，应立即进行________。

A. 口对口人工呼吸

B. 胸外心脏按压

C. 胸外心脏按压与口对口人工呼吸

[002] 高热是指体温在________以上。

A. 39℃　　B. 37.5℃　　C. 38℃

[003] 做胸外心脏按压时，应使胸骨下陷________。

A. 1～2cm　　B. 3～4cm　　C. 5～6cm

[004] 机体遭受体外或体内有害因素的作用后，迅速产生生理机能严重障碍的一种综合征叫________。

A. 休克　　B. 昏厥　　C. 昏迷

[005] 对神志不清的溺水者，________。

A. 给予流食　　B. 不给饮食　　C. 给温甜饮料

[006] 冻伤病人清醒后，应给________。

A. 清凉饮料　　B. 热浓茶　　C. 糖盐水

[007] 急救骨折的病人时，应先________。

A. 防休克　　B. 止痛　　C. 固定

[008] 小腿骨折时，夹板主要放在小腿的________。

A. 前后侧　　B. 前侧　　C. 内外侧

[009] 指压止血法主要用于________。

A. 静脉出血　　B. 动脉出血　　C. 毛细血管出血

[010] 上肢扎止血带时，禁止扎在上臂的________。

A. 上 1/3 处　　B. 中 1/3 处　　C. 下 1/3 处

[011] 外伤肢体的包扎应在________包扎法的基础上采用其他包扎法。

A. 蛇形　　B. 环形　　C. 螺旋形

[012] 胸背部出现较大外伤者，可采用________包扎法。

A. “8”字形　　B. 螺旋形　　C. 三角巾包扎

[013] 海上急救外来援助最常见的方式为________。

A. 直升机救援

B. 无线电医嘱和直升机救援

C. 船一船之间人员转送

[014] 高热患者的一般处理包括________。

①卧床休息；②进食易消化的食物；③补充维生素 B 及维生素 C；④在空调房间降温

A. ①③④　　B. ①②④　　C. ①②③

[015] 三度烧伤的病人易引起________。

A. 休克　　B. 中暑　　C. 昏厥

[016] 开放气道的方法中，________适用于颈部有外伤或者颈椎损伤时的抢救。

A. 压额提颏法　　B. 双手抬颌法　　C. 仰头抬颈法

[017] 止血带止血法使用不当会引起________。

①肢端坏死；②神经损伤；③急性肾功能不全

A. ①②　　B. ②③　　C. ①②③

[018] 在肢体的关节部位下端出血时，采用________止血。

A. 敷料加压包扎止血法

B. 屈肢加垫止血法

C. 指压止血法

[019] 下列药品中应由医生或船长保管的药品是________。

①盐酸吗啡；②杜冷丁；③可拉明

A. ②③　　B. ①③　　C. ①②

[020] 多由疼痛、精神紧张、舱室空气不流通、闷热、饥饿、疲劳等所致的晕厥是________。

A. 普通晕厥　　B. 体位性低血压晕厥　　C. 排尿性晕厥

[021] 用前臂骨折固定法只有一块夹板时，最常放于________固定。

A. 背侧　　B. 掌侧　　C. 掌侧或背侧

[022] 冻伤病人在 38～42℃的水中复温时间不超过________。

A. 60min　　B. 30min　　C. 20min

[023] 在通风不良的高温环境下工作，可引起________。

A. 窒息　　B. 昏迷　　C. 中暑

[024] 十滴水主要用于________造成的头晕、恶心、腹痛及胃部不适。

A. 胃溃疡　　B. 晕车晕船　　C. 中暑

[025] 眼部强酸、强碱损伤应用大量清水冲洗受伤害的眼睛至少________ min。

A. 5　　B. 10　　C. 20

参考答案

判断题参考答案

1 海上急救概述

[001] ～ [005] TTFTT　[006] ～ [010] FTTFF　[011] ～ [015] FFFTT
[016] ～ [020] TTFFT　[021] ～ [025] TTTFF　[026] ～ [027] FT

2 人体结构和功能

[001] ～ [005] FFFTF　[006] ～ [010] TFTTF　[011] ～ [015] FTFTF
[016] ～ [020] TFTFF　[021] ～ [025] TTFTF　[026] ～ [030] TTFFT
[031] ～ [035] TTFTT　[036] ～ [040] TFFTF　[041] ～ [045] FFFTF
[046] ～ [050] FTTTF　[051] ～ [055] TTFFF　[056] ～ [060] TFFFT
[061] ～ [065] FFTTT　[066] ～ [070] TTFFF　[071] ～ [075] TFTTT
[076] ～ [080] FTFFF　[081] ～ [085] FTFTT　[086] ～ [090] TTTFF
[091] ～ [095] FFTTT　[096] ～ [100] FFTTF　[101] ～ [105] FTFTF
[106] ～ [110] TTFFT　[111] ～ [115] TFFTT　[116] ～ [120] FTTTF
[121] ～ [125] FTFFT

3 病情判定

[001] ～ [005] FTFTT　[006] ～ [010] FTFTT　[011] ～ [015] TFFTF
[016] ～ [020] TTTFF　[021] ～ [025] FFTFF　[026] ～ [030] FTTTF
[031] ～ [032] TF

4 船上常用急救技术

4.1 心肺复苏术（CPR）

[001] ～ [005] FFTFF　[006] ～ [010] TFFFF　[011] ～ [015] TTTFT
[016] ～ [020] TTFTT　[021] ～ [025] TFFTT　[026] ～ [030] TTTFT
[031] ～ [035] FFTFF　[036] ～ [040] FFFTF　[041] ～ [045] FFFFF
[046] ～ [050] FTTFF　[051] ～ [052] TT

4.2 出血与止血

[001] ～ [005] TFTFF　[006] ～ [010] FFFFF　[011] ～ [015] TFTTT
[016] ～ [020] FFFTT　[021] ～ [025] FFTTT　[026] ～ [030] TTFFT
[031] ～ [035] TTFTF　[036] ～ [040] TTFFT　[041] ～ [045] FFTTT
[046] ～ [050] TTFFF　[051] ～ [055] FFFTF　[056] ～ [060] FFTTT
[061] ～ [065] TFFFF　[066] ～ [070] FTFTF　[071] ～ [072] FF

4.3 包扎

[001] ～ [005] TFTFT　[006] ～ [010] TFFFT　[011] ～ [015] TFTFF
[016] ～ [020] FTFTT　[021] ～ [025] TTTFF　[026] F

4.4 骨折固定术

[001] ～ [005] FFFFF　[006] ～ [010] FTFFT　[011] ～ [015] FFTFF

[016] ～ [020] TTTFT　[021] ～ [025] TFFTT　[026] ～ [030] TTFFT

[031] ～ [035] FTFFF　[036] ～ [040] TFTTT　[041] ～ [042] FF

4.5 伤员搬运

[001] ～ [005] TTFTT　[006] ～ [010] FFFTF　[011] ～ [015] TTTTT

[016] ～ [017] FT

5 环境及理化因素损伤

5.1 淹溺

[001] ～ [005] TTFTF　[006] ～ [010] TFTTT　[011] ～ [015] FFFFF

[016] T

5.2 中暑

[001] ～ [005] FTFTT　[006] ～ [010] TFTFF　[011] ～ [015] FTFFT

[016] T

5.3 烧烫伤

[001] ～ [005] FFFTT　[006] ～ [010] FTFTT　[011] ～ [015] FTTTF

[016] ～ [020] FFTFT　[021] ～ [023] FFT

5.4 强酸、强碱损伤

[001] ～ [005] FTFFF　[006] ～ [010] FTTFF　[011] T

5.5 电击伤

[001] ～ [005] TTFFT　[006] ～ [010] TTFTF　[011] F

6 常见急症

6.1 高热

[001] ～ [005] TTFFF　[006] ～ [010] TFFFF　[011] ～ [015] TTFTF

[016] ～ [019] FTFF

6.2 晕厥

[001] ～ [005] TTFTT　[006] ～ [010] FTFFF　[011] ～ [012] TT

6.3 休克

[001] ～ [005] FFFTF　[006] ～ [010] TTTFF　[011] ～ [013] TFF

7 救生艇筏上常见疾病

[001] ～ [005] FFFFT　[006] ～ [010] FFTFT　[011] ～ [015] TTFFT

[016] ～ [020] TFFTT　[021] ～ [025] FTTFF　[026] ～ [030] FTFTF

[031] ～ [033] TTF

8 急救箱和常用急救药品

[001] ～ [005] TFFTT　[006] ～ [010] FTFTT　[011] ～ [015] TTFFF

[016] ～ [020] FTFFT　[021] ～ [025] FTFTF　[026] ～ [030] TTTFT

[031] ～ [035] TTTFT　[036] ～ [038] FTT

基本测试（一）

[001] ～ [005] FTTTF　[006] ～ [010] TTFTT　[011] ～ [015] FTTFT

[016] ～ [020] FFTFT　[021] ～ [025] TFFTT

基本测试（二）

[001] ～ [005] TFTTF　[006] ～ [010] TFTTT　[011] ～ [015] FFTTT
[016] ～ [020] TTTTT　[021] ～ [025] TTFFT

基本测试（三）

[001] ～ [005] FFTTT　[006] ～ [010] TFTFF　[011] ～ [015] FTTFT
[016] ～ [020] FTTTF　[021] ～ [025] FFFTF

基本测试（四）

[001] ～ [005] FTTTF　[006] ～ [010] FTTTT　[011] ～ [015] FTTFT
[016] ～ [020] FTTTF　[021] ～ [025] TFTTF

选择题参考答案

1　海上急救概述

[001] ～ [005] CACBA　[006] ～ [010] AAABA　[011] ～ [015] CCCCA
[016] ～ [020] CBCCB　[021] C

2　人体结构和功能

[001] ～ [005] CBCAC　[006] ～ [010] ACABC　[011] ～ [015] ACBAB
[016] ～ [020] BCBCA　[021] ～ [025] BBCBB　[026] ～ [030] BBDAB
[031] ～ [035] CCBCC　[036] ～ [040] ABBAB　[041] ～ [045] ABBCC
[046] ～ [050] ACAAC　[051] ～ [055] ABACC　[056] ～ [060] BABBC
[061] ～ [065] CCABC　[066] ～ [070] BACCB　[071] ～ [075] AACBA
[076] ～ [080] BACAA　[081] ～ [085] BBCCA　[086] ～ [090] CCAAA
[091] ～ [095] CBACC　[096] ～ [100] BCBCC　[101] ～ [105] ABCBB
[106] ～ [110] CABBA　[111] ～ [115] CABAC　[116] ～ [120] BACCC
[121] ～ [125] BAACA　[126] ～ [130] ACBAC　[131] ～ [135] CBABA
[136] ～ [140] BCBCC　[141] ～ [145] CCCBA　[146] ～ [150] CACBA
[151] ～ [155] CACCA　[156] C
[156]

3　病情判定

[001] ～ [005] BCCCC　[006] ～ [010] CABAB　[011] ～ [015] CBCAC
[016] ～ [020] CCCBC　[021] ～ [025] AAACA　[026] ～ [030] ACBAC
[031] ～ [035] BACCA　[036] C

4　船上常用急救技术

4.1　心肺复苏术（CPR）

[001] ～ [005] CACBC　[006] ～ [010] BACBB　[011] ～ [015] BACCC
[016] ～ [020] BCACC　[021] ～ [025] BACCC　[026] ～ [030] CCBCC
[031] ～ [035] ABCBB　[036] C

4.2　出血与止血

[001] ～ [005] BCABA　[006] ～ [010] ACCAA　[011] ～ [015] ABBAC
[016] ～ [020] BBCCA　[021] ～ [025] CABAC　[026] ～ [030] BCABA
[031] ～ [035] ABBAB　[036] ～ [040] CCBBC　[041] ～ [045] CAABB

[046] ～ [050] ACCCB　[051] ～ [055] BBBCA　[056] ～ [060] CBCCC
[061] ～ [065] BCCBB　[066] ～ [067] AB

4.3　包扎

[001] ～ [005] BBCCA　[006] ～ [010] BABCA　[011] ～ [015] BCAAA
[016] ～ [020] CABCA　[021] ～ [025] BCBBA　[026] ～ [030] CBABC
[031] ～ [035] ABACC　[036] ～ [040] CCCBA

4.4　骨折固定术

[001] ～ [005] CBCCA　[006] ～ [010] ACCCA　[011] ～ [015] CBABB
[016] ～ [020] ACACC　[021] ～ [025] CABAC　[026] ～ [030] CBBCB
[031] ～ [033] BAC

4.5　伤员搬运

[001] ～ [005] DDAAC　[006] ～ [010] CBBCC　[011] ～ [012] CC

5　环境及理化因素损伤

5.1　淹溺

[001] ～ [005] CACBC　[006] ～ [010] BBBBA　[011] ～ [015] BACAB
[016] ～ [020] BBCBA　[021] ～ [022] BA

5.2　中暑

[001] ～ [005] BAACA　[006] ～ [010] CCACB　[011] ～ [015] CBBAC
[016] ～ [020] CBCAA

5.3　烧烫伤

[001] ～ [005] ABBBC　[006] ～ [010] BBCAC　[011] ～ [015] BBCBB
[016] ～ [020] CABCA　[021] ～ [025] CCBCB　[026] ～ [030] CBCBC
[031] ～ [034] BACB

5.4　强酸、强碱损伤

[001] ～ [005] CBCAB　[006] ～ [010] AACBC　[011] ～ [015] BCCAB
[016] ～ [020] CBBCC　[021] C

5.5　电击伤

[001] ～ [005] AACCB　[006] ～ [008] CCA

6　常见急症

6.1　高热

[001] ～ [005] ABABB　[006] ～ [010] BBCCC　[011] ～ [013] CCC

6.2　晕厥

[001] ～ [005] BABBA　[006] ～ [009] CAAC

6.3　休克

[001] ～ [005] BABAB　[006] ～ [010] CAABB　[011] ～ [015] CBABA
[016] ～ [019] CCCB

7　救生艇筏上常见疾病

[001] ～ [005] CBCAA　[006] ～ [010] BBCCB　[011] ～ [015] CBCAB
[016] ～ [020] CCCAA　[021] ～ [025] CBCBB　[026] ～ [030] ACABB

8　急救箱和常用急救药品

[001] ～ [005] CABBA　[006] ～ [010] BABAC　[011] ～ [015] CABCA

[016] ～ [020] BBCCC　[021] ～ [025] CBACA　[026] ～ [030] BACCC
[031] ～ [035] ACACB　[036] ～ [040] CBAAB　[041] ～ [045] CBABC
[046] ～ [050] CCABC　[051] ～ [055] ACBAC　[056] ～ [060] CBACC
[061] ～ [065] ACACC　[066] ～ [070] CBCAA　[071] ～ [075] AABCC
[076] ～ [080] BABCB　[081] ～ [085] BBBCA　[086] ～ [090] CCCAB
[091] ～ [093] BCA

基本测试（一）

[001] ～ [005] AAACC　[006] ～ [010] CCBCC　[011] ～ [015] ACBBB
[016] ～ [020] BBACC　[021] ～ [025] CAAAB

基本测试（二）

[001] ～ [005] CBBBB　[006] ～ [010] CBCAB　[011] ～ [015] BBBBC
[016] ～ [020] BCCAB　[021] ～ [025] BCACC

基本测试（三）

[001] ～ [005] AAACC　[006] ～ [010] BACAB　[011] ～ [015] CCCAB
[016] ～ [020] CACBC　[021] ～ [025] BCACA

基本测试（四）

[001] ～ [005] CACAB　[006] ～ [010] BACBB　[011] ～ [015] BCBCA
[016] ～ [020] BCBCA　[021] ～ [025] BCCCC

参 考 文 献

[1] 陆再英，钟南山. 内科学. 7 版. 北京：人民卫生出版社，2008.
[2] 吴在德，吴肇汉. 外科学. 7 版. 北京：人民卫生出版社，2008.
[3] 陈晓松，刘建华. 现场急救学. 北京：人民卫生出版社，2009.
[4] 温新华，李银平. 紧急救护与紧急应变. 天津：天津科学技术出版社，2003.
[5] 张彦军. 船员医疗保健指南. 大连：大连海事大学出版社，2004.
[6] 陆凤翔，杨玉. 临床实用药物手册. 2 版. 南京：江苏科学技术出版社，2003.